'KBS 굿모닝팝스 연속 연재'

영문법 쇼크

Grammar Shock 2

일본식 엉터리 영문법! 이제는 버려야 한다!!

2

정형정 | 저

지금 UNIT 110, UNIT 113, UNIT 123, UNIT 195를 읽어 보세요.
그 누구도 설명하지 못한 엉터리 공식들을 완벽하게 설명해 놓은 책!

가정법! 관계사! 제대로 알고 있는가?
분사구문은 없다. UNIT 203의 역사적 근거를 보라!!
영어학습자로서 이 책을 보지 않는 것은 분명 비극이다.

중고생! 대학생! 일반인! 영어교사 필독서!!
영문법 베스트셀러! 출간하자마자 교보문고 등 외국어 베스트 1위!!

쇼크 잉글리쉬

영문법 쇼크2

초판 1쇄   2014년 10월 28일
초판 10쇄 2020년 8월 10일

지은이   정형정
영문교정 Cristin, Jobi
국문교정 김은지, 장훈도
발행인   최영미

발행처   도서출판 쇼크잉글리쉬
등록번호 제347-2012-00028호
주소   대구광역시 달서구 선원로 122
대표전화 070-8778-4077
팩스   053-268-4077
전자우편 shockeng@naver.com
홈페이지 www.telchina.co.kr

가격   15,800원
ISBN   978-8996-98773-4-14740

ⓒ 정형정. 2014. Printed in Korea.
- 이 책은 저작권법에 따라 보호받는 저작물이므로 무단전재와 무단복제를 금지하며, 이 책 내용의 전부 또는 일부를 이용하려면 반드시 저작권자와 출판사의 서면 동의를 받아야 합니다.
- 내용 문의, 제휴 및 모든 제반 사항은 메일로 문의해 주시기 바랍니다.
- 구입 문의 및 취급점 문의는 대표전화로 문의해 주시기 바랍니다.
- 파본이나 잘못된 책은 구입처에서 교환해 드립니다.

한 권의 책이 인생을 바꾸기도 하지요.
출간 6개월 만에 판매부수 1만 부 돌파!
영문법 쇼크는 우리 영문법에 새로운 패러다임을 열어가고 있습니다.

Contents

CHAPTER 8 문장의 5형식 — 10

UNIT 101	문장의 5형식	12
UNIT 102	자동사 문장 – 1형식	13
UNIT 103	be동사 문장 – 2형식	16
UNIT 104	타동사 문장 – 3형식	21
UNIT 105	give동사 어순 문장 – 4형식	24
UNIT 106	4형식 문장에서 3형식 문장으로 전환	26
UNIT 107	한 문장에 주어가 2개인 문장 – 5형식	31
UNIT 108	문장의 5형식 학습법이 꼭 필요한가?	34

CHAPTER 9 가정법 — 36

UNIT 109	가정법! 제대로 이해하고 있는가?	38
UNIT 110	가정법 학습의 핵심	43
UNIT 111	과거시제를 사용하는 가정법 – 가정법 과거	46
UNIT 112	조건문	51
UNIT 113	조건문과 가정문을 구분하면 어떤 장점이 있나?	53
UNIT 114	과거완료시제를 사용하는 가정법 – 가정법 과거완료	57
UNIT 115	가정법 미래는 없다	63
UNIT 116	혼합 가정법	69
UNIT 117	가정법의 도치	72
UNIT 118	I wish 가정법	73
UNIT 119	as if, as though	76
UNIT 120	It's time+과거시제	80
UNIT 121	If it were not for~, If it had not been for~	81
UNIT 122	기타 주의해야 할 가정법	83

CHAPTER 10 관계사 — 88

UNIT 123	관계사	90
UNIT 124	선행사란 무엇인가?	93
UNIT 125	주격 관계대명사 that	94
UNIT 126	목적격 관계대명사 that	98

CHAPTER 8

● 『영문법 쇼크』의 특징

　기존의 영어문법서들은 대부분 일본영문법 공식을 간단하게 요약해 놓고 연습문제를 많이 풀도록 구성되어 있습니다. 엉터리 공식을 암기하고 많은 연습 문제를 푸는 것은 시간 낭비이고 무의미한 학습법입니다. **이 책은 연습문제 풀이가 없습니다. 많은 예문과 함께 자세한 설명으로 명확한 개념 정리가 되도록 구성했습니다.** 영어학습자라면 몇 권의 학습참고서를 갖고 있기 때문에 연습문제 풀이는 갖고 있는 학습참고서를 활용하면 됩니다.

● 『영문법 쇼크』는 학습 참고서로 학술서가 아닙니다.

　일본영문법 공식들의 문제점을 설명하고 효과적인 영문법 학습을 위해 많은 부분에 있어서 영어가 흘러온 역사를 설명했습니다. 대부분의 영어 학습자는 영어를 전공할 목적으로 영어를 학습하는 것이 아닙니다. **영어의 역사는 영문법의 이해를 돕는 상식적인 수준이면 충분합니다.** 『영문법 쇼크』는 학습 참고서로 학술서가 아니라는 것을 다시 한번 알려드립니다.

● 『영단어 쇼크』 출간 안내

　대부분의 영단어 책들은 독해 중심으로 맞춰져 있고 비효율적인 단순 암기를 강요하고 있습니다. 독해 중심의 단어 암기는 회화와 작문을 더 어렵게 하지요. 『전치사 쇼크』, 『영문법 쇼크』에 이어 2015년 12월 예정으로 『영단어 쇼크』를 출간할 계획입니다. 기대하셔도 좋습니다.

이 책의 구성과 활용법

●『영문법 쇼크』구성

『영문법 쇼크』는 총 3권으로 구성되어 있습니다.『영문법 쇼크 1』은 시제, 조동사, 수동태, 동명사, 분사, 부정사로 구성되어 있고『영문법 쇼크 2』는 5형식, 가정법, 관계사, 명사, 관사, 대명사, 형용사, 부사, 접속사, 특수구문으로 구성되어 있습니다.『영문법 쇼크 3』은 전치사와 구동사로『전치사 쇼크』란 제목으로 출간해 놓았습니다.

●『영문법 쇼크』의 수준

『영문법 쇼크』는 중고생, 대학생, 일반인 등 **중학교 2학년 이상의 영어 실력을 갖고 있는 모든 영어 학습자가 볼 수 있도록** 만들었습니다. 특히 **영어를 가르치는 선생님들에게 효과적인** 책입니다. 우리가 배우는 영문법은 일본영문법을 그대로 번역하여 만든 것입니다. 일본인은 무엇이든 세밀하게 분석하여 공식화하는 속성이 있지요. 언어인 영어에도 불필요한 공식들을 너무나도 많이 만들어 영어 학습을 어렵게 하고 있습니다. 가정법 공식을 설명하기 이전에 왜 영어 원어민은 우리가 사용하지 않는 가정법을 사용하는지부터 가르쳐야 합니다. '관계부사는 생략할 수 있다. 관계부사 where는 일반적으로 생략하지 않는다'와 같은 부정확한 정의를 가르치는 것이 아니라, 왜 관계부사 where를 생략해서는 안 되는지 그 이유를 설명해 줘야 합니다. 언어는 공식 암기가 아니라 이해하고 느끼는 것입니다.

●『영문법 쇼크』를 효과적으로 활용하는 방법

『영문법 쇼크』와『전치사 쇼크』는 영어의 역사를 바탕으로 스토리 전개 방식으로 쉽게 설명해 놓았습니다. 읽으면서 이해할 수 있도록 설명해 놓았기 때문에 **처음부터 끝까지 반복해서 읽는 것이 가장 효과적인 학습법입니다.** 문법, 독해, 회화, 작문을 위해서는 영문법 전반에 걸쳐 알아야 하기 때문에 처음부터 끝까지 빠른 시간에 읽어 영문법의 체계를 잡아야 합니다. 일부분에 깊이 파고들거나 연습문제 풀이에 많은 시간을 허비하는 것은 바람직한 학습법이 아닙니다. 어느 정도 문법 체계가 갖추어진 분이라면 목차를 보고 부족한 영역을 찾아보면 됩니다. **외국어 학습은 암기가 바탕이지만 이해를 바탕으로 한 암기**여야 합니다.

UNIT 180	접속사 that과 간접의문문	249
UNIT 181	접속사 that과 관계대명사 that	251
UNIT 182	if, whether, though	253
UNIT 183	when, while	257
UNIT 184	for, during, while	260
UNIT 185	as	261
UNIT 186	because, since, as	262
UNIT 187	since	264
UNIT 188	so that과 so~that	266
UNIT 189	until과 by, by the time	271
UNIT 190	접속사와 전치사	273
UNIT 191	접속부사	275

CHAPTER 16 일치, 강조 외   276

UNIT 192	주어와 동사의 일치	278
UNIT 193	시제일치란 용어를 버리자	284
UNIT 194	강조	287
UNIT 195	의문문의 역사	289
UNIT 196	도치	292
UNIT 197	생략	301
UNIT 198	삽입	303
UNIT 199	동격	305
UNIT 200	마이너스 개념의 특수 구문	306

CHAPTER 17 1권 보충   310

UNIT 201	미래시제는 없다	312
UNIT 202	사역동사는 없다	313
UNIT 203	분사구문은 없다	314

영문법 쇼크를 마치며   319

CHAPTER 11 관사

UNIT 127	주의 관계대명사 that을 사용하는 경우	101
UNIT 128	소유격 관계대명사 whose	102
UNIT 129	관계대명사의 생략	104
UNIT 130	관계대명사 what	109
UNIT 131	관계부사	110
UNIT 132	관계부사 where	111
UNIT 133	관계부사 when	114
UNIT 134	관계부사 why	116
UNIT 135	관계부사 how	118
UNIT 136	관계대명사와 관계부사	119
UNIT 137	관계부사의 생략	121
UNIT 138	관계부사 대용의 that	128
UNIT 139	관계사의 계속적 용법	130
UNIT 140	whoever, whichever, whatever... 복합 관계사	134

CHAPTER 11 관사 140

UNIT 141	관사	142
UNIT 142	부정관사 a(an)	143
UNIT 143	정관사 the	145
UNIT 144	the를 붙이는 명사	148
UNIT 145	the를 붙이지 않는 명사	151
UNIT 146	people과 the people	153
UNIT 147	a doctor과 the doctor	154
UNIT 148	church와 the church	155
UNIT 149	age와 the의 유무	156

CHAPTER 12 명사 158

UNIT 150	명사	160
UNIT 151	셀 수 있는 가산명사	161
UNIT 152	셀 수 없는 불가산명사	163
UNIT 153	가산명사 불가산명사 겸용	166
UNIT 154	명사의 단수 복수	168

Grammar Shock

UNIT 155	명사의 소유격 만들기	171
UNIT 156	가산명사 동명사명사와 수량 표현	173
UNIT 157	명사구, 단수형, 강약구	175

CHAPTER 13 형용사와 부사, 비교 — 178

UNIT 158	형용사	180
UNIT 159	형용사의 사용법	183
UNIT 160	형용사의 어순	186
UNIT 161	주의해야 할 형용사	188
UNIT 162	부사	190
UNIT 163	부사의 위치	192
UNIT 164	형용사의 품질 비교	200
UNIT 165	-as를 사용할 때에 양쪽이 동등치도 부사	202
UNIT 166	형용사 부사 비교구문	204
UNIT 167	최상급을 이용한 비교구문	210

CHAPTER 14 대명사 — 214

UNIT 168	대명사	216
UNIT 169	인칭대명사	218
UNIT 170	지시대명사 it	223
UNIT 171	지시대명사 this, that, these, those	227
UNIT 172	one, another, other	229
UNIT 173	some, any	232
UNIT 174	every, each	234
UNIT 175	all, no, none, most	235
UNIT 176	both, either, neither	238
UNIT 177	문장 부정과 부분 부정	241

CHAPTER 15 접속사 — 242

UNIT 178	접속사	244
UNIT 179	and, but, or, so	246

Five Sentences
문장의 5형식

UNIT 101	문장의 5형식
UNIT 102	자동사 문장 – 1형식
UNIT 103	be동사 문장 – 2형식
UNIT 104	타동사 문장 – 3형식
UNIT 105	give동사 어순 문장 – 4형식
UNIT 106	4형식 문장에서 3형식 문장으로 전환
UNIT 107	한 문장에 주어가 2개인 문장 – 5형식
UNIT 108	문장의 5형식 학습법이 꼭 필요한가?

UNIT 101 문장의 5형식

문장의 5형식은 영국의 왕실소속 궁정학자 Onions가 만든 것으로, 그는 **동사의 특성에 따라서** 1형식, 2형식, 3형식, 4형식, 5형식으로 분류했습니다. Onions는 동사의 특성에 따라서 영어 문장을 5개의 형식으로 분류할 수 있다고 보았습니다. 영어 원서로 된 영문법 책에는 5형식을 중요하게 다루지 않습니다. 중국인이 배우는 중국 영문법 책에도 5형식을 중요하게 다루지 않습니다. 일본학자들이 일본에 맞는 영문법을 만들면서 문장의 5형식을 채택했고, 우리가 일본 영문법을 그대로 번역하여 만든 결과 우리 영문법 또한 문장의 5형식을 영어 학습에 있어 중요시하게 된 것입니다. 문장의 5형식은 다음과 같습니다.

1형식　**주어(S) + 자동사(V)**
2형식　**주어(S)** + 불완전**자동사(V)** + 주격보어(SC)
3형식　**주어(S) + 타동사(V)** + 목적어(O)
4형식　**주어(S)** + 불완전**타동사(V)** + 간접목적어(IO) + 직접목적어(DO)
5형식　**주어(S) + 타동사(V)** + 목적어(O) + 목적격보어(OC)

문장의 5형식은 영어 문장은 '주어+**자동사**', '주어+**타동사**'로 구성되어 있다는 것이 핵심입니다. Onions가 말한 동사의 특성이란 자동사와 타동사를 말하는 것입니다. 자동사와 타동사를 좀 더 구체적으로 세분화하면 아래와 같습니다.

1형식 = **자동사(vi) 문장**
2형식 = be동사 문장
3형식 = **타동사(vt) 문장**
4형식 = give동사 어순의 문장
5형식 = 한 문장에 주어가 두 개 사용되는 문장

영어 문장은 자동사 문장과 타동사 문장으로 분류합니다. 자동사 문장 중에 'be동사 문장'이 있고, 타동사 문장 중에 'give동사 어순의 문장'과 '한 문장에 주어가 2개 사용되는 문장'이 있습니다. be동사 문장을 2형식 문장이라고 암기하고, give동사 어순의 문장을 4형식 문장이라고 암기할 필요가 있을까요? **동사의 특성을 알면 몇 형식 문장인지 암기할 필요가 없습니다.**

UNIT 102 자동사 문장 – 1형식

Onions는 자동사로 표현한 문장을 1형식 문장이라고 이름 붙였습니다.

우리는 이미 UNIT 3에서 자동사(vi)와 타동사(vt)에 대해서 학습했습니다. **자동사와 타동사의 구분은 영어 학습에 있어서 매우 중요합니다.** 동사가 자동사로 사용되면 1형식, 동사가 타동사로 사용되면 3형식이라고 암기할 필요가 없습니다.

a. My uncle works **at a bank**.   -work vi. 일(공부)을 하다
  나의 삼촌은 은행에서 일해.

b. The sun rises **in the east**.   -rise vi. 떠오르다
  태양은 동쪽에서 떠올라.

c. He shouted **loudly**.   -shout vi. 소리를 지르다
  그는 크게 소리를 질렀어.

d. She went **out**.   -go vi. 가다
  그녀는 밖으로 나갔어.

e. The accident happened **yesterday**.   -happen vi. 발생하다
  그 사고는 어제 발생했어.

f. It vanished **right under my nose**.   -vanish vi. 사라지다
  그것이 바로 내 코앞에서 사라졌어.

g. UFO **exists**.   -exist vi. 존재하다
  UFO는 존재해.

a~g문장처럼 자동사 문장은 듣는 사람으로 하여금 '무엇을?'이라는 궁금증을 유발하지 않습니다. 청자가 들었을 때 '무엇을?'이라는 궁금증을 유발하지 않는 동사가 자동사입니다. 자동사(自動詞)란 화자가 전달하고자 하는 바를 동사만으로 명확하게 전달할 수 있는 동사를 말합니다. a와 c문장의 work와 shout를 보세요. work는 'vi. 일을 하다, 공부를 하다', shout은 'vi. 소리를 지르다'로 자동사 속에는 이미 목적어가 포함되어 있기 때문에 궁금증을 유발하지 않습니다.

자동사(vi)는 뒤에 부사어를 붙여서 사용합니다. 동사를 보충 설명해 주는 것은 부사어죠. a~f문장에서 at a bank(은행에서), in the east(동쪽에서), loudly(크게), out(밖으로), yesterday(어제-시간부사), right under my nose(바로 코앞에서)는 모두 앞에 있는 자동사를 수식해 주는 부사어입니다. 문장에서 부사어는 생략해도 말의 핵심 의미를 전달하는 데는 아무런 지장이 없지요.

영어에 있어서 많은 동사들은 자동사(vi), 타동사(vt) 겸용으로 사용합니다. 우리말은 자동사 타동사 구분이 중요하지 않습니다. 우리말 자동사 '가다'는 조사 '~에'를 추가하여 '~에 가다'로 사용하고, 우리말 타동사 '만들다'는 조사 '~을'을 추가하여 '~을 만들다'로 사용합니다. 우리말 동사는 각각 다른 조사를 붙여 사용하기 때문에 굳이 자동사와 타동사를 구분하여 기억하지 않아도 되지요. 그러나 영어 자동사 go는 우리말과 똑같이 조사 to(~에)를 붙여서 사용하지만, 타동사 make는 단어 자체가 '~을 만들다'로 목적격 조사 '~을'이 이미 단어 속에 포함되어 있습니다. 아래 문장들을 읽으면서 자동사, 타동사에 대한 감각을 확실하게 익히세요.

a. Birds **sing** every morning.   -sing vi. 노래하다
   매일 아침 새들이 노래를 해.

b. We **sang** a song together.   -sing vt. ~을 노래하다
   우리는 함께 노래를 불렀어.

c. I **slept** on the sofa.   -sleep vi. 잠자다
   나는 소파 위에서 잠잤어.

d. I **slept** a sound sleep.   -sleep vt. ~을 자다
   나는 편안한 잠을 잤어.

e. She **ate** at the kitchen.   -eat vi. 식사하다
   그녀는 부엌에서 식사했어.

f. I **ate** lunch just now.   -eat vt. ~을 먹다
   나는 조금 전에 점심을 먹었어.

g. He **ran** quickly.   -run vi. 달리다
   그는 빨리 달렸어.

h. I **run** a PC cafe.   -run vt. ~을 운영하다
   나는 PC방을 운영해.

i. I **dressed** quickly.   -dress vi. 옷 입다
   나는 빨리 옷을 입었어.

j. I **dressed** my son.   -dress vt. ~에게 옷 입히다
   나는 아들에게 옷을 입혔어.

k. The store **opens** at nine.   -open vi. 열리다
   그 가게는 9시에 열려.

l. **Open** the door quickly.   -open vt. ~을 열다
   빨리 문을 열어라.

m. I **grew** up in Daegu. -grow vi. 자라다
   나는 대구에서 자랐어.

n. We **grow** vegetables in the backyard. -grow vt. ~을 재배하다
   우리는 뒷마당에 채소를 재배해.

o. All classes **finish** at 6. -finish vi. 끝나다
   모든 수업은 6시에 끝나.

p. I already **finished** my work. -finish vt. ~을 끝내다
   난 이미 나의 일을 끝마쳤어.

q. The world **changed** after September 11th. -change vi. 변하다
   9.11 테러사태 이후 세상이 변했어.

r. His research **changed** the world. -change vt. ~을 바꾸다
   그의 연구는 세상을 바꾸었어.

s. The mirror **broke** into pieces. -break vi. 깨지다
   거울이 깨져 산산조각 났어.

t. Who **broke** the mirror? -break vt. ~을 깨다
   누가 거울을 깼어?

u. I **am walking** in the park. -walk vi. 산책하다
   나는 공원에서 산책하고 있어.

v. I **am walking** my dog in the park. -walk vt. ~을 산책시키다
   나는 공원에서 개를 산책시키고 있어.

w. That's my fault. I am to **blame**. -blame vi. 비난받다
   그것은 나의 잘못이야. 나는 비난받아야 해.

x. Don't **blame** me. That's not my fault. -blame vt. ~를 비난하다
   나를 비난하지 마. 그것은 나의 잘못이 아니야.

자동사와 타동사의 구분은 영어 학습에 있어서 핵심 기초이고 매우 중요합니다.

자동사로 알고 있던 단어가 타동사로 사용되는 경우, 타동사로 알고 있는 단어가 자동사로 사용되는 경우 문법적으로 틀렸다고 착각하거나 무슨 뜻인지 파악하지 못하는 경우가 많지요. 많은 영어 동사는 자동사와 타동사 겸용으로 사용되고 있습니다. UNIT 54도 읽어 보세요. 토익 등의 시험에는 자동사인지 타동사인지 구분을 요구하는 문제가 상당히 많이 출제되고 있습니다.

UNIT 103 be동사 문장 – 2형식

1 Onions는 be동사 문장을 2형식 문장이라고 이름 붙였습니다.
be동사 그리고 be동사와 같은 기능을 하는 기초 단어 20개를 익히는 것이 핵심입니다. 2형식 문장은 '주어+불완전자동사+주격보어'라고 학습하면 불완전자동사와 주격보어란 난해한 문법 용어부터 익혀야 합니다.

a. **I am** a doctor. 나는 의사야.   b. **I am** happy. 나는 행복해.

a와 b문장에서 I am(나는~이다)까지만 말해 보세요. 이 말을 듣는 사람은 내가 누구이고 내가 어떤 상태에 있는지 궁금하게 됩니다. '~이다'는 궁금증을 유발하기 때문에 명사나 형용사를 보충해서 '의사이다, 행복하다(=행복한 상태이다)'처럼 말해야 완전한 말이 됩니다. be동사 뒤의 명사와 형용사는 주어를 보충 설명하기 때문에 주격보어라고 하는 것입니다. 자동사는 보(충)어 없이 동사만으로 명확한 의미 전달을 할 수 있지만 be동사는 명사와 형용사를 보충해야 말이 되기 때문에 불완전자동사라고 합니다. 문법 용어에 대한 이해를 돕고자 설명했습니다. 모든 언어는 기초 단어를 폭넓게 사용합니다. be의 뜻은 'vi.이다, 되다, 있다, 존재하다(exist), 오다, 가다, 다녀오다(visit), 참석하다(present), 참여하다, 발생하다(happen)'입니다. i~k문장을 읽고 been의 뜻을 이해하셨나요?

a. You must **be** brave. 여러분은 용감해져야 합니다. (되다)
b. I study hard to **be** a policeman. 나는 경찰이 되기 위하여 열심히 공부해. (되다)
c. There **is** a bank near my house. 나의 집 근처에 은행이 있어. (있다)
d. I **am** in the room. 나는 방 안에 있어. (있다)
e. I think, therefore I **am**. 나는 생각한다. 그래서 나는 살아 있다. (존재하다)
f. He'll **be** here soon. 그는 곧 여기 올 거야. (오다)
g. I'll **be** there in five minutes. 나는 5분 후에 거기 갈 거야. (가다)
h. He **wasn't** at the party yesterday. 그는 어제 파티에 참석하지(=오지) 않았어. (참석하다)
i. I have **been** to the bank. 나는 은행에 다녀왔어. (다녀오다)
j. He has **been** in several movies. 그는 몇 편의 영화에 참여한 일이 있어. (참여하다)
k. Look! there has **been** an accident there. 봐! 저기에 사고가 발생해 있어. (발생하다)

2 be는 'vi.~되다(become)'로 be의 동의어는 8개입니다.

become, come, go, get, make, run, turn, grow는 모두 '~되다'는 뜻을 갖고 있습니다. 'be+명사, be+형용사'이기 때문에 become류 동사 또한 'become+명사, become+형용사'로 사용합니다.

a. Jack **became** happy. 빌은 행복한 상태가 되었어. (=행복하게 되었어.)
b. At last, her dream **came** true. 마침내, 그녀의 꿈이 실현되었어.
c. She **went** mad when her son died. 그녀의 아들이 죽었을 때 그녀는 미친 상태가 되었어.
d. He **went** bald when he was forty. 그는 40세 때 대머리 상태가 되었어.
e. The milk **went** sour. 우유가 시큼한 상태가 되었어.
f. The river **ran** dry. 강이 마른 상태가 되었어.
g. The leaves **turned** yellow. 나뭇잎들이 노란 상태가 되었어. (=노랗게 되었어.)
h. The weather **turned** cold. 날씨가 추운 상태가 되었어.
i. The food **turned** rotten. 음식이 썩은 상태가 되었어.
j. She **grew** pale. 그녀는 창백한 상태가 되었어.
k. The sky **grew** dark. 하늘이 검은 상태가 되었어.
l. I **got** bored with his speech. 나는 그의 강의에 지루한 상태가 되었어.
m. Stop eating before you **get** sick. 병나기 전에 그만 먹어라. (=아픈 상태가 되기 전에)
n. She **made** an excellent teacher. 그녀는 훌륭한 선생님이 되었어.
o. This room will **make** a nice office. 이 방은 멋진 사무실이 될 거야.

- a문장에서 happy 대신에 부사 happily를 사용해선 안 됩니다. become을 be동사로 바꿔보세요. Jack is happily가 됩니다. 부사인 happily를 생략하면 Jack is만 남게 되어 말이 되지 않는 불완전한 말이 되기 때문에 be동사 뒤에 형용사 happy를 사용해야 함을 바로 알 수 있습니다.
- come은 'vi.오다, 가다, **되다**'입니다. become에서 come이 사라져 be만 남아도 '되다'이고 become에서 be가 사라져 come만 남아도 '되다'입니다. 'come+형용사'가 '되다'는 뜻으로 사용되는 경우는 come true(실현되다)뿐입니다.
- go는 'vi.가다, **되다**'입니다. 시간이 흘러가면 음식 맛이 상한 상태가 되지요. 'go+형용사'가 '되다'는 뜻으로 사용되는 경우는 음식 맛이 상한 상태가 되거나, 사람이 미친 상태가 되거나, 대머리 상태가 되는 등 나쁜 상태로 되는 경우에 사용합니다. 시간이 go해서 어떤 나쁜 상태가 된다(become)는 것입니다.

- run은 'vi.달리다, **되다**, vt.~을 운영하다'입니다. 'run+형용사'로 사용하여 '되다'는 뜻으로 사용되는 경우는 run dry(마른 상태가 되다), run short(부족한 상태가 되다), run down(바닥 상태가 되다)가 있습니다. 강물이 끝까지 계속 run하면 강바닥이 마른 상태가 되고, 자동차가 끝까지 계속 run하면 연료가 부족한 상태가 되고 연료가 바닥난 상태가 되는 것이죠.
- turn은 'vi.돌다, **되다**, vt.~을 돌리다, n.회전, 순서'입니다. turn은 'turn+형용사'로 사용하여 '되다'는 뜻으로 사용됩니다. 시계가 돌고 돌아(=시간이 흘러) 나뭇잎의 색깔이 초록색에서 붉은색으로 변하게 되고, 음식 맛이 변하게 되지요. 시계(=시간)가 도는 '돌다'에서 '되다'는 의미가 파생됩니다.
- grow는 'vi.자라다, **되다**, vt.~을 재배하다'입니다. grow는 'grow+형용사'로 사용하여 '되다'는 뜻으로 사용됩니다. 사람이 계속 자라면 늙은 상태(grow old)가 되고, 키가 큰 상태(grow tall)가 되지요. 동식물이 grow하는 것은 시계가 돌아가는 turn과 같습니다. 시계가 돌아가면 날씨가 변하게 되고, 강의실에서 시계가 돌아가면 지루한 상태가 되고, 아픈 상태에서 시간이 흘러가면 얼굴은 창백해지지요. grow는 turn과 같이 시간이 흘러가는 의미에서 '되다'는 뜻이 파생됩니다.
- get은 'vi.가다, **되다** vt.~을 만들다(make), 가지다(have)'로 get은 많은 뜻을 갖고 있는 다의어입니다. 'get+형용사'는 '되다'는 뜻으로 회화에서 가장 빈번하게 사용하는 단어가 get입니다. become은 주로 문어체에서 많이 사용합니다.
- make는 'vi.가다, **되다**, vt.~을 만들다'입니다. make는 make way(길을 만들다)에서 '가다'는 뜻이 파생되어 나옵니다. make는 'make+명사'로 '되다'는 뜻으로 사용합니다. make에 '되다'는 뜻도 있음을 기억해 둬야 합니다.

'되다(be, become)'의 동의어는 come(vi.**가다**), go(vi.**가다**), get(vi.**가다**), make(vi.**가다**), run(vi.달리다=빨리 **가다**), turn(vi.돌다=돌아**가다**), grow(vi.자라다=성장해 **가다**)로 모두 '가다'는 뜻을 갖고 있습니다. become의 동의어들은 be동사가 갖고 있는 '가다(go)'라는 뜻에서 파생되어 나왔음을 기억하면 쉽게 기억할 수 있을 것입니다. 우리말은 '되다'는 단어가 하나뿐인데 영어는 '되다'는 단어가 상당히 많습니다. 동작동사의 과거분사는 동작 완료이고, 상태동사의 과거분사는 상태 변화죠. 원어민은 완료와 변화로 사고하기 때문에 변화를 나타내는 단어가 많이 발달한 것입니다.

3 오감 동사들은 be동사와 같은 기능을 합니다.

오감이란 시각, 후각, 청각, 촉각, 미각을 말합니다. look, seem, appear, sound, smell, taste, feel은 형용사와 결합하여 '~하게 ~하다', '~처럼 ~하다'입니다.

a. He looks **pale**. 그는 창백하게 보여.
b. Your voice sounds **strange**. 너의 목소리는 이상하게 들려.
c. This flower smells **sweet**. 이 꽃은 향기롭게 냄새나.
d. This cake tastes **sweet**. 이 케이크는 달콤하게 맛이나.
e. The cloth feels **smooth**. 그 천은 부드럽게 느껴져.

a~e문장을 우리말로 옮기면 모두 '창백**하게**, 이상**하게**, 향기**롭게**, 달콤**하게**, 부드**럽게**'로 옮겨져 형용사가 아닌 부사를 쓰고 싶은 충동을 느낍니다. 오감 동사들은 be동사와 같은 기능을 하기 때문에 반드시 형용사와 결합해야 합니다.

a문장은 He **is** pale의 is를 looks로 바꾼 것입니다. He is pale은 누가 보더라도 그가 창백하다는 객관적인 사실을 말하는 것입니다. is대신에 looks로 바꾸면 다른 사람이 보기에 어떤지는 잘 모르겠고 자신이 보기에는 창백하게, 창백한 것처럼 보인다는 것이지요. 객관적인 사실을 나타내는 be동사를 오감 동사로 바꾸면 주관적인 느낌을 나타냅니다. He is happy(그는 행복해), You are tired(너는 피곤해)라는 말은 어색한 말입니다. 그가 행복한지, 네가 피곤한지는 물어보기 이전에는 알 수 없지요. 잘 모르는 상황에서는 사실이라고 단정 짓는 be동사를 사용하지 않는 것이 언어적 본능입니다. 그래서 눈에 보이는 모습 그대로 You **look** happy(너는 행복**하게 보여**), You **seem** tired(너는 피곤**하게 보여**)처럼 표현하는 것이죠. look, seem은 주로 회화에서 사용하고, appear는 주로 글에서 사용합니다.

b문장은 Your voice **is** strange의 is를 sounds로 바꾼 것입니다. c문장은 This flower **is** sweet의 is를 smells로, d문장은 This cake **is** sweet의 is를 tastes로, e문장은 The cloth **is** smooth의 is를 feels로 바꾼 것입니다. be동사를 사용하면 객관적인 사실을 나타내고, 오감 동사를 사용하면 주관적인 느낌을 나타냅니다. 왜 be동사와 오감 동사가 같은 기능을 하는지 이해하셨나요?

4 **keep, remain, stay 또한 be동사와 같은 기능을 합니다.**

be는 '있다'이고 keep, remain, stay는 그대로 '**계속 있다**'이기 때문에 be동사와 같은 기능을 합니다.

a. He **is** silent. 그는 조용해.
b. He **keeps** silent. 그는 계속 조용하게 있어. (=조용한 상태로 계속 있어.)
c. He **remains** silent. 그는 계속 조용하게 있어.
d. He **stays** silent. 그는 계속 조용하게 있어.

a문장은 지금 그를 보니 조용히 있다는 것입니다. b문장은 a문장의 is대신에 keeps를 넣은 것으로 10분인지 20분인지 1시간인지 조용한 상태로 **계속 있다**는 것입니다. keep은 'vt.~을 막다, 유지하다, 지키다'로 '~을 유지하다'는 뜻에서 '계속 있다'는 뜻이 발생합니다. He keeps silent를 우리말로 옮기면 '그는 **조용하게** 계속 있어'로 '조용하게'란 우리말 어감 때문에 부사 silently를 쓰기 쉽습니다. 그러나 위의 단어들은 모두 be동사와 같은 기능을 하기 때문에 keeps를 is로 바꾸어 보면 He is silently가 되어 말이 되지 않는다는 것을 바로 알 수 있지요. remain은 'vi.남아있다, 머무르다, ~채로 있다', stay는 'vi.머무르다, ~채로 있다'입니다. '남아있다, 머무르다'는 뜻에서 '~채로 있다'는 뜻이 파생되는 것이죠. 조용한 채로 있다는 것은 조용한 상태로 계속 있다는 것입니다.

a. When money speaks, the truth **keeps silent**.
돈이 말할 때, 진실은 침묵을 지켜.
b. The movie's story **remains fresh** in my memory.
영화의 줄거리가 나의 기억에 생생하게 남아 있어.
c. He still **stays active** with his wife.
그는 여전히 그의 아내와 함께 활동적으로 살고 있어.
d. I hope the weather **keeps nice** for us.
날씨가 우리를 위해 계속 좋은 상태로 있기를 원해.
e. The store **stays open** until late at night on Fridays.
그 가게는 금요일에는 밤늦게까지 문을 열어.
f. We **remain confident** that they are still alive.
우리는 그들이 여전히 살아 있다는 것을 확신하고 있어.

UNIT 104 타동사 문장 - 3형식

1 **Onions는 타동사(vt) 문장을 3형식 문장이라고 이름 붙였습니다.**

타동사란 '주어+**타동사**+**목적어**'로 목적어를 필요로 하는 동사를 말합니다. '나는 했어'라고 말하면 듣는 사람은 '무엇을?'이라고 되묻게 되지요. 그래서 '**숙제를** 했어, **공부를** 했어, **청소를** 했어'처럼 궁금증을 해소해 주는 목적어를 넣어 말해야 완전한 의미 전달이 됩니다. 자동사 go는 'vi. 가다'로 단어에 '~에, ~로'에 해당하는 전치사가 붙어 있지 않기 때문에 '~에, ~로'에 해당하는 전치사 to를 붙여 '~에 가다, ~로 가다'로 사용해야 합니다. 그러나 타동사 do는 'vt. **~을** 하다'로 목적격 조사 '**~을**'이 단어에 붙어 있기 때문에 전치사를 붙일 필요가 없습니다. **영어 타동사는 단어 속에 'to, from, in, with, on, at, about…' 등과 같은 다양한 전치사가 붙어 있기 때문에 타동사 뒤에 명사(목적어)를 놓기만 하면 됩니다.** 타동사 뒤에는 절대로 전치사를 붙여서는 안 됩니다.

a. I love you. Why don't you know that? 난 널 사랑해. 왜 그것을 모르는 거야?
b. Can you help me with my work? 나의 일을 도와줄 수 있어?
c. I already finished my assignment. 나는 이미 숙제를 끝마쳤어.

a~c문장을 보면 love, help, finish는 모두 타동사로 '~을 사랑하다, ~을 돕다, ~을 끝마치다'로 모두 우리말 목적격 조사 '~을'이 들어가 있어 학습하기에 쉽습니다. 영어 타동사의 대부분은 우리말의 목적격 조사 '~을'이 들어가 있습니다. 그러나 일부 단어들은 '~을'이 아닌 다른 전치사가 들어 있어 별도로 익혀야 합니다.

a. He **answered** me. 그는 나에게 대답했어.
b. **Call** me tonight. 오늘 밤 나에게 전화해줘.
c. She **resembled** her mother. 그녀는 엄마와 닮았어.
d. He **married** Sarah. 그는 사라와 결혼했어.
e. We **discussed** the picnic. 우린 소풍에 대해 토론했어.
f. She **survived** her husband. 그녀는 남편보다 오래 살았어.
g. He **robbed** me of $100. 그는 나로부터 100달러를 뺏었어.

a~g문장의 타동사를 보면 단어 속에 '~을'이 들어가 있는 것이 아닙니다. a문장의 answer는 'vt.~에게 대답하다'로 answer 속에는 to가 들어가 있습니다. 그래서 He answered me로 말해야 합니다. He answered to me라고 하면 to를 두 번 사용하여 '그는 나에게 에게 대답했어'로 귀에 거슬리는 어색한 말이 됩니다. c문장의 resemble은 'vt.~와 닮다'로 resemble 속에는 with가 포함되어 있습니다. e문장의 discuss는 'vt.~에 관하여 토론하다'로 discuss 속에는 about이 포함되어 있습니다. f문장의 survive는 'vt.~보다 오래 살다'로 survive 속에는 than이 포함되어 있습니다. g문장의 rob은 'vt.~로부터 빼앗다'로 rob 속에는 from이 포함되어 있습니다. 이렇게 영어 타동사에는 우리말의 '~을'만 포함되어 있는 것이 아니라 다양한 의미의 전치사가 들어가 있기 때문에 아래와 같은 단어들은 자주 읽어보고 별도로 익혀야 합니다.

date vt.~와 데이트하다
divorce vt.~와 이혼하다
consider vt.~에 대해 고려하다
reach vt.~에 도착하다
approach vt.~에 다가가다
become vt.~에게 어울리다
remind vt.~에게 생각나게 하다
erase vt.~로부터 제거하다

engage vt.~와 약혼하다
accompany vt.~와 동반하다
mention vt.~에 대해 언급하다
attend vt.~에 참석하다
greet vt.~에게 인사하다
contact vt.~에게 연락하다
rob vt.~로부터 빼앗다
rid vt.~로부터 제거하다

marry vt.~와 결혼하다
comprise vt.~으로 구성되어있다
obey vt.~에게 복종하다
address vt.~에게 연설하다
affect vt.~에게 영향을 미치다
inform vt.~에게 알려주다
deprive vt.~로부터 빼앗다

2. 타동사 뒤의 목적어에는 반드시 명사가 와야 합니다.

목적격 조사 '~을'은 명사와 결합하기 때문에 목적어 자리에 명사가 오는 것은 당연합니다. 명사는 사전에서 찾았을 때 나오는 사전형 명사 이외에도 아래와 같이 다양합니다.

a. I hope **to see** you soon. 곧 너 만나기를 기대해.
b. He admitted **cheating** on the exam. 그는 시험에서 부정행위한 것을 인정했어.
c. She believes **that you are right**. 그녀는 네가 옳다는 것을 믿어.
d. Tell me **who he is**. 나에게 그가 누구인지를 말해.
e. Remember **what I'm saying**. 내가 말하고 있는 것을 기억해둬.
f. I want to know **if you go**. 나는 네가 갈지 안 갈지를 알고 싶어.

a문장의 to see는 '만날 것'으로 to부정사의 명사적 용법입니다.

b문장의 cheating은 '부정행위한 것'으로 동명사입니다. c문장의 **that** you are right는 '네가 옳다는 **것**'으로 that은 '~는 것'으로 명사절을 만드는 접속사입니다. d문장의 who he is는 간접의문문으로 '그가 누구인지'입니다. '그가 누구인지를 말해'에서 보듯이 간접의문문은 목적격 조사 '~을'과 자연스럽게 결합하기 때문에 간접의문문 그 자체가 명사 기능을 합니다. e문장의 **what** I'm saying은 '내가 말하고 있는 **것**'으로 명사입니다. 관계대명사 what은 '~는 것'으로 명사절입니다. f문장의 if you go는 '네가 갈지 안 갈지'입니다. '네가 갈지 안 갈지를 알고 싶어'에서 보듯이 if절 역시 목적격 조사 '~을'과 자연스럽게 결합하기 때문에 if절 자체가 명사 기능을 합니다.

■ 타동사 학습의 핵심 ■
① 타동사는 단어에 목적격 조사 '~을'과 '~에, ~에게, ~와, ~관하여, ~로 부터...' 등과 같은 다양한 전치사가 붙어 있다.
② 타동사 뒤의 목적어에는 반드시 명사가 와야 한다. 명사 기능을 하는 것은 to부정사, 동명사, 간접의문문, 관계대명사 what, 접속사(that, if, whether)가 있다.

UNIT 105　give동사 어순 문장 – 4형식

1　**Onions는 give동사 어순의 문장을 4형식 문장이라고 이름 붙였습니다.**
4형식 동사들이 '주다'는 뜻을 갖고 있는 것을 보고 일본학자들이 수여동사라는 이름을 붙여 4형식 동사를 수여동사라고도 합니다. give는 'give+사람+사물' 어순으로 단어를 배열하고 '사람에게 사물을 주다'입니다. 여기서 사람을 간접목적어, 사물을 직접목적어라고 합니다. He gave me a book에서 me는 '나에게'가 되고 a book은 '책을'이 되지요. He gave a book은 '그는 책을 주었어'로 누구에게 주었는지 궁금증을 야기하고, He gave me는 '그는 나에게 주었어'로 무엇을 주었는지 궁금증을 유발합니다. 그래서 'give+사람+사물' 어순으로 배열하여 모든 궁금증을 해소시켜 주는 것이지요. 동사 give와 같은 어순을 취하는 give동사들은 아래와 같습니다.

> give, bring, hand, pass, send, show, present, lend, tell, teach, offer, make, buy, get, find, choose, build, order, book, cook, cut, leave, sing, read, ask, inquire

a. He **gave** me a book. 그는 나에게 책을 주었어.
b. **Bring** her the bag. 그녀에게 그 가방을 가져다 줘.
c. **Pass** me the salt. 나에게 소금을 건네줄래.
d. She **sent** him a letter. 그녀는 그에게 편지를 보냈어.
e. He **showed** her his photos. 그는 그녀에게 그의 사진을 보여줬어.
f. She **teaches** us Chinese. 그녀는 우리에게 중국어를 가르쳐.
g. I **made** her spaghetti. 나는 그녀에게 스파게티를 만들어 주었어.
h. She **got** me food. 그녀는 나에게 음식을 가져다주었어.
i. He **found** me the car key. 그는 나에게 자동차 열쇠를 찾아 주었어.
j. I **chose** him jeans. 나는 그에게 청바지를 골라 주었어.
k. I **left** the worker tips. 나는 직원에게 팁을 남겨 주었어.
l. She often **sings** her baby a song. 그녀는 종종 아기에게 노래를 불러줘.
m. He **ordered** her cosmetics. 그는 그녀에게 화장품을 주문해 주었어.
n. She **booked** me a seat. 그녀는 나에게 자리를 예약해 주었어.
o. He **asked** me a question. 그는 나에게 질문을 했어.

a. He **told** me a funny story.
   그는 나에게 재미있는 이야기를 말해 주었어.

b. He **told** all the people living in the village what he heard there.
   그는 마을에 살고 있는 모든 사람들에게 그가 그곳에서 들은 것을 말해 주었어.

c. She **bought** my sister and me new desks and chairs.
   그녀는 여동생과 나에게 새 책상과 의자를 사 주었어.

d. He **made** me a model ship out of wood.
   그는 나에게 나무 모형 배를 만들어 주었어.

e. We **sent** the people who lost their homes water and blankets.
   우리는 집을 잃은 사람들에게 물과 담요를 보냈어.

f. A visa stamp **gives** you a permission to enter the U.S.
   비자 도장이 너에게 미국으로 들어가는 허락을 주는 거야.

g. I **read** my little brother an interesting detective novel.
   나는 동생에게 재미있는 탐정소설을 읽어 주었어.

h. He **has left** (all the children in the orphanage) (a small sum of money.)
   그는 고아원에 있는 모든 아이들에게 소액의 돈을 남겨 두었어.

'give+사람+사물' 어순을 취하는 give동사들은 동사 뒤에 사람과 사물을 순서대로 배열하고 '~에게 ~을 주다'로 해석하면 됩니다. 사람과 사물은 모두 명사이어야 합니다. 사람과 사물은 목적어이기 때문에 목적어 자리에는 명사가 와야 합니다. a문장은 사람과 사물이 한 단어이기 때문에 한 눈에 들어오지만 b~h문장을 보면 목적어가 상당히 길지요. 위와 같이 목적어가 상당히 긴 경우 그 뜻을 쉽게 파악하지 못하는 경우가 많기 때문에 밑줄을 치거나 h문장처럼 괄호를 치는 습관을 들여야 합니다. 밑줄과 괄호를 치면 어디까지가 '~에게'에 해당하는 간접목적어이고, 나머지가 '~을'에 해당하는 직접 목적어임을 쉽게 알 수 있으며, 문장 구조가 한눈에 들어오게 될 것입니다.

UNIT 106   4형식 문장에서 3형식 문장으로 전환

> give, bring, hand, pass, send, show, present, lend, tell, teach, offer, make, buy, get, find, choose, build, order, book, cook, cut, leave, sing, read, ask, inquire

위의 give동사들은 'give+사람+사물' 어순으로 단어를 배열하는데 사람과 사물의 순서를 바꾸어 표현하면 아래와 같이 '~에게'에 해당하는 전치사 to, for, of를 사용해야 합니다.

a. He gave me a book. 4형식
b. He gave **a book to me**. 3형식
c. He bought me a book. 4형식
d. He bought **a book for me**. 3형식
e. He asked me a question. 4형식
f. He asked **a question of me**. 3형식

원어민은 사람과 사물의 순서를 바꾸어 표현할 때 to를 사용하는 동사, for를 사용하는 동사, of를 사용하는 동사, to와 for를 모두 사용하는 동사로 나누어 사용합니다. 원어민 감각으로 익히면 암기할 필요가 없습니다.

- A **to** B로 to를 사용하는 동사
  give, bring, hand, pass, send, show, present, lend, tell, teach, offer
- A **for** B로 for를 사용하는 동사
  make, buy, get, find, choose, build, order, book, cook, cut, leave
- A **of** B로 of를 사용하는 동사
  ask, inquire
- A **to** B, A **for** B로 **to와 for를 모두 사용**하는 동사
  bring, leave, sing, read, give

핵심은 to와 for의 구분입니다. to와 for는 모두 이동을 나타내는 전치사입니다. 먼저 **for를 사용하는 동사들**을 살펴보겠습니다.

a. He **bought** a book **for** me. 그는 나에게 책을 구입해 주었어. (구입했어.+주었어.)
b. I **made** spaghetti **for** her. 나는 그녀에게 스파게티를 만들어 주었어. (만들었어.+주었어.)
c. She **got** food **for** me. 그녀는 나에게 음식을 가져다주었어. (가지러 갔어.+주었어.)
d. He **found** the book **for** me. 그는 나에게 그 책을 찾아 주었어. (찾았어.+주었어.)
e. I **left** tips **for** the worker. 나는 직원에게 팁을 남겨 주었어. (남겨 두었어.+주었어.)
f. He **ordered** cosmetics **for** me. 그는 나에게 화장품을 주문해 주었어. (주문했어.+주었어.)
g. She **booked** a seat **for** me. 그녀는 나에게 자리를 예약해 주었어. (예약했어.+주었어.)
h. I **chose** jeans **for** him. 나는 그에게 청바지를 골라 주었어. (골랐어.+주었어.)
i. They **built** a gym **for** us. 그들은 우리에게 체육관을 지어 주었어. (지었어.+주었어.)

for를 사용하는 동사들을 보면 바로 주는 것이 아니라 준비해서 주는 것임을 알 수 있습니다. 말을 하는 시점에 주려고 하는 것을 갖고 있지 않기 때문에 주려고 하는 것을 준비한 다음에 주는 것이지요. a문장은 그가 나에게 책을 주려고 하는데 주려고 하는 책을 갖고 있지 않기 때문에 책을 buy한 다음에 give한 것입니다. b문장은 그녀에게 음식을 주려고 하는데 줄 음식이 없기 때문에 스파게티를 make한 다음에 give한 것이지요. c문장은 그녀가 음식이 있는 곳으로 가서 음식을 준비한 다음 나에게 give한 것입니다. d문장은 내가 잃어버린 책을 그가 find한 다음에 나에게 give한 것입니다. e문장은 직원에게 줄 팁을 침대 위나 탁자 위에 leave한 다음에 직원이 가져간 것입니다. f문장은 화장품을 order한 다음에 나에게 give한 것입니다. g문장은 좌석을 book한 다음에 나에게 give한 것입니다. h문장은 청바지를 choose한 다음에 그에게 give한 것이지요. i문장은 체육관을 build한 다음에 우리에게 give한 것입니다. 없는 건물을 바로 줄 수 없기 때문에 체육관을 지은 다음에 줘야 합니다.

이제 감이 잡혔나요? **A for B는 A를 준비한 다음에 B에게 주는 것입니다. 한 번의 동작이 아니라 '준비한다+그 다음에 준다'로 두 번의 동작을 나타냅니다.** for는 말을 하는 시점에 주려고 하는 것이 준비되어 있지 않기 때문에 준비한 다음에 주는 것으로 for는 '~위하여'란 뜻이 있기 때문에 누구를 위해 준비하여 주는 인간적인 느낌을 줍니다.

이제 to를 사용하는 동사들입니다. to는 이미 준비되어 있는 것을 주는 하나의 동작입니다. 말하는 시점에 준비되어 있지 않은 것을 준비한 다음에 주는 for와 쉽게 구분할 수 있을 것입니다. 아래 문장들을 보세요.

a. He **gave** a book **to** me. 그는 나에게 책을 주었어.
b. **Bring** the bag **to** her. 그녀에게 그 가방을 가져다 줘.
c. **Pass** the salt **to** me. 소금 좀 건네줄래.
d. She **sent** a letter **to** him. 그녀는 그에게 편지를 보냈어.
e. He **showed** his photos **to** me. 그는 나에게 그의 사진을 보여줬어.
f. He **told** the story **to** her. 그는 그녀에게 그 이야기를 말해 주었어.
g. She **teaches** Chinese **to** us. 그녀는 우리에게 중국어를 가르쳐.
h. He **lent** some money **to** me. 그는 나에게 조금의 돈을 빌려주었어.

a문장의 give는 갖고 있는 책을 주는 하나의 동작입니다. b문장의 bring은 가방을 가져다주는 하나의 동작입니다. c문장의 pass는 식탁 위에 있는 소금을 건네주는 하나의 동작이지요. d문장의 send는 편지를 보내는 하나의 동작입니다. e문장의 show는 그의 사진을 나에게 보여주는 하나의 동작입니다. f문장의 tell은 그가 알고 있는 이야기를 나에게 말해주는(=전달하는) 하나의 동작입니다. g문장의 teach는 그가 알고 있는 지식을 우리에게 가르치는(=tell하는) 하나의 동작이지요. h문장의 lend는 그가 갖고 있는 돈을 나에게 주는 하나의 동작입니다. 이렇게 **to는 말을 하는 시점에 이미 갖고 있고, 준비되어 있는 것을 주는 것입니다.** 간단하지 않나요?

■ A to B와 A for B의 원어민 감각 ■
① to는 말하는 시점에 갖고 있는, 준비되어 있는 것을 주는 것. 바로 주는 하나의 동작이다.
② for는 말하는 시점에 갖고 있지 않아 준비한 다음에 주는 것. '준비한다+그 다음에 준다'로 두 개의 동작이다.

『전치사 쇼크』 p261의 provide A to B와 provide A for B에 대한 설명을 읽어 보세요. to와 for에 대한 원어민 감각을 더 명확하게 느낄 수 있을 것입니다.

to와 for를 모두 사용하는 동사들로는 bring, leave, sing, read, give가 있습니다. 아래 문장들을 보세요.

a. She **brought** some food **to** me.
b. She **brought** some food **for** me. 그녀는 나에게 조금의 음식을 가져다줬어.
c. He **gave** some food **to** me.
d. He **gave** some food **for** me. 그는 나에게 조금의 음식을 주었어.

bring을 to와 for를 모두 사용하는 동사라고 소개하고 있지만, bring은 보통 to를 사용하고 for는 드물게 사용합니다. 무엇인가 준비를 해서 가지고 오거나 가지고 갈 때 for를 사용합니다. give는 to를 사용하는 동사라고 설명하지만 d문장처럼 for를 사용하는 경우도 있습니다. d문장은 음식을 준비해서 줬다는 느낌을 주지요. give는 무조건 to만 사용하는 동사가 아닙니다.

a. I **left** tips **to** the worker.
b. I **left** tips **for** the worker. 나는 직원에게 팁을 남겨 주었어.
c. She **read** a book **to** her baby.
d. She **read** a book **for** her baby. 그녀는 아이에게 책을 읽어 주었어.
e. He **sang** a song **to** her.
f. He **sang** a song **for** her. 그는 그녀에게 노래를 불러 주었어.

leave는 먼저 무엇을 남겨 두고 그 다음에 누군가에게 전달되는 두 번의 동작이기 때문에 주로 for를 사용합니다. Someone **left** this note **for** you(누군가 너에게 메모를 남겼어)는 일상 생활에서 흔히 사용하는 표현이죠. read에 to를 사용하면 그냥 읽어 줬다는 느낌이고 for를 사용하면 준비해서 읽어 주었다는 느낌입니다. for를 사용하면 동화구연처럼 감정을 넣어서 재미있게 읽어 주는 느낌입니다. sing 또한 read와 같습니다. 읽어서 들려주는 것과 노래로 들려주는 것은 같지요. for를 사용하면 준비해서 노래를 들려주었다는 것입니다. 연인에게 노래를 들려줄 때 to가 좋을까요? 아니면 for가 좋을까요? to는 사무적이고 딱딱한 느낌을 주고 for는 무엇인가 준비해서 주는 인간적인 느낌을 주기 때문에 f문장처럼 for로 노래해야 하겠지요.

지금까지 to와 for에 대해서 설명했고, 이제 of를 설명하겠습니다. **of를 사용하는 동사**는 ask, inquire가 있습니다.

a. He **asked** a question **of** me. 그는 나에게 질문을 했어.
b. May I **ask** a favor **of** you? 부탁 하나 해도 될까요?

a문장은 He asked a question(그는 질문을 했어)+**of me(나에게)**로 of 또한 우리말로 옮기면 '~에게'이지만, ask는 to와 for를 사용하지 않고 of를 사용합니다. I gave <u>a book to him</u>, I bought <u>a book for him</u>은 한 권의 책이 그에게 가서(=이동해서) 나에게 되돌아오지 않지요. He asked <u>a question to me</u>처럼 to를 사용하면 그에게 질문이 가지만 들어야 하는 대답은 돌아오지 않는다는 의미가 됩니다. 그래서 ask는 to를 사용하지 않고 of를 사용하는 것입니다. of는 from의 동의어로 '~로 부터'입니다. <u>a question of me</u>는 '**나로부터** 대답을 들어야 하는 질문'입니다.

give 어순의 동사들은 일상 생활에서 빈번하게 사용하는 기초 단어들입니다. 원어민은 to, for, of를 본능적인 감각에 의해 선택하지 암기하여 선택하지 않습니다. 왜 to, for, of를 나누어 사용하는지를 설명하지 않고 4형식이니 3형식이니 하는 설명은 영어 학습에 전혀 도움이 되지 않습니다.

UNIT 107 한 문장에 주어가 2개인 문장 – 5형식

 Onions는 타동사(vt) 문장 중에서 '주어+타동사+목적어+목적격 보어' 어순으로 된 문장을 5형식이라고 이름을 붙였습니다. 5형식 문장은 목적격보어에 대한 이해가 핵심입니다.

a. I am **happy**. 나는 행복해. 2형식
b. I am **a doctor**. 나는 의사야. 2형식
c. He made me **happy**. 그는 나를 행복하게 만들었어. 5형식
d. He made me **a doctor**. 그는 나를 의사로 만들었어. 5형식

a~b문장에서 I am(나는~이다)까지만 말하면 정확한 의미를 전달할 수 없지요. be동사 뒤에 happy(형용사)나 a doctor(명사)를 보충해 줘야만 말이 됩니다. 주어를 보충 설명해 주기 때문에 be동사 뒤의 형용사, 명사를 주어를 보충해 주는 주격보어라고 합니다. c~d문장에서 He made me(그는 나를 만들었어)까지만 말을 하면 역시 정확한 의미를 전달할 수 없습니다. 듣는 사람은 그가 나를 **어떤 상태로** 만들었는지, 그가 나를 **무엇으로** 만들었는지 되묻게 되지요. 그래서 목적어 me의 상태를 보충 설명하기 위하여 He made me **happy**, He made me **a doctor**처럼 happy(형용사)나 a doctor(명사)를 보충해 주는 것입니다. 목적어 뒤에 위치하여 목적어를 보충해 주기 때문에 목적어 뒤의 형용사, 명사를 목적격보어라고 하는 것이지요. 이제 주격보어, 목적격보어란 문법 용어를 이해하셨나요? 이제 c~d문장을 분해해 보겠습니다.

c문장 He made me happy는 He made+I **was** happy의 결합입니다. make는 타동사이기 때문에 주격 I를 목적격 me로 바꾸어야 합니다. He **made** me **was** happy는 문법적으로 틀린 표현이지요. 한 문장에 접속사 없이 동사 2개를 사용할 수 없고, 동사 앞에는 목적격(me)을 사용할 수 없기 때문에 be동사 was를 생략하여 He **made** me happy가 된 것입니다.

d문장 He made me **a doctor**는 He made+I **was** a doctor의 결합입니다. He **made** me **was** a doctor에서 was가 생략되어 He made me a doctor가 된 것이죠. 5형식 문장은 타동사(3형식) 문장에 be동사 문장(2형식)이 들어가 있습니다. 5형식 문장은 3형식+2형식으로 결합되어 있어서 5형식 문장을 3형식이라고 해도 상관없지요. 그래서 몇 형식이니 형식을 따지는 것은 무의미합니다.

a. He made his son a doctor. 그는 아들을 의사로 만들었어.
   =He made + his son **was** a doctor.
b. She named her cat Sally. 그녀는 그 고양이를 샐리라고 이름 지었어.
   =She named + her cat **was** Sally.
c. I think him a great scientist. 나는 그를 위대한 과학자라고 생각해.
   =I think + he **is** a great scientist.
d. He made me crazy. 그는 나를 미치게 만들었어.
   =He made + I **was** crazy.
e. I painted the fence blue. 나는 울타리를 푸르게 칠했어.
   =I painted + the fence **was** blue.
f. My father washed his car clean. 아버지는 차를 깨끗하게 세차했어.
   =My father washed + his car **was** clean.
g. I believe him honest. 나는 그가 정직하다고 믿어.
   =I believe + he **is** honest.
h. I found the book easy. 나는 그 책이 쉽다는 것을 알았어.
   =I found + the book **was** easy.

위의 문장들은 흔히 사용하는 5형식 문장들입니다. 2개의 문장으로 분리해 보면 모두 목적어에 be동사 문장이 들어 있지요. **be동사와 결합하는 것은 명사, 형용사이기 때문에 주격보어, 목적격보어에는 명사, 형용사가 와야 합니다.**

a. He made **his son a doctor**. 그는 그의 아들을 의사로 만들었어. 5형식
b. He made **his son dinner**. 그는 그의 아들에게 저녁을 만들어 주었어. 4형식

a문장을 He made+his son **was** a doctor로 분해해 보면 자연스런 의미 결합으로 a문장의 make는 '~을 만들다'입니다. 그러나 b문장을 He made+his son **was** dinner로 분해해 보면 그의 아들이 저녁이 되도록 만들었다는 황당한 말이 되지요. b문장의 make는 '~에게 ~을 만들어 주다'임을 바로 알 수 있습니다. 위와 같이 make A B구조의 문장에서 의미 파악이 어렵다면 두 문장으로 분해하여 be동사를 채워보세요. 그러면 쉽게 의미를 파악할 수 있습니다.

아래 문장들 역시 한 문장에 주어가 2개 등장하기 때문에 5형식 문장입니다. 중요한 것은 **타동사 뒤에 있는 목적어를 주어로 해석할 수 있어야 한다는 것**입니다.

a. I want **you** to do it immediately. 나는 네가 그것을 즉시 하기를 원해.
b. He asked **me** to start early. 그는 내가 일찍 출발할 것을 부탁했어.
c. They made **him** leave Korea. 그들은 그가 한국을 떠나도록 만들었어.
d. I let **my son** go out. 나는 아들이 외출하는 것을 허락했어.
e. We saw **him** enter the bank. 우리는 그가 은행에 들어가는 것을 봤어.
f. He helped **her** do the dishes. 그는 그녀가 설거지하는 것을 도왔어.
g. I'll help **you** to get along again. 나는 너희들이 다시 잘 지내도록 도울 거야.

- a~g문장들은 모두 to부정사 편에서 이미 학습했습니다. to부정사 앞에 있는 목적격을 문법 용어로 의미상의 주어라고 합니다. a문장의 I want you to do it은 I want(나는 ~를 원해)+**you to do it**(네가 그것을 하기)의 결합입니다. you는 want의 목적어이지만 to do의 의미상의 주어이기 때문에 '네가'로 옮겨야 합니다. a문장에서 목적어 you를 생략해 보세요. 나 자신이 그것 하기를 원한다는 말이 되어 처음 전달하려고 했던 말과 전혀 다른 뜻이 됩니다. to부정사의 의미상의 주어에 대한 자세한 설명은 UNIT 83을 보세요.

- c문장은 They made+he **left** Korea의 결합이고, d문장은 I let+my son **went** out의 결합입니다. e문장은 We saw+he **entered** the bank의 결합입니다. 모두 두 개의 문장으로 분리할 수 있지요. 문장을 분리해 보면 목적격이 원래는 주어였다는 것을 알 수 있습니다. c~e문장에서 목적어 뒤에 왜 동사원형이 사용되었는지 기억나지 않으면 UNIT 99와 UNIT 100을 복습하세요.

- f문장에서 help는 목적어 다음에 동사원형을 사용하기도 하고 to부정사를 사용하기도 합니다. help는 Exercise **helps prevent** fatigue(운동은 피로 예방을 도와줘), Soy foods **help maintain** healthy skin(콩 음식은 건강한 피부 유지를 도와줘)처럼 'help+동사원형'으로 흔히 사용합니다. help는 타동사이기 때문에 뒤에 명사 기능을 하는 to부정사 와야 하는데 동사원형이 명사 기능을 하고 있습니다. to부정사, 동명사에 익숙하기 때문에 동사원형이 명사 기능을 하면 어색하지요. 원어민들은 과거에도 동사원형을 명사로 사용했고 지금도 그렇게 사용하고 있다는 것을 UNIT 195에 설명해 놓았습니다.

UNIT 108 문장의 5형식 학습법이 꼭 필요한가?

영어는 주어를 놓고 사용하고 주어 다음에는 반드시 동사가 와야 합니다. **영어는 '주어+동사'로 시작하는 언어이고 영어는 단어를 어순에 맞게 배열하는 언어이기 때문에 동사가 단어를 배열하는 열쇠를 갖고 있습니다.**

a. **Turn** to the right. 오른쪽으로 도세요. 1형식(vi)
b. The weather has **turned cold**. 날씨가 추워져 있어. 2형식(vi)
c. **Turn the wheel** to the left. 핸들을 왼쪽으로 돌려. 3형식(vt)

d. Rice **grows** in warm countries. 쌀은 따뜻한 지방에서 자라. 1형식(vi)
e. He **grew pale**. 그는 창백하게 되었어. 2형식(vi)
f. I am **growing tomatoes**. 나는 토마토를 재배하고 있어. 3형식(vt)

g. I **walk** to school. 나는 학교에 걸어가. 1형식(vi)
h. I **walk my dog** every morning. 나는 매일 아침 개를 산책시켜. 3형식(vt)
i. I'll **walk you** to the station. 너를 역까지 바래다줄게. 3형식(vt)

a~c문장, d~f문장처럼 turn과 grow는 1형식, 2형식, 3형식으로 사용됩니다. turn은 'vi.돌아가다, vi.되다, vt.~을 돌리다', grow는 'vi.자라다, vi.되다, vt.~을 재배하다'로 사전에 나와 있는 뜻을 알면 문장이 몇 형식 문장인지 알 필요가 없습니다. g~i문장의 walk는 'vi.걷다, vt.~을 산책시키다, ~을 바래다주다(=take)'입니다. walk를 'vi.걷다'라는 뜻의 자동사로만 기억하고 있으면 h와 i문장이 무슨 뜻인지 알 수 없지요. walk가 타동사로 사용되면 어떤 뜻인지를 아는 것이 중요하지 g~i문장이 몇 형식 문장인지는 알 필요가 없습니다.

a. I **got** away.   vi.가다   1형식
b. I **got** angry.   vi.되다   2형식
c. I **got** a letter.   vt.~을 받다, 사다   3형식
d. I **got** her a book.   vt.~에게 ~을 사주다 4형식
e. I **got** her some food.   vt.~에게 ~을 가져다주다 4형식
f. I **got** her to clean up the room. vt.~을 만들다 5형식

g. He **made** for home.　　　　　vi. 가다　　　　　　　　1형식
h. He **made** a good chef.　　　vi. 되다　　　　　　　　2형식
i. He **made** his own clothes.　vt. ~을 만들다　　　　　3형식
j. He **made** me cookies.　　　 vt. ~에게 ~을 만들어 주다　4형식
k. He **made** me a doctor.　　　vt. ~을 만들다　　　　　5형식

a~f문장의 get, g~k문장의 make를 보면 get과 make는 1~5형식까지 모든 형식의 문장으로 사용됩니다. 하나의 단어가 하나의 형식으로만 사용되면 '몇 형식 동사'라고 표현하면 되기 때문에 문장의 5형식은 상당히 효과적인 학습법이 됩니다. 그러나 영어 동사는 하나의 단어를 여러 형식으로 사용하기 때문에 문장의 5형식은 영어 학습에 도움이 되지 않습니다. 문장의 5형식은 잘못 학습하면 오히려 영어 학습에 독이 됩니다. **영어 문장은 자동사 문장과 타동사 문장으로 나누고 자동사 문장 중에 'be동사 문장'이 있고 타동사 문장 중에 'give동사 어순의 문장'과 '한 문장에 주어가 2개 사용되는 문장'이 있습니다.** 이렇게 학습하면 간단합니다. 아래 문장들은 몇 형식 문장일까요?

a. She died **young**. 그녀는 어린 나이에 죽었어.
b. He came back **exhausted**. 그는 기진맥진한 상태로 돌아왔어.
c. The mirror arrived **broken**. 거울이 깨진 상태로 도착했어.

a문장은 She died(그녀는 죽었어)+She was young(그녀는 어렸어)이 결합된 문장으로 앞 문장은 die가 자동사이기 때문에 1형식이고, 뒷 문장은 be동사 문장이기 때문에 2형식 문장입니다. 앞에서 학습한 바와 같이 5형식 문장은 3형식 문장과 2형식 문장이 결합되어 있습니다. 그러면 1형식 문장과 2형식 문장이 결합된 많은 문장들은 몇 형식이라고 해야 할까요? **문장의 5형식으로 설명할 수 없는 영어 문장이 많고, 영어 동사는 하나의 단어가 여러 문장 형식으로 사용되기 때문에 문장의 5형식 학습은 불필요합니다. 또 문장의 5형식을 다루지 않는 문법서가 더 많기 때문에 문장의 5형식 학습은 더더욱 불필요한 것입니다.** 문장의 5형식을 학습하지 않은 영어학습자에게 '몇 형식 동사, 몇 형식 문장의 수동태…'처럼 설명하면 영어 학습이 더 어려워지게 됩니다.

CHAPTER 9

Subjunctive Mood
가정법

UNIT 109	가정법! 제대로 이해하고 있는가?
UNIT 110	가정법 학습의 핵심
UNIT 111	과거시제를 사용하는 가정문 – 가정법 과거
UNIT 112	조건문
UNIT 113	조건문과 가정문을 구분하면 어떤 장점이 있나?
UNIT 114	과거완료시제를 사용하는 가정문 – 가정법 과거완료
UNIT 115	가정법 미래는 없다
UNIT 116	혼합 가정문
UNIT 117	가정문의 도치
UNIT 118	I wish 가정문
UNIT 119	as if, as though
UNIT 120	It's time+과거시제
UNIT 121	If it were not for~, If it had not been for~
UNIT 122	기타 주의해야 할 가정문

UNIT 109 가정법! 제대로 이해하고 있는가?

if(~면)가 실제로 일어날 수 있는 일을 표현하면 조건문, 일어나지 않는 일을 실제로 일어나는 것처럼 가정해서 표현하면 가정문이라고 합니다. 우리말은 조건문과 가정문을 구분하지 않고 사용하는 언어이고, 영어는 조건문과 가정문을 명확하게 구분하여 사용하는 언어입니다. 언어적 차이에 관한 이해 없이 영어 가정문 공식부터 암기하면 영어 학습이 더 어려워집니다.

a. [우리말 조건문] 내일 시간 있으**면**, 너에게 잠시 들를 게.
b. [우리말 가정문] **만약에** 내일 시간 있으**면**, 너에게 잠시 들를 게.
c. [영어 조건문] **If** I **have** time tomorrow, I **will** come by you.
d. [영어 가정문] **If** I **had** time tomorrow, I **would** come by you.

a문장은 내일 시간이 나면 잠시 들르고 시간이 나지 않으면 들르지 않겠다는 것으로, 실제로 일어날 수 있은 일을 표현한 조건문입니다. a문장에 '만약에'를 넣은 b문장은 일어나지 않는 일을 실제로 일어나는 것처럼 가정해서 표현한 가정문입니다. 내일 너에게 갈 시간이 없지만 '만약에' 시간이 나면 들르겠다는 것이지요. '만일(萬一)'은 1/10,000의 확률을 나타내기 때문에 실제로 일어날 가능성이 거의 없습니다. 만약(萬若)은 '일만 만, 같을 약'으로 '만일'의 동의어입니다. '만약·만일'은 '그럴 가능성이 희박하지만'으로 일어나지 않는 일을 일어나는 것으로 가정(=상상)할 때 사용하는 부사입니다. **우리말은 조건문에 '만약·만일'이란 부사를 넣으면 가정문이 됩니다.** 일본어, 중국어 또한 우리말과 같습니다. 우리말 a문장을 영어로 옮기면 c문장이 되고 우리말 b문장을 영어로 옮기면 d문장이 됩니다. d문장의 had와 would를 보세요. c문장의 현재시제 have와 will을 과거시제 had와 would로 후퇴시킨 것입니다. 우리말은 조건문에 '만일·만약'과 같은 부사를 추가하여 가정문을 만들지만, **영어는 동사의 시제를 변화(=후퇴)시켜 가정문을 만듭니다.**

■ 가정법 학습 핵심 1 ■
① 우리말 가정문은 '만약·만일'과 같은 부사를 추가하여 표현한다.
② 영어 가정문은 동사의 시제를 변화(=후퇴)시켜 표현한다.

우리말, 일본어, 중국어는 '만일·만약'과 같은 부사를 넣어 가정문을 만들고, 영어, 독일어, 프랑스어 등은 동사의 시제를 변화시켜 가정문을 만듭니다. 언어적인 차이점을 이해하셨나요? **영어 가정법 학습에 앞서 가정문을 만드는 방식에는 부사를 넣는 방식의 언어와 동사의 시제를 변화(=후퇴)시키는 방식의 언어가 있다는 것을 알고 있어야 합니다.**

a. [가정문] **내가 너라면** 그 물건을 사지 않을 거야.
b. [가정문] **로또에 당첨되면** 넌 뭘 할 거야?
c. [조건문] **만약에** 마음에 안 들**면** 교환이나 환불이 되나요?
d. [조건문] **만약에** 내가 늦으**면** 먼저 출발해라.

우리말 a~b문장은 실제로 일어날 수 없는 일을 표현한 가정문입니다. 내가 네가 되는 것은 실제로 일어날 수 없는 불가능한 일이고, 로또에 당첨되는 것 역시 실제로 일어나기 힘든 불가능한 일이지요. 그래서 실제로 일어나지 않는 일을 표현하는 가정문임을 나타내기 위해 '**만약에** 내가 너라면, **만약에** 로또에 당첨되면'처럼 '만약에'라는 부사를 넣어 표현해야 하지만 우리는 '만약에'란 단어를 일반적으로 생략하고 말합니다. **상식적으로 생각해 보면** 내가 네가 되는 것이 불가능하고 로또에 당첨되는 것 역시 불가능하다는 것을 누구나 다 알기 때문에 굳이 '만약에'라는 단어를 넣어 표현할 필요성이 없지요.

우리말 c~d문장은 실제로 일어날 수 있는 일을 표현한 조건문입니다. '**만약에** 마음에 안 들**면**'은 '**혹시** 마음에 안 들**면**, 마음에 안 드**는 경우에**'와 같은 뜻입니다. '**만약에** 내가 늦으**면**'은 '**혹시** 내가 늦으**면**, 내가 늦**는 경우에**'와 같은 뜻이지요. c~d문장의 '만약에(=만일에)'는 '혹시, ~의 경우에'와 같은 뜻으로 일어날 수 있는 일을 나타냅니다. a~d문장처럼 우리말은 가정문과 조건문을 구분하여 사용하지 않습니다. '~면'만으로도 가정문을 만들고 '만약에'라는 부사를 넣어 조건문으로도 사용합니다. 우리말 '만일(萬一)'을 사전에서 찾아보면 '일어나기 힘든 일, ~의 경우, 혹시'라고 나와 있습니다. **우리말의 '만일·만약'은 조건문에도 사용하고 가정문에도 사용하는 상황어**라는 것을 알 수 있지요.

우리말 '만약·만일'이란 부사를 가정문에도 사용하고 조건문에도 사용하는 이유가 무엇일까요? 그 이유는 '만약·만일'이라는 단어가 부사이기 때문에 생략하고 표현하는 경우가 많고 '일만 분의 일'의 확률을 나타내는 '만약·만일'의 의미가 약화되어 '~의 경우에, 혹시'라는 의미로 확장되어 일어날 수 있는 일에도 사용하기 때문입니다. 그래서 **우리말은 가정문과 조건문을 단어만 보고는 알 수 없기 때문에 말의 내용과 말하는 시점의 상황으로 조건문인지 가정문인지 파악해야 합니다.** 그러나 영어는 우리말과 달리 동사의 시제만 보고 조건문인지 가정문인지 바로 알 수 있습니다.

a. [조건문] If the product **arrives** tomorrow, I **will** tell you.
   그 물건이 내일 도착하면 알려 줄게요.
b. [가정문] If the product **arrived** tomorrow, I **would** tell you.
   만약에(=가능성이 희박하지만) 그 물건이 내일 도착하면 알려 줄게요.

a와 b문장이 어떤 내용인지 몰라도 a문장은 실제로 일어날 수 있는 일을 표현한 조건문이고, b문장은 실제로 일어나기 희박한 일을 일어나는 것으로 가정한 가정문입니다. a문장은 현재시제 arrives와 will을 사용했기 때문에 조건문이고, b문장은 과거시제 arrived, would를 사용했기 때문에 가정문입니다. 영어는 동사의 시제만 보고도 일어날 수 있는 일인지 일어나지 않는 일인지 바로 알 수 있지요. **조건문과 가정문을 구분해서 말해 주면 상황 파악이 신속하기 때문에 시간 절약과 언어 절약이 됩니다.** 우리말의 '만약·만일'은 부사이기 때문에 생략할 수 있습니다. b문장에서 '만약·만일'의 의미를 나타내는 동사 had와 would를 생략할 수 있을까요? 동사는 문장을 이루는 핵심 요소이기 때문에 절대로 생략할 수 없지요. 조건문과 가정문을 구분하여 사용하면 어떤 장점이 있는지 UNIT 113에서 자세하게 설명합니다.

■ 가정법 학습 핵심 2 ■
① 우리말은 조건문과 가정문을 구분하지 않고 사용하는 언어이다.
   우리말은 말의 내용과 상황으로 가정문인지 조건문인지 알 수 있다.
② 영어는 조건문과 가정문을 명확하게 구분하여 사용하는 언어이다.
   영어는 동사의 시제만 보고 가정문인지 조건문인지 바로 알 수 있다.

영어 원어민이 조건문과 가정문을 명확하게 구분하여 사용하는 이유가 무엇일까요? 그것은 영어 원어민의 조상이 농민이 아니라 상인이기 때문입니다. 물건을 사고팔고 교환하는 시장에서 부정확하게 말하면 재확인하는 과정이 필요하여 시간이 지체되고 거래에 방해가 됩니다. 영어 원어민이 조건문과 가정문을 명확하게 구분하여 사용하는 것은 상인이 갖고 있는 상업 현실주의적 사고 방식 때문입니다. 영어의 역사에서 설명한 것처럼 가산명사와 불가산명사의 구분, 단수와 복수의 구분, a와 the의 구분, 가정문과 조건문의 구분은 모두 거래의 명료성을 위한 상업 현실주의적 사고에서 나온 것입니다. a knife와 milk처럼 a의 유무로 셀 수 있고 셀 수 없음을 알려 주고, an apple과 apples처럼 a와 -s로 하나인지 둘 이상인지를 알려 주지요. an arrow와 the arrow처럼 a와

the로 상대방이 처음 듣는 물건인지 이미 알고 있는 물건인지를 알려 줍니다. if절의 주절에 조동사의 과거형을 사용하여 일어나지 않는 일임을 알려 주지요. 이렇게 서로가 교환 거래에 필요한 핵심 정보를 담아서 말해 주면 다시 물어볼 필요성이 없기 때문에 거래가 신속하고 정확해 집니다. 사과는 셀 수 있고 우유는 셀 수 없다는 것을 누구나 다 알고 있는데, 영어 원어민의 조상이 지능이 떨어지는 사람들이라서 물건에 대한 정보를 서로서로 상세하게 알려 주는 것이 아닙니다. 거래의 신속성과 거래의 명료성을 위해 그렇게 하는 것이지요. 그것이 바로 상인이 갖고 있는 현실주의적 사고 방식인 것입니다.

농업 문화로 들어가 볼까요? 농민은 농토를 기반으로 정착 생활을 하며 자급자족하는 생활입니다. 자급자족하는 농민에게 물건을 사고팔고 교환하는 일은 제한적으로 일어나기 때문에 거래의 신속성과 명료성을 위해 물건을 자세하게 분류할 필요성이 없습니다. 농사꾼은 아침에 일어나 들판에서 일하고 저녁에 돌아오는 생활을 하지요. 늘 만나는 이웃 사람들을 만나고 서로에 대해서는 밥숟가락이 몇 개인지 알 정도로 잘 알고 있습니다. 말해 주지 않아도 서로의 상황에 대해 너무나도 잘 알고 있기 때문에 일어날 일과 일어나지 않을 일을 자세하게 구분하여 말할 필요가 없습니다. 말해 주지 않아도 알고 있는 일을 자세하게 말해 주면 상대를 무시하고 바보 취급하는 것이죠. 그래서 농민인 우리 조상들은 조건문과 가정문을 명확하게 구분하여 사용할 필요가 없었던 것입니다. 그러나 상인이 만나는 사람은 이웃 사람들이 아닙니다. 상인이 시장에서 만나는 사람들은 거래를 위해서 만나는 사람들로 거래 상대방에 대해서 잘 모르고 거래가 끝난 후 다시 만나기가 힘든 경우가 많지요. 그래서 상인은 신속하고 분명한 거래를 위해 명확하게 말해야 하는 것입니다. **영어는 상업 문화의 언어이기 때문에 상업 문화에 맞는 언어로 탄생한 것입니다.** 언어는 문화를 그대로 반영하고 언어는 사람이 살아가는 생활 문화에 맞게 발전하지요. 농민의 사고 방식과 상인의 사고 방식은 다를 수밖에 없습니다. 교환 거래가 제한적으로 일어나는 농업 문화의 언어와 물건을 사고팔고 교환하는 것이 일상 생활인 상업 문화의 언어는 다를 수밖에 없습니다. 문화적 차이를 이해하셨나요?

가정법이란 문법 용어에 대해 생각해 볼 필요성이 있습니다. 실제로 일어나지 않는 일을 일어나는 것으로 가정하여 표현하는 것이기 때문에 일본학자들은 가정법(假定法)이란 문법 용어를 붙였습니다. 가정은 '거짓 가, 정할 정'입니다. 그러나 가정법이란 문법 용어는 적합하지 않습니다. 가정의 정의는 다음과 같습니다.

> ■ 가정(假定)의 정의 ■
> ① 사실이 아니거나 또는 사실인지 아닌지 분명하지 않은 것을 임시로 인정함.
> ② [논리] 결론에 앞서 논리의 근거로 어떤 조건이나 전제를 세우는 것.
> ③ [수학] 정리에서, 어떤 조건을 임시로 내세움. 또는 그 조건.

　가정이란 용어는 영문법에만 사용하는 것이 아닙니다. ②~③번 정의처럼 논리나 수학에서 사용하는 가정은 조건을 나타냅니다. **영어는 가정문과 조건문을 명확하게 구분하여 사용하기 때문에 조건의 뜻을 포함하고 있는 가정이란 문법 용어는 적합하지 않습니다.** 그래서 가정법보다는 가상법이란 용어가 더 적합니다. 가상(假想)은 '거짓 가, 생각 상'입니다. 가상의 정의는 '사실이 아니거나 사실 여부가 분명하지 않은 것을 사실이라고 가정하여 생각함'이기 때문에 위의 ①번 정의만을 의미하고 ②~③번의 정의가 포함되어 있지 않습니다. 가상법이라고 하면 가상이란 단어에서 상상을 떠올리기 때문에 일어날 수 없는 일을 상상하는 표현임을 바로 알 수 있기 때문에 용어만으로 개념 정립이 명확해 지지요.

　조건문은 실제로 일어날 수 있는 일을 표현하기 때문에 현실문이라고 하고, 가정문은 실제로 일어나지 않는 일을 표현하기 때문에 비현실문이라고 합니다. Cambridge 등의 영문법 원서들은 가정문을 Conditional(조건문)이라고 합니다. 가정문을 조건문에 포함시키고 있는 것이죠. 영미학자들은 if를 실현 가능성이 있는 조건문, 실현 가능성이 없는 조건문(=가정문)으로 보는 것입니다. 중국 영문법에선 가정법이란 용어를 사용하지 않고 가상법이란 용어를 사용합니다. 독일어나 프랑스어 문법에서는 가정법이라고 하지 않고 접속법이라고 합니다. 보는 관점에 따라 제각각의 문법 용어를 사용하고 있습니다. 그래서 문법 용어에 집착하여 논리성을 따지는 것은 영어 학습에 전혀 도움이 되지 않지요. 문법 용어는 개념 정리에 가장 쉬운 용어로 기억하면 됩니다. **우리는 가정법이란 문법 용어에 이미 익숙해져 있기 때문에 이 책에서는 가정법, 가정문이란 용어를 그대로 사용합니다.**

UNIT 110 가정법 학습의 핵심

1 가정법이 아니라 가정문이란 용어를 사용해야 합니다.

'직설**법**과 가정**법**, 조건**법**과 가정**법**, 조건**문**과 가정**문**'처럼 대비되는 용어를 사용하지 않고 '조건**문**과 가정**법**'이라는 용어를 사용하면 문법 용어가 개념 정리를 방해하게 됩니다. 가정법에 대비되는 개념은 직설법이죠. 조건**문**에 대비되는 가정**문**이란 용어를 사용해야 개념 정리가 명확해 집니다. 그래서 본서에서는 가정법이란 용어 대신에 가정문이란 용어를 사용합니다.

2 영어는 동사의 시제를 후퇴시켜 가정문을 만드는 언어입니다.

우리말은 '만약·만일'과 같은 부사를 넣어 가정문을 만들고 영어는 동사의 시제를 후퇴시켜 가정문을 만든다는 것을 항상 기억하고 있어야 합니다. 영어시제는 현재시제와 과거시제가 있습니다. 현재시제는 현재의 사실을 나타내고 과거시제는 과거의 사실을 나타내지요. 현재시제를 과거시제로 후퇴시키면 현재의 사실과 반대로 가정하는 것이고, 과거시제를 과거완료시제로 후퇴시키면 과거 사실과 반대로 가정하는 것입니다. 그래서 **영어 가정문은 현재시제를 과거시제로 후퇴시켜 과거시제를 사용하는 가정문과, 과거시제를 과거완료시제로 후퇴시켜 과거완료시제를 사용하는 가정문이 있습니다.** 아래 a문장은 과거시제를 사용하는 가정문으로 가정법 과거라고 합니다. b문장은 과거완료시제를 사용하는 가정문으로 가정법 과거완료라고 합니다.

■ 영어 가정문은 2개뿐이다 ■
① 과거시제를 사용하는 가정문 (=가정법 과거)
② 과거완료시제를 사용하는 가정문 (=가정법 과거완료)

---

a. If I **had** time tomorrow, I **would** date her. 가정법 과거
  내일 시간이 있으면, 그녀와 데이트할 텐데.

b. If I **had had** time last night, I **would have dated** her. 가정법 과거완료
  지난밤에 시간이 있었다면, 그녀와 데이트했을 텐데.

3 **가정문임을 알려 주는 것은 if가 아니라 조동사의 과거형입니다.**

위의 a와 b문장을 보면 주절에 조동사의 과거형이 사용되었습니다. 우리는 if(~면)가 가정문을 나타내는 것으로 착각하는 경향이 있는데, 가정문임을 알려 주는 것은 if가 아니라 조동사의 과거형입니다. 영어는 if절만으로 가정문을 나타낼 수 없고 반드시 주절에 조동사의 과거형을 사용해야 합니다. 그럼 왜 조동사의 과거형이 가정(=상상)을 나타낼까요? 먼저 UNIT 32로 돌아가 조동사의 개념을 복습해 주세요. '조동사는 불확실할 때 추측하는 기능을 하고 조동사의 과거형은 불확실에서 더 멀리 간 것이기 때문에 완전 불확실, 완전 불가능을 나타낸다. 그래서 가정문에 조동사의 과거형을 사용한다'고 미리 설명해 놓았습니다. 조동사의 기본 기능은 추측이고 추측은 불확실할 때 사용하지요. 과거란 현재에서 시간적으로 멀리 떨어져 있음을 나타냅니다. 조동사의 과거형은 불확실에서 더 멀리 떨어져 있음을 나타내기 때문에 완전 불확실(=완전 불가능)을 나타내는 것입니다. 그래서 '내가 하는 말은 실제로 일어나는 일이 아니야'라고 사실이 아닌 가정임을 알려 주기 위해 주절에 조동사의 과거형을 사용하는 것입니다.

4 **가정문에서 if절의 과거시제는 과거시제를 나타내는 것이 아니라 현재시제를 나타냅니다. 영어는 상황에 따라 과거시제를 현재시제로 사용하는 언어입니다.** a문장의 우리말 해석을 보세요. a문장의 If I **had** time은 '내가 시간이 **있었다면**'이 아니라 '내가 시간이 **있다면**'입니다. if절의 과거시제 had는 조동사 과거형 would와 결합하여 우리말의 '만약·만일'과 같은 가정의 의미를 나타내기 때문에 과거시제를 나타내는 것이 아니라 현재시제를 나타냅니다. a문장의 had를 과거시제로 해석하면 왜 안 될까요? 그것은 b문장 때문입니다. b문장의 If I **had had** time은 '내가 시간이 **있었다면**'으로 if절의 과거완료시제를 과거시제로 해석해야합니다. 과거시제도 과거로 해석하고 과거완료시제도 과거로 해석하면 a문장과 b문장이 같은 뜻이 되어 시제를 구분할 수 없지요. a문장의 had를 과거시제로 해석하면 '**내일** 내가 시간이 **있었다면**'으로 어떤 언어든지 말이 되지 않습니다. If I **had** time **tomorrow**를 '**내일** 내가 시간이 **있다면**'으로 옮긴다는 것은 과거시제 had가 현재시제라는 것을 알 수 있습니다.

영어는 상황에 따라 동사 과거형을 현재와 미래에도 사용하는 언어입니다. 동사 과거형을 현재와 미래에도 사용한다는 것은 과거, 현재, 미래가 명확한 우리식 시제 관념에는 맞지 않습니다. 우리말은 어떠한 경우에도 동사 과거형 '~했다'를 현재와 미래에 사용하지 않지요. 그래서 UNIT 32에 '조동사의 과거형은 시제에 상관없이 과거, 현재, 미래 모두에 사용합니다. 한국어의 동사 과거형은 예외 없이 항상 과거로만 사용하지만, 영어 동사 과거형은 상황에 따라서 현재와 미래에도 사용하기 때문에 시제에 대한 유연한 사고를 가져야 한다'라고 강조해 놓았습니다.

c. I **was** hungry. I **could** eat a horse. 난 배고팠어. 난 말 한 마리를 먹을 수 있었어.
d. I **am** hungry. I **could** eat a horse. 난 배고파. 난 말 한 마리를 먹을 수도 있어.
e. I **could** go on a trip **tomorrow**. 난 내일 여행 갈 수도 있어.
f. **If** I **had** time tomorrow, I **would** come to her. 내일 시간 있으면, 그녀에게 갈 텐데.

c~e문장을 보면 can의 과거형 could는 과거뿐만 아니라 현재와 미래에도 사용되었습니다. 과거형 could가 '~을 할 수 있었다'는 뜻으로 과거시제로만 사용해야 한다면, d문장과 e문장에서 could는 사용할 수 없어야 합니다. c~d문장에서 I **could** eat a horse란 한 문장만으로는 could가 과거시제인지 현재시제인지 알 수 없기 때문에 I **was** hungry, I **am** hungry란 시제를 알려 주는 표현이 필요한 것이지요. 우리는 이미 조동사의 과거형을 현재와 미래에 사용할 수 있다는 것을 조동사편에서 배웠고 지금 그렇게 사용하고 있습니다. f문장의 **If** I **had** time tomorrow를 '내일 내가 시간이 **있다면**'처럼 if절의 과거시제 had를 현재시제로 사용하는데 이상할 이유가 있을까요? **조동사 과거형을 현재시제로 사용하는 것처럼 일반동사 과거형 또한 현재시제로 사용하는 것입니다.** 조동사나 일반동사나 모두 동사일 뿐이지요. 과거시제를 현재시제로 인식하는 것은 영어 원어민에게는 자연스러운 사고인데 우리식 시제 관념에 맞지 않기 때문에 어색한 것입니다. **가정문 학습의 핵심은 과거시제를 현재시제로 인식하는 것에 있습니다.**

■ 가정문 학습의 핵심 ■
① 영어는 동사의 시제를 후퇴시켜 가정문을 만드는 언어이다.
　영어 가정문은 과거시제를 사용하는 가정문과 과거완료시제를 사용하는 가정문이 있다.
② 가정문임을 알려 주는 것은 if가 아니라 주절에 있는 조동사의 과거형이다.
③ 가정문의 과거시제는 과거시제가 아니라 현재시제를 나타낸다.

UNIT 111 과거시제를 사용하는 가정문 – 가정법 과거

1 가정법 과거는 과거시제를 사용하는 가정문입니다. 가정문은 과거시제를 사용하는 가정문과 과거완료시제를 사용하는 가정문으로 학습해야 합니다. '왜 가정문에 과거시제를 사용하는데?'라고 물으면 '영어는 우리말과 달리 동사의 시제를 후퇴시켜 가정문을 만드는 언어야. 현재 사실과 반대로 가정하고 싶으면 현재시제를 과거시제로 후퇴시키고, 과거 사실과 반대로 가정하고 싶으면 과거시제를 과거완료시제로 후퇴시키면 돼'라고 설명하면 이해가 빠르지요. 'If+주어+**과거시제**, 주어+would, should, could, might+동사원형' 구조가 과거시제를 사용하는 가정법 과거입니다. 현재의 상황이 아쉬울 때 그 반대 상황이라면 어떨지 상상해 보거나 일어나기 희박한 일이 실제로 일어나는 경우에 어떻게 할 것이라고 자신의 생각을 밝힐 때 가정법 과거를 사용합니다.

과거시제를 사용하는 가정문(=가정법 과거)은 현재 사실을 우리말과 영어로 적은 다음 **가정임을 알려 주기 위해 현재시제를 과거시제로 후퇴**시키면 됩니다.

a. [사실] 우리는 열쇠가 없어. 그래서 집 안으로 들어갈 수 없어.
   As we **don't have** the key, we **can't** get into the house.
b. [가정] 우리가 열쇠를 갖고 있다면, 집 안으로 들어갈 수 있을 텐데.
   If we **had** the key, we **could** get into the house.

a문장은 현재 상황입니다. b문장은 열쇠가 없어 집에 들어가지 못하는 아쉬움에서 열쇠가 있는 상황을 가정해서 해본 말입니다. a문장의 종속절 don't have를 긍정문 have로 바꿔 과거시제로 후퇴시키면 had가 되고, 주절의 can't를 긍정문 can으로 바꿔 과거시제로 후퇴시키면 could가 됩니다. 반대로 가정하는 것이기 때문에 부정문은 긍정문이 되고 긍정문은 부정문이 됩니다. 현실이 아닌 가정(=상상)임을 알려 주기 위해 현재시제를 과거시제로 후퇴시키는 것이지요.

a. [사실] 난 지금 돈이 없어. 그래서 차를 살 수 없어.
   As I **have no** money, I **can't** buy a car.
b. [가정] 내가 돈이 있다면, 차를 살 수 있을 텐데.
   If I **had** money, I **could** buy a car.

a문장은 현재 상황입니다. b문장은 돈이 없어 차를 사지 못하는 아쉬움에서 돈이 있는 상황을 가정(=상상)해서 해본 말입니다. a문장의 종속절 have no를 긍정문 have로 바꿔 과거시제로 후퇴시키면 had가 되고, 주절의 can't를 긍정문 can으로 바꿔 과거시제로 후퇴시키면 could가 됩니다. could대신에 would를 사용하면 '차를 살 텐데', might를 사용하면 '차를 살지도 모르는데'가 됩니다.

a. [사실] 오늘은 일요일이 아니야. 그래서 지금 외출할 수 없어.
   It **is not** Sunday, so I **can't** go out now.
b. [가정] 오늘이 일요일이면, 지금 외출할 수 있을 텐데.
   If it **were** Sunday, I **could** go out now.

a문장은 현재 상황입니다. 오늘은 평일이라 출근, 등교 등의 이유로 외출할 수 없는 상황이지요. b문장은 외출하고 싶지만 외출할 수 없는 상황이 아쉬워서 오늘이 일요일인 것으로 가정(=상상)해서 해본 말입니다. a문장의 종속절 is not을 긍정문 is로 바꿔 과거시제로 후퇴시키면 were가 되고, 주절의 can't를 긍정문 can으로 바꿔 과거시제로 후퇴시키면 could가 됩니다. could 대신에 would를 사용하면 '외출할 텐데'가 됩니다. if절의 동사가 be동사인 경우에 주어에 상관없이 were를 사용해야 합니다. 그러나 **구어에서는 were대신에 was를 사용하기도 하는데 학교문법(=규범문법)에서는 틀렸다고 봅니다.**

a. [사실] 너는 직업을 갖고 있어.
   In fact, you **have** a job.
b. [가정] 네가 직업이 없다면, 넌 뭘 할 거야?
   If you **didn't have** a job, what **would** you do?

a문장은 현재 상황입니다. 직업이 있으면 하고 싶은 일도 못하는 경우가 많지요. b문장은 직업이 없다는 가정 하에 무엇을 하고 싶은지 물어보는 것입니다. a문장의 have를 부정문 don't have로 바꿔 과거시제로 후퇴시키면 didn't have가 됩니다. b문장의 대답으로 I **would** travel around the world(나는 세계일주 **할 거야**)처럼 조동사 과거형 would로 대답해야 합니다. 일어나지 않는 일이기 때문에 조동사의 과거형을 사용해야 하는 것이죠. 현재형 will을 사용하면 일어나지 않는 일을 실제 행동으로 옮기겠다는 황당한 대답이 됩니다.

영어 가정문은 동사의 시제를 후퇴시켜 만들기 때문에 우리 사고 방식과 맞지 않는 표현법입니다. 가정문을 영어 원어민의 감각으로 느끼려면 반복 학습을 통하여 익숙해지는 방법밖에 없습니다. 먼저 현재의 상황을 우리말과 영어로 적은 다음 현재시제를 과거시제로 후퇴시켜 가정(=상상)해 보는 습관을 들여야 합니다.

a. [사실] 난 차가 없어. I **don't have** a car.
b. [가정] 내가 차가 있다면, 우린 더 많이 여행할 텐데.
　　If I **had** a car, we **would** travel more.

a. [사실] 난 그의 전화번호를 몰라. I **don't know** his phone number.
b. [가정] 내가 그의 전화번호를 알고 있으면, 너에게 알려줄 텐데.
　　If I **knew** his phone number, I **would** tell you.

a. [사실] 넌 운전할 수 없어. You **can't** drive.
b. [가정] 네가 운전할 수 있으면, 너에게 나의 차를 빌려줄 수 있을 텐데.
　　If you **could** drive, I **could** lend you my car.

a. [사실] 난 할 일이 있어. I **have** something to do.
b. [가정] 내가 할 일이 없으면, 난 지금 외출할 수 있을 텐데.
　　If I **didn't** have something to do, I **could** go out now.

a. [사실] 난 북경에 살지 않아. I **don't live** in Beijing.
b. [가정] 내가 지금 북경에 살면, 만리장성에 자주 갈 텐데.
　　If I **lived** in Beijing, I **would** often go to Great Wall.

a. [사실] 그녀는 너무 빨리 말해. She **speaks** too fast.
b. [가정] 그녀가 천천히 말하면, 그녀를 더 잘 이해할 수 있을 텐데.
　　If she **spoke** slowly, I **could** understand her better.

a. [사실] 내일 시간이 없어. I **have no** time tomorrow.
b. [가정] 내일 시간이 있으면, 그녀와 데이트할 텐데.
　　If I **had** time tomorrow, I **would** go out with her.

a. [사실] 우리는 파티에 갈 계획이야.
b. [가정] 우리가 파티에 가지 않으면, 그는 실망할 거야.
　　If we **didn't** come to the party, he **would** be disappointed.

a. [사실] 회사는 문 닫지 않아.
b. [가정] 회사가 문 닫으면, 많은 사람들이 실직할 거야.
   If the factory **closed down**, lots of people **would** be out of work.

a. [사실] 나는 그 일을 맡지 않아.
b. [가정] 내가 그 일을 맡게 되면, 얼마나 받게 될까?
   How much **would** I get if I **took** the job?

a. [사실] 나는 너의 입장이 아니야.
b. [가정] 내가 너의 입장이라면, 난 그렇게 하지 않을 거야.
   If I **were** in your shoes, I **would not** do so.

a. [사실] 복권에 당첨되는 것은 불가능해.
b. [가정] 네가 복권에 당첨되면, 넌 뭘 할 거야?
   If you **won** the lottery, what **would** you do?

위와 같이 a문장을 b문장으로 바꾸는 연습을 반복하면 현재시제를 과거시제로 후퇴시키는 가정문에 익숙해질 것입니다. 익숙해졌다면 반대로 b문장을 a문장으로 바꾸어 보세요. 과거시제를 사용하는 가정문은 현재 사실을 반대로 가정한 것이기 때문에 가정문을 보고 현재의 사실이 무엇인지 알 수 있어야 합니다. 그래야만 말하는 사람이 어떤 사실을 바탕으로 가정했는지 알 수 있지요.

2 과거시제를 사용하는 가정문(=가정법 과거)의 해석을 '~하면 ~할 텐데'라고 공식화하는 것은 상당히 잘못된 것입니다. 아래 문장을 보세요.

a. If I **didn't** have something to do, I **would** go out now.
   ① 지금 할 일이 없으면, 외출할 텐데. ② 지금 할 일이 없으면, 외출할 거야.
b. If the factory **closed down**, lots of people **would** be out of work.
   공장이 문을 닫으면, 많은 사람들이 실직할 거야.

a문장을 우리말로 옮기면 상황에 따라서 ①과 ②가 됩니다. a문장이 외출을 하고 싶지만 일을 하고 있는 상황이라 그렇게 하지 못하는 아쉬움에서 한 말이라면 ①번 해석이 적합하고 그렇지 않은 경우라면 ②번 해석이 됩니다. '외출할 텐데'의 우리말 '**~텐데**'에는 '외출**하지 못해서 아쉽네**'라는 뜻이 담겨져 있습니다. 영어에는 '~텐데'에 해당하는 단어가 없지요. 영어 가정문을 우리말로 옮겨 아

쉬움을 가장 잘 타나낼 수 있는 표현이 '~텐데'이기 때문에 '~텐데'로 옮기는 것이지 번역 공식에 의해 그렇게 옮기는 것이 아닙니다. 함께 일을 하고 있는 동료가 '너는 지금 할 일이 없으면 뭐 할 거야?'라고 질문한 경우 '지금 할 일이 없으면 나는 외출할 거야'라고 대답하지, '지금 할 일이 없으면 외출할 텐데'라고 대답하지 않습니다. b문장은 그럴 일은 없지만 만약에 회사가 문을 닫으면 어떤 일이 일어날지 가정(=상상)해 본 것입니다. 잘 나가는 우량한 회사가 갑자기 문을 닫을 일은 없지요. '많은 사람들이 실직**할 거야**'를 '많은 사람들이 실직**할 텐데**'로 옮기면 '많은 사람들이 실직하지 않아서 아쉬워'라는 이상한 말이 됩니다. b문장은 그렇게 하지 못하는 아쉬움에서 가정한 것이 아니라 일어나기 희박한 일이 실제로 일어나는 경우를 상상해 본 것입니다. '부자라면 좋을 **텐데**, 여자 친구가 있으면 좋을 **텐데**, 내가 대머리가 아니라면 좋을 **텐데**...'처럼 '~텐데'에는 그렇지 못한 아쉬움이 담겨 있습니다. 영어 가정문을 우리말로 옮길 때 말하는 사람의 심리에 아쉬움이 담겨있으면 '~텐데'가 적합하고, 그렇지 않은 경우에는 조동사가 갖고 있는 본래의 뜻 그대로 옮겨야 합니다.

아래 a문장의 would를 could나 might로 바꾸어 보세요. would를 could로 바꾸면 b문장처럼 '외출할 수 있을 텐데', would를 might로 바꾸면 c문장처럼 '외출할지도 모르는데'가 됩니다. would가 자주 사용되다 보니 would사용이 마치 공식인 것처럼 착각하는 영어 학습자가 적지 않습니다. 가정문의 would, could, might는 특별한 뜻을 갖고 있는 것이 아니라 will, can, may가 갖고 있는 본래의 뜻 그대로입니다. will은 '~일 것이다, ~하겠다', can은 '~할 수 있다', may는 '~일지 모른다'입니다. 미국영어가 주도하는 현대영어에서 shall은 will에 포함되어 거의 사용하지 않습니다. shall은 '~일 것이다(=will)'라는 추측의 뜻으로 사용하고 '~하겠다'는 의지의 뜻으로는 사용하지 않습니다.

a. If I **didn't** have something to do, I **would** go out now.
   ① 지금 할 일이 없으면, 외출할 텐데. ② 지금 할 일이 없으면, 외출할 거야.

b. If I **didn't** have something to do, I **could** go out now.
   지금 할 일이 없으면, 외출할 수 있을 텐데.

c. If I **didn't** have something to do, I **might** go out now.
   지금 할 일이 없으면, 외출할 지도 모르는데.

UNIT 112 조건문

1 if(~면)가 실제로 일어날 수 있는 일을 표현하면 조건문이라고 하고, 일어나지 않는 일을 실제로 일어나는 것으로 가정(=상상)해서 말하면 가정문이라고 합니다. 가정문은 '내가 하는 말은 실제로 일어나지 않는 일이야'라는 정보를 알려 주기 위해 반드시 주절에 조동사의 과거형을 사용해야 합니다. 아래 a~i문장을 보면 **조건문에는 조동사의 과거형이 없습니다. 실제로 일어날 수 있는 일인지 일어나지 않는 일인지는 조동사의 과거형이 알려 주는 것입니다.**

조건문은 실제로 일어날 수 있는 일이기 때문에 상황에 맞게 준비하고 대처해야 해야 하는 경우가 많습니다. a문장은 내일 시간이 있으면 방문하고 시간이 없으면 방문하지 않겠다는 것이죠. 내일 친구가 시간이 있을 가능성도 50%, 시간이 없을 가능성도 50%입니다. 친구가 내일 시간이 있을지 없을지는 내일이 되어 봐야 알 수 있지요. a문장을 들은 친구는 내가 방문할 시간이 있는지 없는지 확인하고 상황에 맞게 준비하고 대처하게 됩니다. 조건문에는 '실제로 일어날 가능성이 50%야. 상황에 맞게 알아서 준비하고 대처해'라는 정보가 들어 있습니다.

a. If I **have** time tomorrow, I **will** visit you.
   내일 시간 있으면, 방문할게.

b. If you **pass** the driving test, you **will** get your licence.
   네가 면허 시험에 통과하면, 면허증을 받을 거야.

c. If you **are** busy now, we **can** talk later.
   네가 지금 바쁘면, 나중에 이야기해도 좋아.

d. If you **need** money, I **can** lend you some.
   네가 돈이 필요하면, 너에게 조금 빌려줄 수 있어.

e. If you **are** not watching TV, **turn** it off.
   네가 TV를 시청하고 있지 않으면, TV를 꺼.

f. If dough **is** sticky, **add** more flour.
   반죽이 끈적거리면, 밀가루를 더 넣어.

g. **Let** us know if you **are** unable to attend.
   네가 참석할 수 없으면, 우리에게 알려 줘.

h. You **need** not do so if you **don't** want to.
   네가 원하지 않으면, 그렇게 할 필요 없어.

i. If you **want** those pictures, **have** them.
   네가 그 사진을 원하면, 가져.

2 **if절에 과거시제, 주절에 조동사의 과거형을 사용할 때만 가정문입니다.**

아래와 같이 if절이 과거시제이더라도 주절에 조동사의 과거형이 없으면 가정문이 아니라 조건문입니다.

a. If he **started** school before you, he **is** senior to you.
   그가 너 이전에 학업을 시작했다면, 그는 너에게 선배야.

b. If she **took** the book, it **is** no longer yours.
   그녀가 그 책을 가져갔다면, 그 책은 더 이상 너의 것이 아니야.

c. If he **went** there again, he **is** a fool.
   그가 거기에 또 갔다면, 그는 바보야.

d. **In the past**, if workers **protested**, employers **could** fire them.
   과거에, 노동자가 항의하면, 고용주는 그들을 해고할 수 있었어.

e. If you **loved** him, why **didn't** you say to him?
   네가 그를 사랑했다면, 왜 그에게 말하지 않았어?

f. If you **said** "No", you **were** wrong.
   네가 "No"라고 했다면, 네가 잘못한 거야.

g. If he **betrayed** me, I **will** kill him.
   그가 나를 배신했다면, 그를 죽여 버릴 거야.

- a~c문장은 if절이 과거시제이지만 주절에 조동사의 과거형이 없기 때문에 가정문이 아니라 조건문입니다. a문장은 '그가 너 이전에 학업을 시작했다. **그것이 사실이면** 그는 너의 선배야'로 과거에 실제로 일어날 수 있었던 일을 말하는 조건문입니다. b~c문장 또한 과거에 실제로 일어날 수 있었던 일을 말하는 조건문입니다.

- d문장은 if절에 과거시제, 주절에 조동사 과거형 could가 있지만 가정문이 아닙니다. **In the past라는 부사구**가 과거시제임을 알려주고 있지요. If workers **protest**, employers **can** fire them이라는 조건문을 과거에 있었던 일임을 알려 주기 위해서 과거시제 protested, could로 바꾼 것입니다.

- e~f문장은 if절이 과거시제이지만 주절에 조동사의 과거형이 없기 때문에 가정문이 아니라 조건문입니다.

- g문장은 if절이 과거시제이지만 주절의 조동사가 현재시제이기 때문에 가정문이 아니라 조건문입니다. '그가 나를 배신했다. **그것이 사실이면** 그를 죽여 버릴 거야'입니다.

# UNIT 113 조건문과 가정문을 구분하여 사용하면 왜 좋은가?

영어 원어민이 조건문과 가정문을 명확하게 구분하여 사용하는 것은 신속하고 정확한 정보를 제공하기 위해서입니다. 일어날 수 있는 일과 일어나지 않는 일을 구분하여 말해 주면 어떤 장점이 있을지 우리말과 영어를 비교해 보겠습니다.

a. 너의 휴대폰을 찾으면 전화할게.
b. If I **find** your cell phone, I **will** call you. 조건문
c. If I **found** your cell phone, I **would** call you. 가정문

우리말은 조건문과 가정문을 구분하여 사용하지 않기 때문에 우리말 a문장을 영어로 바꾸면 상황에 따라 b문장이 될 수도 있고 c문장이 될 수도 있습니다. 휴대폰을 친구 집에 두고 온 것 같아 친구에게 전화를 했더니 친구가 b문장처럼 말을 합니다. b문장은 '(**네 휴대폰 본 것 같아**) 너의 휴대폰을 찾으면 전화할게'라는 뜻이기 때문에 친구가 나의 휴대폰을 찾은 후 전화를 줄 것이라고 생각합니다. b문장은 실제로 일어날 수 있는 일을 표현한 조건문입니다. 현재시제 find와 will이 일어날 수 있는 일임을 알려 주지요. 친구가 c문장처럼 말하면 c문장은 '(**네 휴대폰 없던데. 그래도 만약에**) 너의 휴대폰을 찾으면 전화할게'라는 뜻이기 때문에 친구가 나의 휴대폰을 찾아줄 것이라고 기대하지 않게 됩니다. 과거시제 found와 would가 실제로 일어나지 않는 가정문임을 알려 주지요. b문장을 들으면 친구의 전화를 기다리게 되지만 c문장을 들으면 친구의 전화를 기다리지 않고 다른 곳에서 분실한 휴대폰을 찾으려고 하겠지요. 이렇게 조건문과 가정문을 구분하여 말해 주니 상황 파악이 신속해지지 않나요? 우리말은 말을 다 듣고 난 뒤에 말의 내용과 상황으로 실제로 일어날 일인지 아닌지를 알 수 있기 때문에 시간이 지체되고 상황 파악이 늦어지는 경우가 많습니다. 그러나 영어는 조동사의 과거형을 듣는 순간 실제로 일어나지 않는 일임을 알 수 있기 때문에 상황 파악이 신속해 지지요. 조건문으로 말하면 실제로 일어날 가능성이 50%라는 정보를 알려 주기 때문에 상황에 맞게 준비하고 대비해야 합니다. 가정문으로 말하면 실제로 일어날 가능성이 0%에 가깝다는 정보를 알려 주기 때문에 일어나지 않는 일에 대해서 준비하고 대비할 필요가 없지요. '**일어날 수 있는 일이야**', '**일어나지 않는 일이야**'라고 조건문과 가정문으로 명확하게 구분해서 말해 주면 상황 파악이 신속해지는 장점이 있습니다.

a. 내일 시간 있으면 공항까지 바래다줄게.
b. If I **have** time tomorrow, I **will** take you to the airport. 조건문
c. If I **had** time tomorrow, I **would** take you to the airport. 가정문

우리말 a문장을 영어로 바꾸면 상황에 따라 b문장이 될 수도 있고 c문장이 될 수도 있습니다. 친구가 b문장처럼 말하면 친구가 공항에 데려다줄 수 있다고 생각합니다. b문장은 '(**내일 시간이 있을 것 같아**) 시간 있으면 공항까지 바래다 줄게'라는 뜻입니다. 현재시제 have와 will이 일어날 수 있는 일임을 알려 주지요. 그러나 친구가 c문장처럼 말하면 친구가 나를 공항에 데려다주고 싶지만 시간이 없어 그러지 못하는 아쉬움에서 하는 말임을 알기 때문에 친구가 바래다 주길 전혀 기대하지 않게 됩니다. c문장은 '(**바래다주고 싶은데 내일 시간이 없어 아쉽네. 그래도 만약에**) 시간 있으면 공항까지 바래다줄게'라는 뜻입니다. 과거시제 had와 would가 일어날 수 없는 일임을 알려 주지요. b문장을 들으면 친구가 언제쯤 시간을 낼 수 있는지 물어보고 확인하게 되지만, c문장을 들으면 친구가 자신을 태워줄 수 없는 상황이라는 것을 알고 자신을 태워줄 다른 사람을 찾아보게 될 것입니다. '내일 태워줄 수 있는 가능성이 50%야, 내일 태워줄 수 있는 가능성이 0%에 가까워'라고 정확하게 말해주면 상황 파악이 신속해지지 않나요?

a. 내가 도울 수 있으면 널 도와 줄게.
b. If I **can** (help you), I **will** help you. 조건문
c. If I **could** (help you), I **would** help you. 가정문

우리말 a문장을 영어로 바꾸면 상황에 따라 b문장이 될 수도 있고 c문장이 될 수도 있습니다. 내가 b문장처럼 말하면 내 말을 들은 사람은 나의 도움을 기대합니다. 내가 언제 어떻게 도와줄 수 있는지 물어보고 도움을 요청하겠지요. b문장은 '(**널 도와줄 수 있을 거 같아**) 내가 널 도와줄 수 있으면 도와줄게'라는 뜻입니다. 그러나 내가 c문장처럼 말하면 내가 도와주고 싶지만 여건이 되지 않아 도와주지 못하는 아쉬움에서 하는 말임을 알기 때문에 나에게서 어떤 도움도 기대하지 않고 자신을 도울 수 있는 다른 사람을 찾게 됩니다. c문장은 '(**널 도울 수 없는 상황이라 아쉽네. 그래도 만약에**) 내가 도울 수 있으면 도와줄게'라는 뜻입니다. '널 도와 줄 수 있는 가능성이 50%야, 널 도와 줄 수 있는 가능성이 0%에 가까워'라고 정확하게 말해 주니 상황 파악이 신속해 지지요.

a. 그의 전화번호를 알면 너에게 알려 줄게.
b. If I **know** his phone number, I **will** tell you. 조건문
c. If I **knew** his phone number, I **would** tell you. 가정문

우리말 a문장을 영어로 바꾸면 상황에 따라 b문장이 될 수도 있고 c문장이 될 수도 있습니다. 내가 b문장처럼 말하면 내 말을 들은 사람은 내가 그의 전화번호를 알 수 있다고 생각하기 때문에 나에게서 그의 전화번호를 받을 수 있다고 기대하고 기다리게 됩니다. b문장은 '(**그의 전화번호를 알 수 있을 것 같아**) 그의 전화번호를 알면 너에게 알려 줄게'입니다. 그러나 내가 c문장처럼 말하면 내 말을 들은 사람은 나에게서 그의 전화번호 받는 것을 기대하지 않고 그의 전화번호를 알고 있을 것 같은 다른 사람을 찾게 됩니다. c문장은 '(**그의 전화번호를 알아낼 수 없어. 그래도 만약에**) 그의 전화번호를 알면 너에게 알려 줄게'라는 뜻입니다. '그의 전화번호를 알려 줄 수 있는 가능성이 50%야, 그의 전화번호를 알려 줄 수 있는 가능성이 0%에 가까워'라고 정확하게 말해 주니 상황 파악이 신속해 지지요.

a. 그가 사기꾼이면 넌 어떻게 할 거야?
b. If he **is** a cheater, what **will** you do? 조건문
c. If he **were** a cheater, what **would** you do? 가정문

사업을 하다 보면 사기를 당하는 경우가 많지요. 저자인 저도 그런 경험이 있습니다. b문장은 '(**그 사람이 사기꾼일지도 몰라**) 그가 사기꾼이면 넌 어떻게 할 거야?'입니다. 친구가 b문장처럼 말하면 어떤 근거로 그런 말을 했는지 묻게 되고 그가 나를 속이고 있는지를 확인하고 주의를 기울이고 대처하게 됩니다. 현재시제 is와 will이 실제로 일어날 수 있는 일임을 알려 주지요. c문장은 '(**그 사람은 사기꾼이 아니야. 그래도 만약에**) 그가 사기꾼이면 넌 어떻게 할 거야?'입니다. 친구가 c문장처럼 말하면 듣고 흘려버려도 상관없고 신경 쓸 필요도 없지요. 과거시제 were와 would가 일어나지 않는 일임을 알려 주기 때문입니다. 우리말은 조건문과 가정문을 구분하지 않고 사용하기 때문에 상황 파악을 위해 다시금 되묻고 확인하는 수고로움이 필요한 경우가 많습니다. 물건을 사고파는 시장에서 일어날 수 있는 일과 일어나지 않는 일을 명확하게 구분해서 말해 주면 정보 파악이 신속해 지고 교환 거래가 더욱더 명확하고 신속해 지겠지요.

a. If he **betrayed** me, I **will** kill him. 조건문
　그가 나를 배신했으면, 그를 죽여 버릴 거야.
b. If he **betrayed** me, I **would** kill him. 가정문
　그가 나를 배신하면, 그를 죽여 버릴 거야.

a문장은 '그가 나를 배신했다. **그것이 사실이면** 그를 죽여 버릴 거야'입니다. 그가 나를 배신했는지 안했는지 알 수 없지만, 확인해 보고 그가 나를 배신한 것이 사실이면 그를 죽여 버리겠다는 것이죠. a문장은 실제로 일어날 수 있는 일을 표현한 조건문입니다. 주절에 조동사의 과거형이 없기 때문에 조건문이죠. b문장은 '(그는 나를 배신할 사람이 아니야. 그래도 만약에) 그가 나를 배신하면 그를 죽여 버릴 거야'입니다. 종속절 If he **betrayed** me만 보고는 '그가 나를 **배신했다면**'인지 '그가 나를 **배신한다면**'인지 알 수 없지요. 주절의 시제 will과 would를 듣는 순간 조건문인지 가정문인지 바로 알 수 있습니다. b문장을 '그가 나를 배신하면, 나는 그를 죽여 버릴 텐데'라고 옮기면 황당한 해석이 됩니다. '죽여 버릴 **텐데**'라고 하면 '죽여 버리지 못해서 아쉬워'라는 이상한 말이 되지요.

이렇게 '일어날 수 있는 일이야', '일어나지 않는 일이야'라고 명확하게 구분해서 말해 주면 상황 파악이 신속해지는 장점이 있습니다. 영어 원어민이 왜 조건문과 가정문을 명확하게 구분하여 사용하는지 이해하셨나요?

■ 조건문이 주는 정보 ■
실제로 일어날 가능성이 50%다.
일어날 지 일어나지 않을 지 알 수 없으니 알아서 준비하고 대비해라.

■ 가정문이 주는 정보 ■
실제로 일어날 가능성이 0%이거나 0%에 가깝다.
아쉬움에서 해본 말이고, 그냥 그런 경우가 일어나면 어떨지 가정해 본 거야.

UNIT 114 과거완료시제를 사용하는 가정문-가정법 과거완료

1 가정법 과거완료는 과거완료시제를 사용하는 가정문입니다.

영어는 동사의 시제를 후퇴시켜 가정문을 만드는 언어로 현재 사실과 반대로 가정할 때는 현재시제를 과거시제로 후퇴시키고, 과거 사실과 반대로 가정할 때는 과거시제를 과거완료시제로 후퇴시켜야 합니다.

> ■ 영어 가정문은 2개뿐이다 ■
> ① 과거시제를 사용하는 가정문 (=가정법 과거)
> ② 과거완료시제를 사용하는 가정문 (=가정법 과거완료)

'If+주어+had pp, 주어+would, should, could, might+have pp' 구조가 과거완료시제를 사용하는 가정문(=가정법 과거완료)입니다. 우리말로 옮기면 '~했었다면, ~했을 텐데, ~했었다면, ~했을 거야'입니다. 과거완료시제를 사용하는 가정문(=가정법 과거완료)은 과거시제를 사용하는 가정문(=가정법 과거)과 학습법이 동일합니다. 먼저 과거 사실을 우리말과 영어로 적은 다음 사실이 아닌 **가정임을 알려 주기 위해 과거시제를 과거완료시제로 후퇴**시키면 됩니다.

a. [사실] 너는 나에게 전화를 하지 않았어. 그래서 널 돕지 못했어.
   As you **didn't call** me, I **didn't help** you.
b. [가정] 네가 나에게 전화를 했었다면, 내가 널 도왔을 텐데.
   If you **had called** me, I **would have helped** you.

먼저 a문장처럼 과거 사실을 우리말과 영어로 적으세요. 그 다음 과거시제를 과거완료시제로 후퇴시키면 과거 사실과 반대로 가정하는 가정문이 됩니다. 종속절의 didn't call을 긍정문 called로 바꾸어 과거완료시제로 후퇴시키면 had called가 되고, 주절의 didn't help를 긍정문 helped로 바꾸어 과거완료시제로 후퇴시키면 had helped가 됩니다. would를 결합하면 would+had helped가 되고, 조동사 뒤에는 동사원형이 오기 때문에 would have helped가 되는 것이지요. 영어 b문장을 우리말로 옮기면 '네가 나에게 전화를 **했었다면**, 널 **도왔을 텐데**', '네가 나에게 전화를 **했었다면, 널 도왔을 거야**'가 됩니다.

a. [사실] 나는 과속했어. 그래서 교통사고를 일으켰어.
   I **drove** too fast, so I **caused** a traffic accident.
b. [가정] 내가 과속하지 않았다면, 교통사고를 일으키지 않았을 텐데.
   If I **hadn't driven** too fast, I **wouldn't have caused** a traffic accident.

종속절의 과거시제 drove를 과거완료시제 had driven으로 후퇴시켜 부정문으로 바꾸면 hadn't driven이 되고, 주절의 과거시제 caused를 과거완료시제 had caused로 후퇴시켜 부정문으로 바꾸면 hadn't caused가 됩니다. 여기에 would를 결합하면 would+hadn't caused가 wouldn't have caused가 됩니다. 가정은 반대로 하는 것이기 때문에 긍정문은 부정문이 되고 부정문은 긍정문이 되는 것이죠. '내가 과속하지 않았다면, 교통사고를 일으키지 **않았을 텐데**', '내가 과속하지 않았다면, 교통사고를 일으키지 **않았을 거야**'가 됩니다. would대신에 could를 사용하면 '일으키지 **않았을 수도 있는데**', might를 사용하면 '일으키지 **않았을지도 모르는데**'가 됩니다.

a. [사실] 나는 과제를 제출하지 않았어. 그래서 A학점을 받지 못했어.
   As I **didn't give** in my paper, I **didn't get** an A.
b. [가정] 내가 과제를 제출했다면, A학점을 받았을 텐데.
   If I **had given** in my paper, I **would have gotten** an A.

종속절의 과거시제 didn't give를 긍정문 gave로 바꾼 후 과거완료시제로 후퇴시키면 had given이 되고, 주절의 didn't get을 긍정문 got로 바꾼 후 과거완료시제로 후퇴시키면 had gotten이 됩니다. would+had gotten의 결합에서 would have gotten이 되지요. 그런데 왜 주절에 조동사의 과거형을 사용해야 할까요? If I **had given** in my paper, I **had gotten** an A처럼 말하면 '만약에 숙제를 제출**했다면**, 나는 A등급을 **받았다**'라는 뜻으로, 나는 숙제를 제출하지 않았는데 실제로 A등급을 받았다는 황당한 말이 됩니다. 그래서 '만약에 숙제를 제출**했다면**, A등급을 **받았을 텐데**, 만약에 숙제를 제출**했다면**, A등급을 **받았을 거야**'처럼 말해야 말이 되는 것입니다. 그래서 추측의 조동사가 필요하고 실제로 일어나지 않은 일을 일어난 것처럼 가정(=상상)한 표현이기 때문에 조동사의 과거형을 사용해야 하는 것입니다. 왜 가정문에 조동사의 과거형을 사용해야 하는지 이해하셨나요?

과거완료시제를 사용하는 가정문(=가정법 과거완료)의 학습은 과거시제를 사용하는 가정문(=가정법 과거)의 학습법과 같습니다. 과거 사실을 우리말과 영어로 적은 다음 과거시제를 과거완료시제로 후퇴시키면 됩니다.

a. [사실] 나는 그때 그 사실에 대해 몰랐어. 그래서 너에게 말 못했어.
   As I **didn't know** about the fact then, I **didn't tell** you.
b. [가정] 내가 그때 그 사실에 대해 알았다면, 너에게 말했을 텐데.
   If I **had known** about the fact then, I **would have told** you.

a. [사실] 난 어제 충분한 시간이 없었어. 그래서 너와 함께 가지 못했어.
   As I **didn't have** enough time yesterday, I **didn't come** with you.
b. [가정] 내가 어제 충분한 시간이 있었다면, 너와 함께 갈 수 있었을 텐데.
   If I **had had** enough time yesterday, I **could have come** with you.

a. [사실] 나는 열심히 공부하지 않았어. 그래서 시험에 불합격했어.
   As I **didn't study** hard, I **didn't pass** the test.
b. [가정] 내가 열심히 공부했었더라면, 시험에 합격했을 텐데.
   If I **had studied** hard, I **would have passed** the test.

a. [사실] 나는 어제 아팠어. 그래서 모임에 참석하지 못했어.
   As I **was** sick yesterday, I **didn't attend** the meeting.
b. [가정] 내가 어제 아프지 않았다면, 모임에 참석했을 거야.
   If I **hadn't been** sick yesterday, I **would have attended** the meeting.

a. [사실] 난 잭을 만났어. 그래서 영어에 흥미를 갖게 되었어.
   As I **met** Jack, I **became** interested in English.
b. [가정] 내가 잭을 만나지 않았다면, 영어에 흥미를 갖게 되지 못했을 거야.
   If I **hadn't met** Jack, I **wouldn't have become** interested in English.

위와 같이 a문장을 b문장으로 바꾸는 연습을 반복하면 과거시제를 과거완료시제로 후퇴시키는 가정문에 익숙해질 것입니다. 익숙해졌다면 반대로 b문장을 a문장으로 바꾸어 보세요. 과거완료시제를 사용하는 가정문은 과거 사실을 반대로 가정한 것이기 때문에 가정문을 보고 과거 사실이 무엇인지 알 수 있어야 합니다.

2 과거시제를 사용하는 가정문은 과거시제를 현재시제로 인식해야 하고, 과거완료시제를 사용하는 가정문은 과거완료시제를 과거시제로 인식해야 합니다. 영어 원어민에게는 자연스러운 사고이지만 우리식 사고 체계로는 과거시제를 현재시제로 인식하고 과거완료시제를 과거시제로 인식하는 것이 상당히 어렵지요. 그래서 가정법 과거완료 문장을 이해하기 쉽도록 해부했습니다. 가정법 과거완료 문장 해석법은 시제에서 학습한 것과 동일합니다.

a. If I **hadn't driven** too fast, I **wouldn't have caused** a traffic accident.
   내가 과속한 일이 없었다면, 교통사고를 야기한 일이 없었을 텐데.

b. If I **had given** in my paper, I **would have gotten** an A.
   내가 숙제를 제출한 일이 있었다면, A학점 받는 일이 있었을 텐데.

c. If I **hadn't been** sick yesterday, I **could have attended** the meeting.
   어제 내가 아픈 상태가 없었다면, 모임에 참석한 일이 가능할 수 있었을 텐데.

- a문장의 종속절 hadn't driven은 hadn't+driven의 결합입니다. had는 '~을 가졌다', 과거분사 driven은 명사로 '운전한 일'이 됩니다. If I hadn't driven은 '운전한 일을 갖지 않았다면, 운전한 일이 없었다면'이고, 주절의 wouldn't have caused는 wouldn't have(가지지 않았을 텐데)+caused(야기한 일)의 결합입니다. '내가 과속한 일을 갖지 않았다면, 교통사고 야기한 일을 갖지 않았을 텐데'로 해석해도 되고 '내가 과속한 일이 없었다면, 교통사고 야기한 일이 없었을 텐데'로 옮기면 더 자연스럽지요.

- b문장의 종속절 had given in은 had(~을 가졌다)+given in(제출한 일)의 결합입니다. 종속절 would have gotten은 would have(가졌을 텐데)+gotten(받은 일)입니다. '숙제 제출한 일을 가졌다면, A학점 받는 일을 가졌을 텐데', '숙제 제출한 일이 있었다면, A학점 받는 일이 있었을 텐데'가 되지요.

- c문장의 종속절 hadn't been sick은 hadn't+been sick의 결합입니다. been sick은 '아픈 상태'입니다. I have **been sick**은 '나는 **아픈 상태**를 계속 갖고 있어'지요. 현재완료에서 이미 학습했습니다. If I hadn't been sick은 '내가 아픈 상태를 갖고 있지 않았다면, 내가 아픈 상태가 없었다면'입니다. 주절의 could have attended는 could have(가질 수 있었을 텐데)+attended(참석한 일)의 결합입니다. '내가 아픈 상태를 갖고 있지 않았다면, 모임에 참석한 일을 가질 수 있었을 텐데'가 됩니다. 과거분사를 명사로 인식하면 해석은 너무나도 간단하지요. 과거분사에 대한 이해가 부족하면 앞으로 돌아가 UNIT 12부터 복습하세요.

과거분사를 명사로 인식하는 것은 영어 원어민에게 자연스러운 사고입니다.

'If +주어+had+과거분사, 주어+would+have+과거분사' 구조에서 had와 have는 'vt.~을 갖고 있다'는 본래의 뜻이고, 타동사 뒤에는 명사가 오기 때문에 had와 have 뒤의 과거분사는 명사입니다. 상황에 따라 V-ing가 명사, 형용사 기능을 하고 to V가 명사, 형용사, 부사 기능을 합니다. **과거분사가 명사, 형용사**로 사용되는데 이상할 이유가 있을까요? 영어는 하나의 단어를 다양한 품사로 사용하는 언어입니다. 영문법 원서에 과거분사를 형용사로 소개하고 있기 때문에 과거분사를 무조건 형용사라고 고집하면 언어적 사고가 경직되어 영어 학습이 더 어려워지게 되지요. 대부분의 영어 학습자들은 영어 학자가 될 목적으로 영어를 공부하는 것이 아닙니다.

a. [사실] As I **didn't give** in my paper, I **didn't get** an A.
   과제 제출하기를 하지 않았기 때문에, 나는 A학점 받는 것을 못했어.

b. [가정] If I **had given** in my paper, I **would have gotten** an A.
   과제 제출한 일이 있었다면, 나는 A학점 받는 일이 있었을 텐데. (=있었을 거야.)

a문장은 과거 사실이고 b문장은 a문장을 반대로 가정한 것입니다. 우리는 a문장의 didn't give in를 하나로 묶어서 '제출하지 않았다', didn't get을 하나로 묶어서 '받지 못했다'로 해석하지만, 원래 didn't give in은 didn't(~을 하지 않았다)+give in(제출하기), didn't get은 didn't(~을 하지 않았다)+get(받는 것)의 결합입니다. do는 타동사이기 때문에 뒤에 있는 동사원형이 명사 기능을 하는 것입니다. 영어 원어민이 동사원형을 명사로 인식하고 있다는 역사적 사실들은 UNIT 195에 자세하게 설명해 놓았습니다. a문장은 '과제 제출하기를 하지 않았기 때문에 A학점 받는 것을 못했어'입니다. 과거시제 didn't(타동사)+give(**명사**)를 과거완료시제로 후퇴시키면 had(타동사)+given(**명사**)구조가 되는 것입니다. do(vt.~을 하다), have(vt.~을 갖고 있다)는 타동사이기 때문에 타동사 뒤의 동사원형, 과거분사는 명사 기능을 하는 것입니다. 주절의 would have gotten은 would+had gotten이 would have gotten이 된 것으로 would have(~을 가졌을 텐데)+gotten(받은 일)이 됩니다.

If+주어+**had pp**, 주어+**would have pp**에서 had pp, would have pp는 하나의 묶어진 공식이 아닙니다. had pp는 had+pp의 결합이고, would have pp는 would+have+pp의 결합으로 시제에서 배운 것과 동일합니다. 가정법 과거완료 문장이 나오면 had+pp, would+have+pp로 분해하여 보세요. 그럼 가정문이 쉽게 가슴에 와 닿을 것입니다. 아래 문장들의 해석에서 ①번은 과거시제로 해석한 것이고, ②번은 과거분사를 명사로 인식하고 해석한 것입니다. 앞으로 돌아가 나머지 예문들도 분해하여 해석해 보세요.

a. If I **had had** enough time yesterday, I **would have come** with you.
　① 어제 충분한 시간이 있었다면, 너와 함께 갔을 텐데.
　② 어제 충분한 시간을 가진 일이 있었다면, 너와 함께 가는 일이 있었을 텐데. (=있었을 거야.)

b. If I **hadn't missed** the bus, I **wouldn't have been** late for school.
　① 내가 버스를 놓치지 않았다면, 학교에 지각하지 않았을 텐데.
　② 내가 버스를 놓친 일이 없었다면, 학교에 지각하는 일이 없었을 텐데. (=없었을 거야.)

c. If you **had invited** him last night, he **would have come**.
　① 지난밤에 네가 그를 초대했다면, 그는 왔을 텐데.
　② 지난밤에 네가 그를 초대한 일이 있었다면, 그는 온 일이 있었을 텐데. (=온 일이 있었을 거야.)

d. If I **had been** there, I **would have told** him the truth.
　① 내가 거기 갔었다면, 그에게 진실을 말해 줬을 텐데.
　② 내가 거기 간 일이 있었다면, 그에게 진실을 말해 주는 일이 있었을 텐데. (=말해 주는 일이 있었을 거야.)

e. If he **had gotten** on the bus, he **would have died**.
　① 그가 그 버스를 탔다면, 그는 죽었을 거야.
　② 그가 그 버스를 탄 일이 있었다면, 그는 죽는 일이 있었을 거야.

f. If you **hadn't lent** me the money, I **wouldn't have been** able to buy it.
　① 네가 나에게 돈을 빌려주지 않았다면, 그것을 살 수 없었을 거야.
　② 네가 나에게 돈 빌려준 일이 없었다면, 그것을 살 수 있는 상태(=상황)를 갖지 못했을 거야.

UNIT 115 가정법 미래는 없다

'should와 were to는 가정법 미래로 미래에 일어날 가능성이 거의 없는 일을 가정할 때 should를 사용하고, 미래에 일어날 가능성이 전혀 없는 일을 가정할 때는 were to를 사용한다'고 설명하는데, 이는 일본학자들이 만든 엉터리 공식입니다. **should와 were to는 과거시제를 사용하는 가정문(=가정법 과거)입니다.** UNIT 26에서 미래시제가 없음을 설명했습니다. 미래시제가 없으면 가정법 미래 또한 없지요. 가정법 미래라는 문법 용어는 바로 폐기해야 합니다.

1 'If+주어+should+동사원형, 주어+현재시제' 구조는 가정문이 아니라 **조건문**입니다. should의 뜻은 '혹시'로 가능성이 있는 사건이나 상황을 나타냅니다.

a. If you **should** be free now, **will** you come over here?
혹시 지금 한가하면 여기로 넘어올래?

b. If you **are** free now, **will** you come over here?
지금 한가하면 여기로 넘어올래?

a. If I **should** have time tonight, I **will** come to you.
혹시 오늘 밤에 시간 있으면 너에게 갈게.

b. If I **have** time tonight, I **will** come to you.
오늘 밤에 시간 있으면 너에게 갈게.

a문장에서 should를 생략하면 b문장이 됩니다. '지금 한가하면~'과 '혹시 지금 한가하면~'은 우리말을 비교해 봐도 의미상에 큰 차이가 없지요. a와 b문장은 거의 같은 뜻입니다.

a. If you **should need** my help, please **give** me a call.
혹시 나의 도움이 필요하면 전화하세요.

b. If you **need** my help, **give** me a call.
나의 도움이 필요하면 전화해.

a. If you **should change** your mind, please **let** me know.
   혹시 마음이 바뀌면 알려 주세요.

b. If you **change** your mind, **let** me know.
   마음이 바뀌면 알려줘.

a문장과 b문장은 거의 같은 뜻이지만 뉘앙스의 차이가 있습니다. should를 사용하면 정중한 표현이 됩니다. '**혹시** 나의 도움이 필요하면 전화해'와 '나의 도움이 필요하면 전화해'는 상당한 어감 차이가 있지요. '혹시'를 넣으면 나의 도움이 필요 없겠지만 **혹시 나의 도움이 필요한 경우에** 전화하면 도와주겠다는 것으로 화자에게서 겸손함이 느껴지지요. '나의 도움이 필요하면 전화해'라고 말하면 강자의 입장에서 약자를 도와주겠다는 것처럼 거만한 느낌을 줄 수도 있습니다. 예의를 갖추어야 하거나 친하지 않은 사람에게는 a문장처럼 should(혹시)를 넣어서 표현하는 것이 좋습니다. 친한 친구라면 b문장처럼 표현하면 되겠지요. 위 표현들은 회화에서 자주 사용하는 표현이기 때문에 잘 익혀 두고 활용해야 합니다. UNIT 122의 조건문도 함께 읽어 보세요.

2 'If+주어+should+동사원형, 주어+조동사 과거형'구조가 가정문입니다.
가정문에서 should는 '만약에'라는 뜻입니다. 가정문임을 나타내는 것은 if절이 아니라 주절에 있는 조동사의 과거형이라고 수십 번 강조했습니다.

a. If I **had** time tonight, I **would** come to you. 가정법 과거
b. If I **should have** time tonight, I **would** come to you. 가정법 미래
   만약에 오늘 밤에 시간 있으면 너에게 갈게.

c. If war **broke** out, it **would** be catastrophic. 가정법 과거
d. If war **should break** out, it **would** be catastrophic. 가정법 미래
   만약에 전쟁이 발생하면 큰 재앙이 될 거야.

a문장의 if절은 I **don't have** time tonight(나는 오늘 밤에 시간 **없어**)의 don't have를 과거시제 had로 후퇴시킨 것이고, b문장의 if절은 I **shall not have** time tonight(나는 오늘 밤에 시간이 **없을 것 같아**)의 shall not을 과거시제 should로 후퇴시킨 것입니다. should를 사용하면 희박하지만 일말의 가능성이 있다는 뉘앙스를 줄 뿐 a문장과 b문장은 거의 같은 뜻입니다. 모두 현재시제를 과거시제로 후퇴시킨 가정문이지요.

c문장의 if절은 War **doesn't break** out(전쟁은 **일어나지 않아**)의 doesn't break를 과거시제 broke로 후퇴시킨 것이고, d문장의 if절은 War **shall not break** out(전쟁은 **일어나지 않을 거야**)의 shall not을 과거시제 should로 후퇴시킨 것입니다. 이성적으로 판단하여 확실한 미래는 현재시제로 표현하고 확실하지 않으면 추측하는 것이 사람이 갖고 있는 언어적 본능입니다. 오늘 밤에 시간 없는 것이 확실하면 I **don't have** time(나는 시간이 **없어**)처럼 현재시제로 표현하고, 시간이 없을 것 같으면 추측의 조동사 shall을 넣어 I **shall not have** time(나는 시간이 **없을 것 같아**)로 말하는 것입니다. 전쟁이 일어나지 않는다고 확신하면 War **doesn't break** out(전쟁은 **일어나지 않아**)라고 현재시재로 표현하고, 전쟁이 일어날 가능성이 조금은 있다고 생각하면 War **shall not break** out(전쟁은 **일어나지 않을 거야**)라고 말하는 것이 사람이 갖고 있는 언어적 본능이죠. shall은 추측 조동사일 뿐이지 미래시제를 나타내는 미래 조동사가 아닙니다. shall은 현재시제이고 shall을 과거시제로 후퇴시킨 should는 과거시제를 사용하는 가정문일 뿐이지요. 일본학자들은 a문장을 가정법 과거, b문장을 가정법 미래라고 규정했는데 a와 b문장이 같은 뜻이라는 것은 '가정법 과거=가정법 미래'라는 것입니다. 과거시제를 사용하는 가정문(=가정법 과거)으로 미래를 표현하기 때문에 가정법 미래는 존재하지 않는 것입니다. 미래시제가 없기 때문에 가정법 과거가 없는 것은 더욱 당연하지요. 원어민은 a와 c문장처럼 과거시제를 사용하는 가정문을 주로 사용하고 b와 d문장처럼 should를 사용하는 가정문은 그다지 사용하지 않는 편입니다. 오히려 앞에서 배운 should를 사용하는 조건문을 회화에서 더 많이 사용하지요.

a. If it **should** rain tomorrow, I **wouldn't** go. (O)
b. If it **rained** tomorrow, I **wouldn't** go. (X)
  만약에 내일 비가 오면 나는 안 갈 거야.

왜 b문장은 틀린 표현일까요? b문장을 직설 표현으로 바꾸면 It **doesn't rain** tomorrow, so I will go로 '내일 **비가 오지 않아**. 그래서 갈 거야'입니다. 보통 '내일 비가 안 올 거야, 일기예보에서 내일 비가 안 올 거라고 하네'라고 말을 하지 '내일 비가 오지 않는다'라고 단정 지어 말하지 않습니다. 왜냐하면 내일 일어날 자연 현상은 아무도 알 수 없기 때문이지요. It **doesn't rain** tomorrow라는 표현 자체가 말이 되지 않기 때문에 b문장처럼 doesn't rain을 과거시제로 후퇴시켜 rained로 사용하지 않는 것입니다. 그래서 직설법으로 말할 때 It **shall not** rain tomorrow(내일 비가 오지 않을 거야)처럼 말하고 shall을 과거시제 should로 후퇴시켜 a문장처럼 사용하는 것입니다. a문장은 흔히 사용합니다.

if절의 should는 조건문에 사용하면 '혹시'라는 뜻이고 가정문에 사용하면 '만약'이란 뜻입니다. 그럼 왜 should에 '만약·혹시'라는 뜻이 있을까요? shall의 사전적 의미에서 그 뜻을 유추해 볼 수 있습니다. 미국영어가 주도하는 현대영어에서 shall은 will에 통합되어 거의 사용하지 않고, **Shall I open the window?**(내가 창문을 열까요?), **Shall we dance?**(우리 춤출까요?)처럼 **상대방의 의지를 물어 볼 때 사용**합니다. shall대신에 should를 사용해도 같습니다. 당신이 창문을 열라고 하면 창문을 열고, 당신이 춤을 추겠다고 하면 당신과 춤을 추겠다는 것은 나의 의지와는 전혀 상관없이 당신의 의지대로, 당신의 뜻대로 하겠다는 것이죠. shall은 자신의 의지가 아닌 타의 의지를 나타냅니다. 타의 의지가 확장되면 신의 의지가 되는 것이죠. should는 '신의 의지가 작용하여'라는 뜻에서 '만약에'라는 뜻이 파생되는 것입니다. '만약에'라는 의미가 약화되면 '혹시'라는 뜻도 갖게 되지요. 이는 우리말 '만약에'가 갖고 있는 사전적인 의미와 같습니다. 우리말 '만약·만일'의 정의는 UNIT 109에서 설명했습니다. You **shall** succeed(너는 성공할 것이다)는 옛날 영어로 내가, 신이, 운명이 너를 성공하게 만들어 네가 성공할 것이라는 것입니다. If it **should** rain tomorrow은 '**신의 의지가 작용하여(=만약에) 내일 비가 오면**'이고, If war **should** break out는 '**신의 의지가 작용하여(=만약에) 전쟁이 일어나면**'입니다. should에 왜 '만약·혹시'라는 뜻이 발생하는지 이해하셨나요?

3 were to는 am to, are to, is to를 과거시제로 후퇴시킨 것입니다.
were to는 과거시제를 사용하는 가정문(=가정법 과거)이지 가정법 미래가 아닙니다. were to는 be to용법을 알면 아무것도 아닙니다. UNIT 87로 돌아가 be to용법을 복습하고 돌아오세요. **be to는 be(있다)+to V(~할 일)의 결합으로 '(앞으로)~할 일이 있다'입니다.** to부정사가 미래를 나타내기 때문에 be to가 미래를 나타내고 be to를 과거시제로 후퇴시킨 were to 또한 미래를 나타내는 것이지 were to에 특별용법이 있어서 미래를 나타내는 것이 아닙니다.

a. [사실] 너는 내일 죽지 않는다.
b. [가정] 네가 내일 죽는다면, 넌 뭘 할 거야?
   If you **were to** die tomorrow, what **would** you do?

a문장은 You aren't(너는 **없다**)+**to die** tomorrow(내일 **죽을 일**)의 결합입니다. be는 'vi.**있다, 이다, 되다**'가 기본 뜻이죠. 부정문 aren't to를 긍정문 are to로 바꿔 과거시제로 후퇴시키면 were to가 되지요. '네가 내일 죽을 일이 있다면'은 '네가 내일 죽는다면'과 같은 뜻입니다.

a. [사실] 나는 다시 젊어지지 않는다.
b. [가정] 내가 다시 젊어진다면, 난 의사가 될 거야.
　If I **were to** be young again, I **would** be a doctor.

a문장은 I am not(나는 **없다**)+to be young again(다시 **젊어질 일**)의 결합입니다. 부정문 am not to를 긍정문 am to로 바꿔 과거시제로 후퇴시키면 were to가 되지요. '내가 다시 젊어질 일이 있다면'은 '내가 다시 젊어진다면'과 같은 뜻입니다.

a. [사실] 태양은 서쪽에서 뜨지 않는다.
b. [가정] 태양이 서쪽에서 뜬다 해도, 내 마음을 바꾸지 않을 거야.
　If the sun **were to** rise in the west, I **would** not change my mind.

a문장은 The sun isn't(태양은 **없다**)+to rise in the west(서쪽에서 뜰 일)의 결합입니다. 부정문 isn't to를 긍정문 is to로 바꿔 과거시제로 후퇴시키면 were to가 되지요. '태양이 서쪽에서 뜰 일이 있다 해도'는 '태양이 서쪽에서 뜬다 해도'와 같은 뜻입니다. b문장에서 if는 though의 뜻입니다.

a. [사실] 전쟁은 일어나지 않는다.
b. [가정] 전쟁이 일어나면, 난 시골로 내려갈 거야.
　If war **were to** break out, I **would** go down to the country.

a문장은 War isn't(전쟁은 **없다**)+to break out(**일어날 일**)의 결합입니다. 부정문 isn't to를 긍정문 is to로 바꿔 과거시제로 후퇴시키면 were to가 되지요. '전쟁이 일어날 일이 있다면'은 '전쟁이 일어난다면'과 같은 뜻입니다.

a. [사실] 내가 그를 다시 만날 일이 없다.
b. [가정] 내가 그를 다시 만나면, 그를 죽여 버릴 거야.
　If I **were to** meet him again, I **would** kill him.

a문장은 I am not(나는 **없다**)+to meet him again(그를 다시 **만날 일**)의 결합입니다. '내가 그를 다시 만날 일이 있다면'은 '내가 그를 다시 만나면'과 같은 뜻이지요.

a. [사실] 내가 대통령에게 성적표를 줄 일은 없다.
b. [가정] 내가 대통령에게 성적표를 준다면, 그것은 C+일 거야.
   If I **were to** give the President a grade, it **would** be a C+.

a문장은 I am not(나는 **없다**)+**to give** the President a grade(대통령에서 성적표 **줄 일**)의 결합입니다. '내가 대통령에게 성적표 줄 일이 있다면'은 '내가 대통령에게 성적표를 준다면'과 같은 뜻이죠. 쉽고도 간단하지 않나요?

were to는 가정법 미래가 아니라 현재시제 be to를 과거시제로 후퇴시킨 과거시제를 사용하는 가정문(=가정법 과거)입니다. be to V는 be(있다)+to V(할 일)의 결합일 뿐이죠. 암기하려고 하지 말고 생각해 보세요. if절에 긍정문 were to를 사용했다는 것은 직설법이 부정문 am not to, are not to, is not to라는 것입니다. 아래와 같이 일어나지 않을 일을 적은 다음 am not to, are not to, is not to를 과거시제 were to로 후퇴시켜 보세요. 아래와 같이 학습하면 were to가 가정법 미래가 아니라는 것을 알 수 있고 were to학습이 너무나 간단하고 쉽다는 것을 느낄 수 있을 것입니다.

a. I **am not**(나는 없다.)+**to be** a college student (대학생이 될 일)
   ⇨ If I **were to** be a college student (내가 대학생이 될 일이 있다면, 된다면)
b. He **is not**(그는 없다.)+**to be** my boss. (나의 사장이 될 일)
   ⇨ If he **were to** be my boss (그가 나의 사장이 될 일이 있다면, 된다면)
c. I **am not**(나는 없다.)+**to marry** him (그와 결혼할 일)
   ⇨ If I **were to** marry him (내가 그와 결혼할 일이 있다면, 결혼한다면)
d. Such a thing **is not**(그런 일은 없다.)+**to happen** again (다시 일어날 일)
   ⇨ If such a thing **were to** happen (그런 일이 다시 일어날 일이 있다면, 일어난다면)
e. She is not(그녀는 없다.)+**to accompany** me (나와 동반할 일)
   ⇨ If she **were to** accompany me (그녀가 나와 동반할 일이 있다면, 동반한다면)

UNIT 116 혼합 가정문

1 '혼합 가정법은 과거에 실현되지 못한 일이 **현재에도 영향을 미칠 때** 사용한다. if절에는 과거완료시제를, 주절에는 조동사의 과거형을 사용한다'고 설명하고 있습니다. '현재에도 영향을 미칠 때'와 같은 모호한 표현을 사용하면 영어 학습이 더 어렵게 되지요. **혼합 가정문은 if절의 시제와 주절의 시제가 다른 경우**를 말합니다. 아래 문장을 보세요.

a. [사실] 그는 나의 충고를 듣지 않았어. 그래서 그는 지금 노숙자야.
   As he **didn't listen** to my advice, he **is** a homeless man now.
b. [가정] 그가 나의 충고를 들었더라면, 그는 지금 노숙자가 아닐 텐데.
   If he **had listened** to my advice, he **wouldn't be** a homeless man now.

a문장은 **과거에** 그가 나의 충고를 귀담아 듣지 않았고 그 결과 **지금** 노숙자로 지내고 있다는 것입니다. 종속절의 과거시제 didn't listen을 긍정문 listened로 바꿔 과거완료시제로 후퇴시키면 had listened가 되고, 주절의 현재시제 is를 부정문 is not으로 바꿔 과거시제 were not으로 후퇴시켜 조동사 would와 결합하면 wouldn't be가 됩니다. 반대로 가정하는 것이기 때문에 부정문은 긍정문이 되고 긍정문은 부정문이 됩니다. '과거시제+현재시제'로 결합되어 있는 사실을 가정하기 위해 각각 한 시제씩 후퇴시키면 '과거완료시제+과거시제'가 되는 것은 너무나 당연합니다.

a. [사실] 나는 지난주에 명품 가방을 샀어. 그래서 지금 빈털터리야.
   I **bought** a brand-name bag last week, so I **am** broke now.
b. [가정] 내가 지난주에 명품 가방을 사지 않았다면, 지금 빈털터리가 아닐 텐데.
   If I **hadn't bought** the bag, I **wouldn't be** broke now.

a문장은 **지난주에(과거)** 비싼 명품 가방 구입에 돈을 다 써버렸고 그 결과 **지금(현재)** 빈털터리라는 것입니다. 종속절의 과거시제 bought를 반대로 가정하면 과거완료시제 hadn't bought가 되고, 주절의 현재시제 am을 반대로 가정하면 과거시제 wouldn't be가 됩니다. '과거시제+현재시제'로 결합되어 있는 사실을 가정하기 위해 각각 한 시제씩 후퇴시키면 '과거완료시제+과거시제'가 되지요.

영어 가정문은 종속절과 주절이 같은 시제이든 다른 시제이든 상관없이 각각의 시제를 하나씩 후퇴시키면 됩니다. 시제가 섞여 있기 때문에 혼합 가정법이란 이름을 붙였을 뿐 아무것도 아니지요. 아래 문장들을 읽으면서 정리하세요. 사실이 '과거시제+현재시제'로 결합되어 있습니다. **과거시제는 과거완료시제로 후퇴시키고, 현재시제는 과거시제로 후퇴시키면 됩니다.** 간단하지 않나요?

a. [사실] 어제 그는 그 기차를 타지 않았어. 그래서 그는 살아있어.
He **did not take** the train yesterday, so he **is** alive.

b. [가정] 어제 그가 그 기차를 탔다면, 그는 지금 살아있지 않을 거야.
If he **had taken** the train yesterday, he **would not** be alive.

a. [사실] 나는 영어를 열심히 하지 않았어. 그래서 지금 어려움이 있어.
I **didn't study** English hard, so I **have** difficulty now.

b. [가정] 내가 영어 공부를 열심히 했었다면, 지금 어려움이 없을 텐데.
If I **had studied** English hard, I **would not** have difficulty now.

a. [사실] 어제 밤에 비가 왔어. 그래서 오늘 길이 너무 질퍽해.
It **rained** last night, so the road **is** so muddy today.

b. [가정] 어제 밤에 비가 오지 않았다면, 오늘 길이 너무 질퍽하지 않을 텐데.
If it **had not rained** last night, the road **would not** be so muddy today.

a. [사실] 그는 그 지진에서 죽었어.
He **died** in the earthquake.

b. [가정] 그가 그 지진에서 죽지 않았다면, 지금쯤 그는 30세일 텐데.
If he **had not died** in the earthquake, he **would** be 30 by now.

a. [사실] 나는 어제 다리가 부러졌어. 그래서 지금 야구를 할 수 없어.
I **broke** my leg yesterday, so I **can't** play baseball now.

b. [가정] 어제 다리가 부러지지 않았다면, 지금 야구를 할 수 있을 텐데.
If I **had not broken** my leg yesterday, I **could** play baseball now.

2 혼합 가정문은 if절에 과거완료시제, 주절에 과거시제만 가능할까요?

if절에 과거시제를 사용하고 주절에 과거완료시제를 사용하는 경우도 있습니다. 그래서 '혼합 가정법은 if절에는 가정법 과거완료를, 주절에는 가정법 과거를 사용한다'와 같은 공식을 암기해서는 안 되는 것입니다. 지금부터 설명하는 것은 고등학교 교과과정까지는 나타나지 않고 또 가끔 볼 수 있는 표현이기 때문에 건너뛰고 나중에 학습해도 됩니다.

a. [사실] 그는 나의 오랜 친구야. 그래서 그를 해고하지 않았어.
He **is** my old friend, so I **didn't** fire him.
b. [가정] 그가 나의 오랜 친구가 아니라면, 난 그를 오래 전에 해고했을 거야.
If he **were not** my old friend, I **would have fired** him long ago.

He **was** my old friend(그는 나의 오랜 친구**였어**)는 과거에 그는 나의 오랜 친구였지만 지금은 더 이상 친구 사이가 아니라는 말입니다. 과거에도 나의 오랜 친구였고 지금도 나의 오랜 친구인 경우에는 He is my old friend처럼 현재시제로 표현해야 합니다. a문장에서 He is my old friend를 반대로 가정하면 If he were not my old friend가 됩니다. '현재시제+과거시제'로 결합된 사실을 반대로 가정하면 '과거시제+과거완료시제'로 결합된 혼합 가정문이 되지요.

a. [사실] 나는 흑인이야. 그래서 나는 그렇게 취급 당했어.
I **am** black, so I **was** treated that way.
b. [가정] 내가 흑인이 아니라면, 그렇게 취급 당하지 않았을 거야.
If I **were not** black, I **wouldn't have been** treated that way.

a문장은 흑인이 차별을 당한 과거 사실입니다. 피부색은 태어나면서 결정되기 때문에 내가 흑인으로 태어났다면 과거에도 흑인이고 지금도 흑인이지요. 그래서 I was black이라고 말하면 안 됩니다. 과거에 흑인이었다고 말하면 지금은 흑인이 아니라는 황당한 말이 되기 때문에 항상 현재시제 I am black이라고 말해야 하는 것이죠. 불변의 진리는 현재시제로 표현해야 합니다. '현재시제+과거시제'로 결합된 사실을 반대로 가정하면 '과거시제+과거완료시제'로 결합된 혼합 가정문이 되는 것입니다. **종속절과 주절이 같은 시제든 다른 시제든 상관없이 사실을 우리말과 영어로 적은 다음 각각의 시제를 하나씩 후퇴시키면 되는 것입니다.**

UNIT 117 가정문의 도치

가정문에서 접속사 if가 생략되면 동사가 주어 앞으로 이동하는 도치가 발생합니다. b와 d문장은 if가 생략되어 be동사 were가 문두로 도치된 것이고, f문장은 if가 생략되어 조동사 should가 문두로 도치된 것입니다. h와 j문장은 if가 생략되어 조동사 had가 문두로 도치된 것입니다. **가정문의 도치는 were, should, had만 도치됩니다.** l문장처럼 조동사 Did는 도치시키지 않습니다. 가정문의 도치는 문어체 표현입니다.

a. If I were in your shoes, I'd not do so.
b. **Were** I in your shoes, I'd not do so.
   내가 너라면, 난 그렇게 하지 않을 거야.

c. If it were not for water, we could not live.
d. **Were** it not for water, we could not live.
   물이 없다면, 우리는 살 수 없을 거야.

e. If I should be free tomorrow, I would come to you.
f. **Should** I be free tomorrow, I would come to you.
   만약에 내일 내가 한가하면, 너에게 갈 게.

g. If I had given in my paper, I wouldn't have gotten an F.
h. **Had** I given in my paper, I wouldn't have gotten an F.
   내가 과제를 제출했었더라면, F학점을 받지 않았을 거야.

i. If it had not been for your help, I could not have succeeded.
j. **Had** it not been for your help, I could not have succeeded.
   너의 도움이 없었다면, 나는 성공할 수 없었을 거야.

k. If he **didn't eat** fast food, he **could** lose weight.
l. **Did** he not eat fast food, he **could** lose weight. (X)
   패스트푸드를 먹지 않으면, 그는 살을 뺄 수 있을 텐데.

UNIT 118 I wish 가정문

1 'I wish+주어+과거시제'는 현재 그렇지 못한 상황이 아쉬울 때, 실현 불가능한 소원을 표현할 때 사용합니다. I wish는 가정문으로만 사용하고 우리말로 옮기면 '~면 얼마나 좋을까, ~면 참 좋을 텐데, ~면 참 좋겠어'입니다. I wish뒤에 과거시제를 사용했다는 것은 현재시제를 과거시제로 후퇴시켰다는 것이고 현재의 사실과 반대로 가정(=상상)했다는 것이지요. I wish에는 조동사의 과거형이 포함되어 있기 때문에 I wish가정문에는 조동사의 과거형이 필요 없습니다.

a. [사실] 나는 아내가 없는 것이 아쉬워.
   I am sorry that I **don't have** a wife.
b. [가정] 아내가 있으면 얼마나 좋을까. (=있으면 참 좋을 텐데, 있으면 참 좋으련만.)
   I wish (that) I **had** a wife.

I wish는 직설 표현으로 '나는 소원해요'입니다. wish는 희망과 소원을 나타냅니다. b문장 I wish that I had a wife는 I wish(나는 소원해요)+that I **had** a wife(아내가 **있는 것**)의 결합입니다. I wish that I **have** a wife는 황당한 표현이 됩니다. I **have** a wife는 '나는 아내가 있어'로 현재시제는 사실을 나타내지요. '나는 아내가 있는데 아내가 있으면 얼마나 좋을까'라고 말하면 황당하지 않을까요? I wish가 이루지 못할 소원을 나타내기 때문에 현재시제를 과거시제로 후퇴시켜 사실이 아닌 가정(=상상)임을 알려 주는 것입니다. I wish뒤의 I **had** a wife는 없는 아내를 있다고 가정한 것이기 때문에 현재시제 don't have를 과거시제 had로 후퇴시킨 것입니다. that(~는 것)은 명사절을 만드는 접속사로 생략하는 것이 일반적입니다. I wish that I **had** a wife에서 I wish 대신에 would를 사용하여 Would that I **had** a wife로 사용해도 됩니다. 'I wish that=would that'로 I wish에 조동사의 과거형이 포함되어 있다는 것을 확인하셨나요?

a. [사실] 나는 너처럼 잘생기지 않은 것이 아쉬워.
   I am sorry that I **am not** handsome like you.
b. [가정] 내가 너처럼 잘생기면 얼마나 좋을까.
   I wish I **were** handsome like you.

a. [사실] 나는 백만장자가 아닌 것이 아쉬워.
   I am sorry that I **am not** a millionaire.
b. [가정] 내가 백만장자라면 참 좋을 텐데.
   I wish I **were** a millionaire.

a. [사실] 나는 너를 도울 수 없는 것이 아쉬워.
   I am sorry that I **can't** help you.
b. [가정] 내가 너를 도울 수 있으면 참 좋으련만.
   I wish I **could** help you.

a. [사실] 나는 해야 할 숙제가 있는 것이 아쉬워.
   I am sorry that I **have** homework to do.
b. [가정] 내가 해야 할 숙제가 없다면 얼마나 좋을까.
   I wish I **had no** homework to do.

2 'I wish+주어+과거완료시제'는 과거에 있었던 일에 대한 **후회나 아쉬움**을 나타냅니다. 우리말로 옮기면 '~했다면 얼마나 좋을까, ~했다면 참 좋을 텐데, ~했다면 참 좋으련만'으로 후회와 아쉬움을 담으면 됩니다. 영어 가정문은 과거시제를 사용하는 가정문과 과거완료시제를 사용하는 가정문뿐입니다. I wish뒤에 과거완료시제를 사용했다는 것은 과거시제를 과거완료시제로 후퇴시켰다는 것이고 과거 사실을 반대로 가정했다는 것이지요.

a. [사실] 나는 과식했던 것이 아쉬워.
   I am sorry that I **ate** too much.
b. [가정] 내가 과식하지 않았다면 얼마나 좋을까.
   I wish I **hadn't eaten** too much.

뷔페식당이나 모임에서 과식하는 경우가 많지요. a문장은 과식으로 인해 지금 속이 불편하다는 것을 직설법으로 표현한 것입니다. b문장은 I **ate** too much라는 과거 사실을 반대로 가정한 것이기 때문에 과거시제를 과거완료 시제로 후퇴시켜 I **hadn't eaten** too much가 된 것이죠. b문장은 저자가 자주 하는 말이기도 합니다. 조금만 많이 먹으면 속이 불편해져 과식한 것을 후회하곤 합니다.

a. [사실] 나는 돈을 저축하지 않았던 것이 아쉬워.
   I am sorry that I **didn't save** money.
b. [가정] 내가 돈을 저축했었더라면 얼마나 좋을까.
   I wish I **had saved** money.

a. [사실] 나는 대학시절에 경영학을 공부하지 않았던 것이 아쉬워.
   I am sorry that I **didn't study** management in college.
b. [가정] 내가 대학시절에 경영학을 공부했었다면 얼마나 좋을까.
   I wish I **had studied** management in college.

a. [사실] 나는 그 사실을 몰랐던 것이 아쉬워.
   I am sorry that I **didn't know** the fact.
b. [가정] 내가 그 사실을 알고 있었다면 참 좋을 텐데.
   I wish I **had known** the fact.

a. [사실] 나는 거기 가지 않았던 것이 아쉬워.
   I am sorry that I **didn't go** there.
b. [가정] 내가 거기에 갔었더라면 참 좋을 텐데.
   I wish I **had gone** there.

I wish는 과거완료시제를 사용하는 가정문에서 if를 대신할 수 있습니다.

아래 a문장의 **I wish** I had known~은 **If** I had known~과 같습니다. a문장에서 주절 I would have gone~를 생략하고 I wish I had known that he was sick만 사용하면 '그가 아프다는 것을 알았었다면 참 좋을 텐데'가 됩니다.

a. **I wish** I **had known** that he was sick, I **would have gone** to see him.
   =**If** I **had known** that he was sick, I **would have gone** to see him.
   그가 아프다는 것을 알았다면, 그를 보러 갔을 텐데.

b. **I wish** I **had had** enough money, I **would have bought** the camera.
   =**If** I **had had** enough money, I **would have bought** the camera.
   내가 충분한 돈을 갖고 있었다면, 그 카메라를 샀을 텐데.

c. **I wish** I **had attended** the meeting, I **would have met** her.
   =**If** I **had attended** the meeting, I **would have met** her.
   내가 모임에 참석했었다면, 그녀를 만났을텐데.

UNIT 119　as if, as though

1 'as if+주어+과거시제'는 '마치~인 것처럼'으로 as if가 '~인 것처럼'을 나타내고 과거시제가 '마치'란 뜻을 나타냅니다. as if 뒤에 과거시제를 사용했다는 것은 현재시제를 과거시제로 후퇴시켰다는 것이고 현재의 사실을 반대로 가정했다는 것입니다. 우리말 '마치'를 영어로 옮기려면 시제를 후퇴시켜야 합니다. as if 가정문은 '(아닌데)~마치'라는 뜻이 가정의 뜻을 담고 있기 때문에 가정임을 나타내는 조동사의 과거형이 필요 없습니다. as if와 as though는 같은 뜻입니다.

a. [사실] 그는 의사가 아니야.　In fact, he **is not** a doctor.
b. [가정] 그는 마치 의사인 것처럼 말해.
　　He talks **as if** he **were** a doctor.

a문장은 객관적인 사실로 그가 의사가 아니라는 것입니다. b문장은 그는 **의사가 아닌데 마치** 의사인 것**처럼** 의사 행세를 한다는 것이지요. He talks(그는 말해)는 직설법이고 **as if** he **were** a doctor에서 과거시제 were가 현재 사실과 반대로 가정한 것임을 알려 주는 것입니다.

a. [사실] 그녀는 아무것도 몰라.　In fact, she **doesn't know** anything.
b. [가정] 그녀는 마치 모든 것을 아는 것처럼 말해.
　　She talks **as though** she **knew** everything.

a문장은 객관적인 사실이고, b문장은 그녀가 **아무것도 모르는데 마치** 다 아는 것**처럼** 거짓말을 한다는 것입니다. **as though** she **knew** everything의 과거시제 knew가 현재 사실과 반대로 가정한 것임을 알려 주는 것입니다.

a. [사실] 나는 꿈속에 있지 않아.　In fact, I **am not** in a dream.
b. [가정] 나는 마치 꿈속에 있는 것처럼 느껴져.
　　I feel **as if** I **were** in a dream.

a. [사실] 나는 아기가 아니야. In fact, I **am not** a baby.
b. [가정] 그녀는 **마치** 내가 아기인 것처럼 대해.
   She treats me **as if** I **were** a baby.

2 'as if+주어+과거완료시제'는 '마치 ~였던 것처럼'으로 과거 사실과 반대되는 내용을 가정하는 것입니다. as if뒤에 과거완료시제를 사용했다는 것은 과거시제를 과거완료시제로 후퇴시켰다는 것이고 과거 사실을 반대로 가정했다는 것이죠.

a. [사실] 그는 백만장자가 아니었어. In fact, he **wasn't** a millionaire.
b. [가정] 그는 **마치** 백만장자였던 것처럼 말해.
   He talks **as if** he **had been** a millionaire.

a문장은 과거 사실이고, b문장은 그가 과거에 **백만장자가 아니었는데 마치** 백만장자였던 것**처럼** 거짓말을 한다는 것입니다. He talks(그는 말해)는 직설법이고 **as if** he **had been** a millionaire의 과거완료시제 had been이 과거 사실과 반대로 가정한 것임을 알려 주는 것입니다.

a. [사실] 그는 국가대표가 아니었어. In fact, he **wasn't** a national athlete.
b. [가정] 그는 **마치** 국가대표였던 것처럼 말해.
   He talks **as if** he **had been** a national athlete.

a문장은 과거 사실이고, b문장은 그가 과거에 **국가대표였던 적이 없었는데 마치** 국가대표였던 것**처럼** 거짓말을 한다는 것입니다. He talks(그는 말해)는 직설법이고 **as if** he **had been** a national athlete의 과거완료시제 had been이 과거 사실과 반대로 가정한 것임을 알려 주는 것입니다.

a. [사실] 그녀는 유령을 보지 않았어. In fact, she **didn't see** the ghost.
b. [가정] 그녀는 **마치** 유령을 봤던 것처럼 말해.
   She talks **as if** she **had seen** the ghost.

a. [사실] 그는 국정원에서 일하지 않았어. In fact, he **didn't work** in the NIS.
b. [가정] 그는 **마치** 국정원에서 일했던 것처럼 말해.
   He talks **as though** he **had worked** in the NIS.

3 as if, as though는 가정문 전용 표현이 아닙니다.

접속사 if는 조건문과 가정문 겸용으로 사용하는 단어입니다. as if는 '**마치** 그런 것처럼'과 '**실제로** 그런 것처럼'으로 두 가지로 사용됩니다.

a. He speaks as if he **were** a lawyer.
   마치 그는 변호사인 것처럼 말해.
b. He speaks as if he **is** a lawyer.
   그는 변호사인 것처럼 말해.

a문장과 b문장은 전혀 다른 뜻입니다. a문장은 그는 **변호사가 아닌데 마치** 변호사인 것**처럼** 말한다는 것입니다. a문장은 그가 변호사가 아니라는 사실을 알고 있는 상태에서 한 말이죠. b문장은 그가 변호사인지 아닌지 잘 모르지만 그가 변호사인 것처럼 말한다는 것입니다. 실제로 그가 변호사일 가능성이 높다는 것이지요. 이렇게 as if 뒤에 과거시제를 사용하면 현재 사실과 반대라는 것을 알려 주는 것이고, as if뒤에 현재시제를 사용하면 실제로 눈에 보이는 모습이 그렇다는 것을 알려 주는 것입니다.

a. It seems as if they **will** win.
   (실제로) 그들이 이길 것처럼 보여.
b. It looks as if it **is** going to rain.
   (실제로) 비가 올 것처럼 보여.
c. It looks as though it **won't** end soon.
   (실제로) 그것이 곧 끝나지 않을 것처럼 보여.

a문장은 경기의 진행 상황을 보니 **실제로** 그들이 이길 것처럼 보인다는 것입니다. b문장은 하늘을 쳐다보니 **실제로** 비가 올 것처럼 보인다는 것이지요. c문장은 일의 진행 과정을 살펴보니 **실제로** 일이 금방 끝날 것처럼 보이지 않는다는 것입니다. a~c문장은 실제로 일어날 수 있는 일들을 표현한 것입니다. as if가 실제 보이는 모습 그대로를 표현할 때 as if대신에 like를 사용하여 seems like, looks like로 사용해도 됩니다. 'looks like+주어+동사'가 어색한가요? 과거에 like는 전치사로만 사용했는데 현대영어는 like를 접속사로도 사용합니다. 영어는 품사 전이가 자유로운 언어지요.

4 아래 문장들을 어떻게 해석할까요?

a~d문장에서 주절의 시제가 현재시제(He acts)든 과거시제(He acted)든 상관없이 **주절의 시제와 같은 시점의 일을 가정하면 if절에 과거시제를, 주절의 시제 그 이전의 일을 가정하면 if절에 과거완료시제를 사용합니다.** I wish 또한 as if와 똑같습니다.

  a. He **acts** / **as if** he **were** a film director.
    그는 지금 행동해. / 마치 그가 영화감독인 것처럼
  b. He **acted** / **as if** he **were** a film director.
    그는 그때 행동했어. / 마치 그가 영화감독인 것처럼
  c. He **acts** / **as if** he **had been** a film director.
    그는 지금 행동해. / 마치 그가 영화감독이었던 것처럼
  d. He **acted** / **as if** he **had been** a film director.
    그는 그때 행동했어. / 마치 그가 (행동했던 그 시점 이전에) 영화감독이었던 것처럼

5 앞에서 학습한 **영어 가정문을 정리**하면 아래와 같습니다.

영어 가정문은 과거시제를 사용하는 가정문과 과거완료시제를 사용하는 가정문뿐입니다. a~c처럼 가정문에 과거시제를 사용했다는 것은 현재시제를 과거시제로 후퇴시켜 현재 사실을 반대로 가정한 것이고, d~f처럼 가정문에 과거완료시제를 사용했다는 것은 과거시제를 과거완료시제로 후퇴시켜 과거 사실을 반대로 가정한 것입니다. 영어 시제는 현재시제와 과거시제가 있습니다. 영어는 2시제이기 때문에 영어 가정문은 현재시제를 과거시제로 후퇴시키는 방법과 과거시제를 과거완료시제로 후퇴시키는 2가지 방법이 있는 것이죠. a~f를 보면 I wish 가정문과 as if 가정문에는 조동사의 과거형이 필요 없다는 것도 알 수 있지요.

  a. If+주어+과거시제, 주어+조동사 과거형+동사원형
  b. I wish+주어+과거시제
  c. As if+주어+과거시제

  d. If+주어+과거완료시제, 주어+조동사 과거형+have pp
  e. I wish+주어+과거완료시제
  f. As if+주어+과거완료시제

UNIT 120 It's time+과거시제

'It's time가정법은 'It's time+과거시제'로 사용하며 '이제~해야 할 시간이다'라는 뜻으로 이미 했어야 하는데 하지 않고 있다는 것을 나타낸다'고 정의하고 있지만 **'It's time+과거시제'를 가정문으로 암기할 필요가 없습니다.**

a. It's time (**that**) you **went** to bed. It's too late.
   잠자리에 들었어야 하는 시간이야. 너무 늦었어.

b. It's time **to go** to bed. It's too late.
   잠자리에 들 시간이야. 너무 늦었어.

a와 b문장은 뉘앙스가 전혀 다릅니다. a문장은 '이미 잠자리에 **들어야** 하는 시간이야'로 잠자리에 있지 않고 여기서 무엇을 하고 있느냐고 나무라는 것입니다. b문장은 '잠자리에 **들** 시간이야'로 이제 잠자러 갈 시간이 되었다고 알려 주는 것이지요. 'It's time+과거시제'를 가정법으로 암기할 필요가 없습니다. a문장 time that you **went** to bed에서 went를 과거시제 그대로 해석하면 '네가 이미 잠자리에 **들었어야 하는** 시간'입니다. 과거시제 그대로 해석하면 책망의 어감을 바로 느낄 수 있지요. b문장의 time **to go** to bed는 '잠자리에 **들**(=들어야 할) 시간'으로 이제 잠자리에 갈 시간이 되었다고 알려 주는 것임을 바로 알 수 있습니다. 우리말 '잠자리에 **들** 시간이야'에서 잠자리에 있지 않고 여기서 무엇을 하고 있느냐고 나무라고 꾸짖는 어감을 전혀 느낄 수 없지요.

a. It's time (**that**) you **cleaned** up your room.
   네가 방 청소를 끝냈어야 하는 시간이야.

b. It's **about** time (**that**) he **turned** up.
   정말로 그가 나타났어야 하는 시간이야.

c. It's **high** time (**that**) you **finished** the work.
   정말로 네가 그 일을 끝마쳤어야 하는 시간이야.

time 앞에 about, high를 넣으면 강조 표현으로 '**정말로** ~했어야 하는 시간이다'가 됩니다. b문장은 그가 이미 도착했어야 하는 시간인데 그가 오지 않았다고 불평하는 것이고, c문장은 네가 그 일을 이미 끝마쳤어야 하는 시간인데 아직도 그 일을 하고 있다고 나무라고 불평하는 것입니다.

UNIT 121 If it were not for~, If it had not been for~

1 **If it were not for~는 '~이 없다면'입니다.**

If it were not for~는 지금 존재하고 있는 것을 없다고 가정할 때 사용합니다. for는 전치사이기 때문에 for 뒤에는 당연히 명사가 와야 합니다. If it were not for~를 무작정 공식처럼 암기하지 마세요.

a. **Thanks to** water, we can live.
물 덕분에, 우리는 살 수 있어.

b. If it **were** not for water, we **could** not live.
=**But for** water, we **could** not live.
=**Without** water, we **could** not live.
물이 없다면, 우리는 살 수 없을 거야.

a문장의 Thanks to water는 Thanks(감사)+to(이동)+water(물)로 '감사가 물에게로 가는 데'를 줄여서 표현하면 '물 **덕택에** · 물 **덕분에**'가 됩니다. to와 for는 동의어로 이동을 나타내는 전치사인데 위와 같은 맥락에서 to와 for에 '덕택 · 덕분'이라는 뜻이 파생됩니다. b문장의 If it **were not** for water(그것이 물 덕택이 아니라면)는 It **is** for water(그것은 물 덕택이야)의 is를 과거시제 were not으로 후퇴시켜 만든 가정문입니다. '물 덕택이 아니라면'과 '물이 없으면'은 같은 뜻이지요. if를 생략하면 도치가 발생하기 때문에 were를 도치시켜 Were it not for~로 사용할 수 있고, But for와 Without로 바꾸어 쓸 수 있습니다. But for water는 But(~을 제외하고)+for water(물 덕택)의 결합으로 '물 덕택을 제외하면'으로 '물이 없다면'과 같은 뜻이 되지요.

a. **Thanks to** computers, we can live conveniently.
컴퓨터 덕택에, 우리는 편하게 살 수 있어.

b. **If it were not for** computers, we **could** not live conveniently.
=**Were it not for** computers, we **could** not live conveniently.
=**But for** computers, we **could** not live conveniently.
=**Without** computers, we **could** not live conveniently.
컴퓨터가 없다면, 우리는 편하게 살 수 없을 텐데.

2 If it had not been for~는 '~이 없었더라면'입니다.

If it had not been for~는 과거에 있었던 것이 없었다고 가정할 때 사용합니다.

a. **Thanks to** your help, I could succeed.
   너의 도움 덕택에, 난 성공할 수 있었어.
b. **If it had not been for** your help, I **could not have succeeded**.
   =**Had it not been for** your help, I **could not have succeeded**.
   =**But for** your help, I **could not have succeeded**.
   =**Without** your help, I **could not have succeeded**.
   너의 도움이 없었더라면, 난 성공할 수 없었을 거야.

b문장의 If it had not been for your help는 직설 표현 It was for your help를 가정문으로 바꾼 것입니다. It(그것은)+was(이었어)+for your help(너의 도움 덕택)을 반대로 가정하면 과거시제 was를 과거완료시제 had not been으로 후퇴시켜 If it **had not been** for your help가 됩니다. '그것이 너의 도움 덕택이 아니었다면'은 '너의 도움이 없었더라면'과 같은 뜻이 되지요. If it were not for~에서 be동사 were를 문두로 도치시켜 Were it not for~로 사용하는 것처럼 If it had not been for~는 조동사 had를 문두로 도치시켜 Had it not been for~로도 사용합니다. But for와 Without는 시제를 알 수 없는 부사구이기 때문에 주절이 조동사의 과거형이면 '~이 없다면'으로, 주절이 '조동사 have pp'면 '~이 없었더라면'으로 옮겨야 합니다.

but for와 without는 그 자체만으로 가정문이 아닙니다. 아래의 문장들에는 조동사의 과거형이 없기 때문에 가정문이 아닙니다. 가정문은 조동사의 과거형으로 나타낸다는 것을 항상 기억해야 합니다.

a. **But for** best results, proper technique is essential.
   그러나 최상의 결과를 위해서, 적절한 기술은 필수적이야.
b. **But for** others, the car is an exciting hobby.
   그러나 다른 사람들한테, 자동차는 흥미로운 취미 생활이야.
c. I can do it **without** your help.
   난 너의 도움 없이 그것을 할 수 있어.
d. We can't live **without** water.
   우린 물 없이 살 수 없어.

UNIT 122 기타 주의해야 할 가정문

가정문은 if절만으로 만들 수 없고 주절에 조동사의 과거형을 반드시 사용해야 합니다. if절만으로는 가정문을 만들 수 없지만 조동사의 과거형만으로는 가정문을 만들 수 있습니다. 그래서 조동사의 과거형이 나오면 가정문이 아닌지 의심해 봐야 하고 문맥으로 가정문임을 파악할 수 있어야 합니다.

1 to부정사는 if절을 대신할 수 있습니다.

to부정사 편에서 to부정사에는 조건의 뜻이 있음을 이미 학습했습니다. 'to부정사+조동사 과거형'은 조건문이 아니라 가정문입니다.

a. I **would** be happy **to meet** her again.
   내가 그녀를 다시 만난다면 행복할 텐데.
b. What **would** you do **to win** the lottery?
   로또에 당첨되면 넌 뭘 할 거야?
c. You **will** be shocked **to hear** the news.
   네가 그 소식을 들으면 충격 받을 거야.
d. You **will** be punished **to cheat** on the exam.
   네가 시험 중에 부정 행위를 하면 처벌 받게 될 거야.

a문장의 to meet her는 if I met her와 같습니다. 그녀를 다시 볼 수 없는 상황이 아쉬워서 하는 말이죠. to부정사가 if절을 대신할 수 있고, 조동사의 과거형 would와 결합되어 있기 때문에 가정문임을 알 수 있습니다. b문장의 to win the lottery는 if you won the lottery와 같습니다. 로또 당첨은 1/814만의 확률로 실제로 일어나기 힘든 일이죠.

c문장의 to hear the news는 if you hear the news와 같습니다. 조동사의 현재형 will과 결합되어 있기 때문에 가정문이 아니라 조건문입니다. d문장의 to cheat on the exam은 if you cheat on the exam과 같습니다. 조동사의 현재형 will과 결합되어 있기 때문에 가정문이 아니라 조건문이죠. **'to부정사+조동사 현재형'은 조건문이고, 'to부정사+조동사 과거형'은 가정문입니다.**

2 동명사구문(=분사구문)이 if절을 대신할 수 있습니다.
주절에 있는 조동사의 과거형을 보고 가정문임을 알 수 있어야 합니다.

a. Born in America, I **could** speak English fluently now.
내가 미국에서 태어났다면, 지금 영어를 유창하게 할 수 있을 텐데.

b. Having known her address, I **would have told** you.
그녀의 주소를 알고 있었다면, 너에게 말해 주었을 거야.

a문장은 If I had been born in America, I could speak~라는 문장에서 접속사 if생략, 주어가 I로 같기 때문에 생략, 종속절과 주절의 시제가 서로 다르기 때문에 완료동명사로 바꾸어 Having been born~이 됩니다. 과거분사 앞에 있는 being이나 having been은 생략하기 때문에 Born in America가 된 것이죠. b문장은 If I had known~을 동명사구문 Having known~으로 바꾼 것입니다. 이렇게 if절은 동명사구문으로 바꿀 수 있습니다. 동명사구문에 대한 자세한 설명은 UNIT 72와 UNIT 203을 보세요.

3 주어나 부사구 등이 if절을 대신 할 수 있습니다.
조동사의 과거형이 나오면 문맥상 가정문인지 아닌지 의심해 보는 습관을 들이면 가정문임을 쉽게 알 수 있습니다.

a. A true friend **would** help you.
진정한 친구라면 너를 도울 텐데.

b. An honest man **would not have done** so.
정직한 사람은 그렇게 행동하지 않았을 텐데.

c. I **would not have believed** him.
나는 그를 믿지 않았을 텐데.

d. With a little care, you **could have avoided** the accident.
좀 더 조심했더라면, 넌 그 사고를 피할 수 있었을 거야.

● a문장의 주어 A true friend는 명사이지만 문맥상 If he or she were a true friend(그 또는 그녀가 진정한 친구라면)라는 뜻입니다. 누군가 어려움에 처해 있는데 주변에 도와주는 사람이 아무도 없어서 안타까워서 해보는 말이지요. 조동사 과거형 would가 가정문임을 알려 주고 있습니다.

- b문장의 주어 An honest man은 명사이지만 문맥상 If he **had been** an honest man(그가 정직한 사람이었다면)이라는 뜻입니다. would not have done이 가정문임을 알려 주고 있습니다.
- c문장은 If I **had been** in your situation(내가 너의 상황에 있었다면)이라는 한 문장이 생략되어 있습니다. '(내가 너의 상황에 있었다면), 그를 믿지 않았을 텐데'가 되는 것이죠.
- d문장의 With a little care는 If you **had had** a little care(네가 좀 더 조심성을 갖고 있었다면)로 바꿀 수 있습니다. With a little care는 부사구이지만 could have avoided가 가정문임을 알려 주는 것입니다.

4 조동사의 과거형은 상황에 따라 쓰임이 달라지는 상황어입니다.

조동사 과거형은 조동사 본래의 뜻으로 사용되었는지 아니면 가정문으로 사용되었는지 단어 하나만으로 알 수 없습니다. 그래서 앞뒤 문맥을 봐야 합니다.

a. I **could** go on a picnic tomorrow.
   나는 내일 소풍을 갈 수도 있어. (=소풍을 갈지도 몰라.)
b. If he **helped** me with my work, I **could** go on a picnic tomorrow.
   그가 나의 일을 돕는다면, 내일 소풍을 갈 수 있을 텐데.
c. **With** his help, I **could** go on a picnic tomorrow.
   그의 도움이 있다면, 내일 소풍을 갈 수 있을 텐데.

a문장의 could는 may와 might의 동의어로 '~할 수도 있다, ~할지도 모른다'입니다. a문장은 내일 소풍을 갈 수도 있고 안 갈 수도 있다는 것이죠. b와 c문장은 내일 소풍을 갈 수 없는 상황이 아쉬워서 해본 말입니다. b문장은 그가 나를 도울 수 없는 상황이지만 만약에 그가 나를 돕는다면 일을 끝마치고 내일 소풍을 갈 수 있을 거라는 것입니다. If he **helped** me with my work를 추가함으로써 I **could** go on a picnic tomorrow는 '내일 소풍을 갈 수 있을 텐데'라는 뜻의 가정문이 되었습니다. c문장 역시 b문장과 같은 뜻입니다. 부사구 With his help는 If I **had** his help와 같은 뜻으로 If I **had** his help, I **could** go on a picnic tomorrow는 가정문이지요. 상황에 따른 쓰임의 차이를 이해하셨나요?

a. I **could have gone** to her birthday party.
   그녀의 생일 파티에 갈 수도 있었어. (=갈 수 있었지만 안 갔다.)

b. If I **had had** time yesterday, I **could have gone** to her birthday party.
   어제 내가 시간이 있었다면, 그녀의 생일 파티에 갈 수 있었을 텐데. (=갈 수 없는 상황이라 못 갔다.)

a문장은 그녀의 생일 파티에 갈 수 있었는데 안 갔다는 것입니다. could have pp는 '~할 수도 있었다'로 숨어 있는 뜻은 할 수 있었지만 안 했다는 것이죠. b문장은 a문장에 If I **had had** time yesterday를 추가하여 가정문이 되었습니다. b문장은 As I didn't have time yesterday, I didn't go to her birthday party를 반대로 가정한 것입니다. 어제 시간이 없어서 그녀의 생일 파티에 가지 못한 것이 아쉬워서 해 본 말이지요. a문장의 could have gone(갈 수도 있었어)은 갈 수 있었지만 안 갔다는 것이고 b문장의 could have gone(갈 수 있었을 텐데)은 가고 싶었지만 갈 수 없었다는 것입니다. 조동사 과거형은 조동사 본래의 뜻으로 사용되었는지 아니면 가정문으로 사용되었는지 단어 하나만으로 알 수 없기 때문에 앞뒤 문맥을 보고 파악해야 합니다.

5

조동사의 과거형 would에 대해 보충 설명하겠습니다.

can은 '~을 할 수 있다', could는 '~을 할 수도 있다'입니다. 과거형 could는 할 수도 있고 안 할 수도 있다는 것으로 현재형 can보다 의지가 상당히 약화된 것입니다. may는 '~일지 모른다', might는 '~일지**도** 모른다'로 과거형 might는 현재형 may보다 확신의 강도가 약화되지요. 조동사를 현재형에서 과거형으로 후퇴시키면 의지와 추측의 강도가 후퇴되어 약화됩니다. 과거형 could는 '~을 할 수**도** 있다', 과거형 might는 '~일지**도** 모른다'로 우리말의 '**~도**'를 넣으면 조동사의 과거형에서 강도가 약해지는 어감을 바로 느낄 수 있습니다. will은 '~일 것이다, ~하겠다'인데 will의 과거형 would에는 우리말의 '~도'를 넣어 옮길 수 없어 아쉽지요. 아래 문장들을 보세요.

a. He **would** not steal. He is an honest man.
   그는 도둑질을 하지 않을 거야. 그는 정직한 사람이야.

b. He **would** say such things to all the friends and his wife.
   그는 그런 것을 그의 친구들과 아내에게 말할 거야.

c. Those **would** be over there, in the yard.
   그것들은 저쪽에 마당에 있을 거야.

d. I **would** not behave in the way that you did.
   나는 네가 했던 방식대로 행동하지 않을 거야.

e. I **would** not say it is too complex.
그것이 너무 복잡하다고는 말하지 않을 게요.

a문장에서 He **would** not steal이라고 하지 않고 He **doesn't** steal(그는 도둑질하지 않아)이라고 말하면 그에 대한 믿음이 확고하다는 것입니다. 그에 대한 믿음이 확고하지 않을 땐 추측하게 되지요. He **will** not steal(그는 도둑질하지 **않을 거야**)처럼 현재시제 will을 사용하면 그에 대한 믿음이 강하다는 것이고 He **would not** steal(**아마** 그는 도둑질하지 **않을 거야**)처럼 사용하면 그에 대한 믿음이 will보다 더 약화되는 것입니다. 조동사는 불확실할 때 추측하는 기능을 하는데 조동사의 과거형을 사용하면 현재형보다 더 불확실함을 나타냅니다. **잘 알고 있으면 추측의 강도를 높이고 잘 모르면 추측의 강도를 약화시키는 것은 사람들이 갖고 있는 언어적 본능이지요.**

a~c문장의 would는 '~일 것이다'는 추측의 뜻입니다. d~e문장의 would는 '~하겠다'는 의지의 뜻입니다. a~c문장에 will을 사용하면 추측의 강도가 더 강해지고, d~e문장에 will을 사용하면 의지의 강도가 더 강해지겠지요.

■ 가정문 학습의 핵심 ■
① 동사의 시제를 후퇴시킨다.
② 주절에 조동사의 과거형을 사용한다.

CHAPTER 10

UNIT 124 선행사란 무엇인가?

관계사를 학습할 때 반복적으로 등장하는 문법 용어가 선행사입니다.

'선행사가 사람일 때는~, 선행사가 사물일 때는~, 선행사가 장소일 때는~…'처럼 선행사란 문법 용어가 계속 사용되기 때문에 관계사 학습을 위하여 선행사가 무엇인지 명확하게 알아야 합니다.

선행사(**先行**詞)는 '앞(먼저) 선, 갈 행, 말 사'로 '앞에 가는 말'이란 뜻입니다. '나는 **그녀**를 사랑해'라는 문장에서 그녀라는 명사를 수식하는 문장을 만들어 보세요. '내가 사랑하**는 그녀**'로 수식을 받는 명사 '그녀'가 문장의 맨 마지막으로 갑니다. 이와 같이 우리말은 선행사가 아니라 후행사(**後行**詞)입니다. 수식을 받는 명사가 문장의 맨 끝으로 後行하는 것이지요. 일본어, 중국어 또한 우리말 문법과 같습니다. 설명하는 수식어가 아무리 길어도 수식을 받은 명사는 맨 뒤로 갑니다.

그러나 영어 문장 I love the woman에서 the woman을 수식하는 문장을 만들면 **The woman that** I love처럼 수식 받는 명사 the woman이 문장의 맨 앞으로 선행(先行)합니다. 이렇게 수식 받는 명사가 문장의 맨 앞으로 가면 선행사(先行詞)이고, 수식 받는 명사가 문장의 맨 뒤로 가면 후행사(後行詞)입니다. 영어, 프랑스어, 독일어, 스페인어, 이탈리아어 등 영어권 언어들은 대부분 선행사 방식이고 한국어, 일본어, 중국어 등 아시아권 언어는 대부분 후행사 방식입니다. 어떤 언어든 한 문장에서 수식 받는 명사는 선행사 아니면 후행사 방식을 취합니다. 우리말 '학교에 간다'에서 '학교에'는 '학교+에'로 우리말 조사 '~에'는 후치사(**後置**詞)지만, go to school에서 to school은 'to(~에)+school(학교)'로 전치사(**前置**詞)입니다. 선행, 후행, 전치, 후치는 모두 같은 개념이죠.

선행사란 한 문장에서 수식 받는 명사입니다. 수식 받는 명사가 문장의 맨 앞으로 이동(=선행)하기 때문에 선행사라고 하는 것입니다.

# UNIT 125 주격 관계대명사 that

a. I know **the girl. The girl** is playing the piano.
나는 그 여자를 알고 있어. 그 여자는 피아노를 치고 있어.

b. I know **the girl that** is playing the piano.
나는 피아노를 치고 있는 그 여자를 알고 있어.

위와 같이 두 문장으로 된 a문장을 한 문장으로 된 b문장으로 만드는 학습법은 대부분의 영어문법서에 등장하는 관계대명사 학습법입니다. 관계대명사는 두 문장을 만들어 한 문장으로 합치는 것이 아닙니다. **관계대명사는 한 문장 속에 있는 명사를 수식하는 'ㄴ'입니다.** 한 문장 속에 있는 주어를 수식하면 주격 관계대명사, 한 문장 속에 있는 목적어를 수식하면 목적격 관계대명사, 한 문장 속에 있는 보어를 수식하면 보어격 관계대명사입니다. '**그 여자**는 옆집에 살고 있다'는 우리말 문장에서 '그 여자'를 수식하는 관계사절을 만들어 보라고 하면 우리는 본능적으로 '옆집에 살고 있**는 그 여자**'로 만들지요. 영어문장 **The girl** lives in the house next door에서 주어 The girl을 수식하는 관계사절을 만들어 보겠습니다.

a. 　　　　옆집에 살고 있다. **+** ㄴ **+** 그 여자
b. lives in the house next door. **+ that +** the girl

우리말과 영어는 마침표(.)로 명사를 수식할 수 없기 때문에 명사를 수식하기 위하여 'ㄴ'과 that이 필요합니다. 영어가 우리말처럼 후행사 방식의 언어라면 위의 b처럼 결합시키면 되지만 영어는 선행사 방식의 언어이기 때문에 수식 받는 명사 the girl을 앞으로 선행시켜야 합니다. 그러면 아래의 c처럼 the girl **that** lives in the house next door가 됩니다. The girl lives in the house next door는 문장이지만 the girl **that** lives in the house next door는 문장이 아니기 때문에 관계대명사를 사용한 **관계사절**이라고 합니다. 앞으로 관계사절이란 용어를 사용하겠습니다.

c. the girl + **that** + lives in the house next door.
그 여자 + ㄴ + 옆집에 산다.

the girl that lives in the house next door는 '옆집에 살고 있**는 그 여자**'로 수식어가 긴 명사입니다. **관계사절은 수식어가 긴 명사**일 뿐이지요. 명사는 주어 자리, 목적어 자리, 보어 자리에 사용됩니다. 관계사절 the girl that lives in the house next door를 주어, 목적어, 보어로 사용해 보세요. a문장은 주어, b문장은 목적어, c문장은 보어로 사용되었습니다.

a. **The girl that lives in the house next door** is very pretty.
   옆집에 살고 있는 그 여자는 매우 예뻐.

b. I like **the girl that lives in the house next door**.
   나는 옆집에 살고 있는 그 여자를 좋아해.

c. That is **the girl that lives in the house next door**.
   저 사람이 옆집에 살고 있는 그 여자야.

선행사 방식의 언어인 영어, 독어, 프랑스어, 스페인어 등의 관계사 학습은 아래와 같은 방식으로 학습하세요. 먼저 a문장처럼 평서문을 하나 만들고 b처럼 관계사절을 만듭니다. 그 다음 관계사절을 c~e문장처럼 주어, 목적어, 보어로 사용하면 됩니다. 이와 같은 방식으로 학습하면 회화와 작문도 상당히 쉬워질 것입니다.

a. **The man** stole my money. 평서문
   그 남자가 내 돈을 훔쳤어.

b. **The man that** stole my money 관계사절
   내 돈을 훔친 그 남자

c. **The man that stole my money** was Jack. 주어 자리
   내 돈을 훔친 그 남자는 잭이었어.

d. He knows **the man that stole my money**. 목적어 자리
   그는 내 돈을 훔친 그 남자를 알고 있어.

e. That is **the man that stole my money**. 보어 자리
   저 사람이 내 돈을 훔친 그 남자야.

a문장의 주어 the man을 보면 주어는 원래 맨 앞에 있기 때문에 더 이상 앞으로 선행시킬 수 없지요. 그래서 주어 뒤에 관계대명사를 넣기만 하면 관계사절이 됩니다. a문장의 주어 The man뒤에 관계대명사 that을 넣었다가 뺐다가를 반복해 보세요. that을 넣으면 관계사절이 되고, that을 빼면 평서문이 됩니다.

주격 관계대명사 학습 방법은 간단합니다.

먼저 a문장처럼 평서문 문장을 만듭니다. 그 다음 주어 뒤에 관계대명사 that을 놓으면 관계사절 b가 됩니다. 관계사절은 수식어가 긴 명사로 명사는 주어, 목적어, 보어로 사용되지요. c문장들은 주어, d문장들은 목적어, e문장들은 보어로 사용되었습니다. 선행사 방식을 취하는 모든 언어들의 관계사 학습은 아래와 같이 학습하면 됩니다. 아래 빈칸은 직접 채워 보세요.

a. The woman sang at the party. 그 여자는 파티에서 노래 불렀어.   평서문
b. **The woman that** sang at the party 파티에서 노래 부른 그 여자   관계사절
c. **The woman that sang at the party** was Madonna.   주어 자리
d. Do you know **the woman that sang at the party**?   목적어 자리
e. That is **the woman that sang at the party**.   보어 자리

a. The building was destroyed by the fire. 그 건물은 화재로 파괴되었어.
b. **The building that** was destroyed by the fire 화재로 파괴된 그 건물
c. **The building that was destroyed by the fire** was built in 1997.
d. Look at **the building that was destroyed by the fire**.
e. This is **the building that was destroyed by the fire**.

a. The man was injured in the accident. 그 남자는 사고로 부상당했어.
b. **The man that** was injured in the accident 사고로 부상당한 그 남자
c.
d.
e.

a. The mountain is covered with snow. 그 산은 눈으로 덮여 있어.
b. **The mountain that** is covered with snow 눈으로 덮여 있는 그 산
c.
d.
e.

아래는 주격관계대명사 문장들입니다. 모두 that으로 통일시켜 놓았습니다. 선행사가 사람이면 who, 사물이면 which로 바꿔보세요. a~e문장은 관계사절이 주어로, f~j문장은 관계사절이 목적어로, k~n문장은 관계사절이 보어로 사용되었습니다. 관계대명사로 선행사를 수식한 관계사절은 수식어가 긴 명사라는 것을 항상 기억해야 합니다.

a. **The man that is standing over there** is my father.
   저기에 서 있는 남자는 나의 아버지야.

b. **The girl that answered the phone** told me you were away.
   전화에 응답했던 그 여자가 네가 멀리 있다고 말했어.

c. **The people that were arrested** are now in prison.
   체포된 사람들은 지금 감옥에 있어.

d. **The train that goes to the airport** runs every three hours.
   공항으로 가는 기차는 3시간마다 출발해.

e. **The washing machine that broke down** has been repaired.
   고장 났던 세탁기는 수리되어 있어.

f. We enjoyed **raw fish that was very fresh**.
   우리는 매우 신선한 생선회를 즐겼어.

g. I saw **a strange man that was wearing a long coat**.
   난 긴 코트를 입고 있는 이상한 사람을 봤어.

h. He works for **a company that makes cars**.
   그는 자동차를 만드는 회사에 근무해.

i. I don't like **people that are never on time**.
   난 시간을 엄수하지 않는 사람들을 싫어해.

j. The police have caught **the man that stole my car**.
   경찰은 내 차를 훔친 남자를 체포해 놓았어.

k. A puzzle is **a question that is difficult to solve**.
   퍼즐은 풀기에 어려운 문제야.

l. This is **the concert hall that was built in 1999**.
   이것은 1999년에 지어진 콘서트홀이야.

m. A customer is **someone that buys something from a store**.
   고객은 상점에서 무엇인가를 구매하는 사람이야.

n. Italy is **a country that has lots of interesting things**.
   이탈리아는 많은 흥미로운 것들을 갖고 있는 나라야.

UNIT 126 목적격 관계대명사 that

1 관계대명사는 한 문장 속에 있는 명사를 수식하는 'ㄴ'입니다. 문장 속에 있는 주어를 수식하면 주격 관계대명사, 문장 속에 있는 목적어를 수식하면 목적격 관계대명사, 문장 속에 있는 보어를 수식하면 보어격 관계대명사입니다. 목적격 관계대명사는 문장 안에 있는 목적어(명사)를 수식할 때 필요한 that(ㄴ)입니다. I love the girl에서 목적어 the girl을 수식하는 관계사절을 만들어 보겠습니다.

a. 나는 사랑한다. + ㄴ + 그 여자
b. I love. + **that**(ㄴ) + the girl
c. **the girl** + **that**(ㄴ) + I love (=내가 사랑하는 그 여자)
d. the girl I love (목적격 관계대명사 생략)

a는 우리말 어순이고 b는 우리말 어순대로 영어 단어를 배열한 것입니다. 영어는 선행사 방식을 취하기 때문에 b에서 the girl을 앞으로 선행시켜 c처럼 배열해야 합니다. that대신에 who, whom을 사용해도 됩니다. 목적격 관계대명사이기 때문에 목적격인 whom을 사용해야 한다고 하지만 원어민은 that과 who를 사용하고 whom은 거의 사용하지 않습니다. **현대영어는 d처럼 목적격 관계대명사는 문어든 구어든 생략하고 표현하는 것이 일반적입니다.** 이제 수식어가 긴 명사 the girl that I love를 사용하여 문장을 만들어 보겠습니다.

a. **The girl that I love** is very beautiful. 주어 자리
   내가 사랑하고 있는 여자는 매우 예뻐.
b. You will see **the girl that I love** tomorrow. 목적어 자리
   넌 내일 내가 사랑하고 있는 여자를 보게 될 거야.
c. This is **the girl that I love**. 보어 자리
   이 사람이 내가 사랑하고 있는 여자야.

the girl **that** I love(내가 사랑하는 여자)는 a문장에서는 주어로, b문장에선 목적어로, c문장에선 보어로 사용되었습니다. **관계사절은 수식어가 긴 명사일 뿐입니다.**

the girl **that** I love에서 목적격 관계대명사 that을 생략하면 the girl I love가 됩니다. the girl I love는 평서문 I love the girl에서 목적어 the girl을 주어 앞으로 이동시킨 것과 같지요. **목적격 관계대명사 학습은 너무나도 간단합니다.** 먼저 아래 a문장처럼 문장을 하나 만드세요. 그 다음 목적어를 주어 앞으로 이동시키기만 하면 됩니다. 현대영어에서 목적격 관계대명사는 문어든 구어든 생략하는 것이 일반적입니다. 그래서 목적어를 주어 앞으로 이동시키기만 하면 되는 것이죠. 간단하지 않나요? 회화와 작문이 더 쉬워질 것입니다. a문장에서 a friend가 the friend가 된 것은 수식을 받아 정해졌기 때문입니다. UNIT 143을 참고하세요. 아래 빈칸은 직접 채워 보세요.

a. I met **a friend** yesterday. 나는 어제 친구를 만났어.
  ⇨ **The friend** I met yesterday 내가 어제 만난 그 친구

b. We invited **people** to the dinner. 우리는 사람들을 저녁식사에 초대했어.
  ⇨ **The people** we invited to the dinner 우리가 저녁식사에 초대한 그 사람들

c. I took **pictures**. 나는 사진을 찍었어.
  ⇨ **The pictures** I took 내가 찍은 그 사진들

d. She gave me **a book**. 그녀는 나에게 책을 주었어.
  ⇨ **The book** she gave me 그녀가 나에게 준 그 책

e. I lost **the bag**. 나는 그 가방을 분실했어.
  ⇨ **The bag** I lost 내가 분실한 그 가방

f. She cooked **dinner**. 그녀는 저녁을 요리했어.
  ⇨ **The dinner** she cooked 그녀가 요리한 그 저녁

g. I spoked to **the girl**. 나는 그 여자에게 말을 건넸어.
  ⇨ **The girl** I spoke to 내가 말을 건넨 그 여자

h. I am looking for **the book**. 나는 그 책을 찾고 있는 중이야.
  ⇨   내가 찾고 있는 그 책

i. He lives in **the house**. 그는 그 집에 살고 있어.
  ⇨   그가 살고 있는 그 집

j. I look up to **the man**. 나는 그 사람을 존경해.
  ⇨   내가 존경하는 그 사람

k. We took **the man** to the hospital. 우리는 그 남자를 병원에 데려갔어.
  ⇨   우리가 병원에 데려간 그 남자

아래는 목적격 관계대명사가 사용된 문장들입니다. 모두 that으로 통일시켜 놓았습니다. 선행사가 사람이면 that 대신에 who, 선행사가 사물이거나 동물이면 that 대신에 which로 바꾸어 보세요. 목적격 관계대명사는 보통 생략하고 표현합니다. that 앞에 있는 목적어(선행사)를 that 뒤로 이동시켜 원래 있던 목적어 자리로 이동시켜 보세요. 목적어 자리는 타동사 뒤입니다. a문장의 The man that I want to see는 I want to see the man이 원래 문장입니다. a~d문장은 관계사절이 주어로, e~h문장은 관계사절이 목적어로, i~l문장은 관계사절이 보어로 사용되었습니다. **관계사절은 수식어가 긴 명사이기 때문에 하나의 의미 단위로 볼 수 있어야 합니다.**

a. **The man** (**that**) **I want to see** is away in London.
   내가 만나고 싶은 그 남자는 멀리 런던에 있어.

b. **The woman** (**that**) **I invited to the party** didn't come.
   내가 파티에 초대했던 그 여자는 오지 않았어.

c. **The dress** (**that**) **you bought** doesn't fit you very well.
   네가 구입한 그 옷은 너에게 잘 어울리지 않아.

d. **Everything** (**that**) **he told us** wasn't true.
   그가 우리에게 말했던 모든 것이 사실이 아니었어.

e. I will do **everything** (**that**) **I can do**.
   난 내가 할 수 있는 모든 것을 할 거야.

f. Have you found **the papers** (**that**) **you lost**.
   네가 분실했던 그 서류 찾았니?

g. I have finished **the homework** (**that**) **I had to do**.
   난 해야 하는 숙제를 끝마쳐 놓았어.

h. I like **the people** (**that**) **I work with**.
   난 함께 근무하고 있는 사람들을 좋아해.

i. Tom is **the man** (**that**) **you can depend on**.
   탐은 네가 의지할 수 있는 사람이야.

j. He is **the man** (**that**) **I want to marry**.
   그는 내가 결혼하고 싶은 그 사람이야.

k. This is **the picture** (**that**) **I took yesterday**.
   이것은 내가 어제 찍은 사진이야.

l. The Grammar Shock is **the book** (**that**) **everyone likes**.
   영문법 쇼크는 모든 사람들이 좋아하는 책이야.

UNIT 127 주로 관계대명사 that을 사용하는 경우

'사람+동물'이 선행사인 경우, '사람+물건'이 선행사인 경우, 그리고 the first, the most, the same, the only, all, every, any, no, who, what, which가 선행사인 경우 that을 사용한다고 공식화 해놓았습니다. 수식 받는 명사(=선행사)가 '사람+동물', '사람+물건'인 경우에는 반드시 that을 사용해야 합니다. 그것은 사람과 동물, 사람과 물건을 동시에 수식해 줄 수 있는 관계대명사는 that뿐이기 때문이지요. 선행사가 who인 경우에 관계대명사를 who로 사용하면 who who처럼 같은 단어가 반복되고, 선행사가 which인 경우 관계대명사를 which로 사용하면 which which로 같은 단어가 반복되어 that을 사용해야 합니다. 영어는 반복을 회피하는 언어지요.

그러나 선행사에 the first, the most, the same, the only, all, every, any, no 등이 붙는 경우 **주로, 습관적으로** 관계대명사 that을 사용한다는 것이지 반드시 that을 사용해야 한다는 것이 아닙니다. that을 사용하지 않은 표현들도 가끔 볼 수 있습니다. 그래서 공식처럼 암기할 필요가 없다는 것이지요. 공식도 아닌 것을 공식화하여 암기를 강요해서는 안 됩니다. 관계대명사 that에 특별용법이 있는 것이 아닙니다. 관계대명사 that은 명사를 수식할 때 필요한 'ㄴ'일 뿐입니다.

a. Have you seen **the man and the dog that** I am looking for?
   너 내가 찾고 있는 남자와 개를 본 적 있어?

b. This is **the most** beautiful car **that** I have ever seen.
   이것은 내가 지금까지 본 가장 아름다운 자동차야.

c. You are **the only** man **that** can solve this situation.
   넌 이 상황을 해결할 수 있는 유일한 사람이야.

d. It is **the same** story **that** I heard last night.
   그것은 내가 지난밤에 들었던 이야기와 똑같아.

e. I'll do **all that** is required of me.
   나는 나에게 요구되어 있는 모든 것을 할 거야.

f. Check **everything that** we need.
   우리가 필요한 모든 것을 확인해.

g. **Who that** has common sense would do such a thing?
   상식을 갖고 있는 누가 그런 일을 하겠는가?

h. **What that** child needs is loving care and attention.
   아이가 필요로 하는 무엇은 사랑스런 보살핌과 관심이야.

UNIT 128　소유격 관계대명사 whose

1 소유격 관계대명사 whose가 출현하기 이전에는 무엇을 사용했을까요? 관계대명사 that 밖에 없었으니 당연히 that을 사용했습니다. **소유격 관계대명사 whose는 '관계대명사 that+소유격'이 whose로 축약된 것입니다.**

a. I know a girl **that her** father won the lottery.
b. I know a girl **whose** father won the lottery.
　난 아버지가 복권에 당첨된 어떤 여자를 알고 있어.

c. The girl **that her** name is Yuna is sitting there.
d. The girl **whose** name is Yuna is sitting there.
　윤아라는 이름의 여자가 저기 앉아 있어.

e. I bought a computer **that its** price was cheap.
f. I bought a computer **whose** price was cheap.
　나는 가격이 싼 컴퓨터를 샀어.

g. Look at the mountain **that its** top is covered with snow.
h. Look at the mountain **whose** top is covered with snow.
　정상이 눈으로 덮여져 있는 산을 봐.

- b문장의 a girl whose father won the lottery는 a girl+that(ㄴ)+her father won the lottery의 결합에서 관계대명사 that과 소유격 her를 whose로 축약한 것입니다.
- d문장의 The girl **whose** name is Yuna는 The girl+**that(ㄴ)**+**her** name is Yuna의 결합에서 'that+her'를 whose로 축약한 것입니다.
- f문장의 a computer **whose** price was cheap은 a computer+**that(ㄴ)**+**its** price was cheap에서 'that+its'를 whose로 축약한 것입니다.
- h문장의 the mountain **whose** top is covered with snow는 the mountain+**that(ㄴ)**+**its** top is~에서 'that+its'를 whose로 축약한 것입니다.

위와 같이 소유격 관계대명사 whose는 '관계대명사 that+소유격'이 whose로 축약된 것입니다. 축약과 생략은 현대영어의 큰 흐름 중에 하나라고 영어의 역사에서 설명했습니다. whose는 의문대명사로 '누구의'라는 뜻이있는데 '관계대명사+소유격'을 whose로 축약하여 의문대명사에 명사를 수식하는 'ㄴ'기능이 추가된 것입니다. **소유격 관계대명사 whose가 나오면 'that+소유격'으로 바꿔보세요.** 소유격은 형용사이기 때문에 뒤에 명사가 와야 합니다. 'that+소유격+명사' 구조에서 'that+소유격'을 whose로 축약시키면 'whose+명사'가 되어 **소유격 관계대명사 whose 뒤에는 반드시 명사가 온다**는 것을 알 수 있습니다.

a. I bought a computer **whose** price was cheap.
   나는 가격이 싼 컴퓨터를 샀어.
b. I bought a computer **of which** the price was cheap.
   나는 가격이 싼 컴퓨터를 샀습니다.
c. Look at the mountain **whose** top is covered with snow.
   정상이 눈으로 덮인 저 산을 봐.
d. We searched the mountain **of which** the top is covered with snow.
   우리는 정상이 눈으로 덮인 그 산을 수색했습니다.

b문장과 d문장처럼 소유격 관계대명사 whose대신에 of which를 사용할 수 있는데 이는 문어체 표현입니다. of which는 회화에서는 사용하지 않기 때문에 주로 학술지나 논문 등의 격식을 요구하는 글에서나 볼 수 있다는 것이지요. of which는 자신이 쓴 논문 등에 권위를 높이기 위해(=있어 보이게 하기 위해) 지식인들이 사용하기 시작한 것입니다. 영어의 소유격은 원래 girl's name처럼 's 방식 하나뿐이었습니다. 영국이 프랑스의 식민 지배를 받으면서 프랑스어 문법의 영향을 받아 'of+명사' 구조의 of 소유격 용법이 영어에 도입된 것이지요. of which 소유격과 a book of mine과 같은 이중소유격은 프랑스어 문법이 영어에 도입된 것입니다. 이중소유격은 UNIT 155에 자세히 설명되어 있습니다.

UNIT 129 관계대명사의 생략

우리말 '나 그녀 사랑해'는 '나(는) 그녀(를) 사랑해'에서 주격조사 '~는', 목적격 조사 '~를'이 생략된 표현이고, '밥 먹기 전에 손 씻어라'는 '밥(을) 먹기 전에 손(을) 씻어라'에서 목적격 조사 '~을'이 생략된 표현입니다. 생략은 모든 언어가 갖고 있는 간소화 현상으로 구어에서 더 자주 발생합니다. 말하지 않아도 서로가 알고 있는 단어는 생략하고 표현하는 것이 경제적이지요. 더구나 영어 원어민은 적은 단어수로 정확한 의사 표현을 하면 그것이 가장 경제적이고 아름다운 언어라는 사고를 갖고 있기 때문에 축약과 생략이 더욱 빈번합니다.

1 주격 관계대명사는 몇 가지 경우를 제외하고 생략하지 않습니다.

주격 관계대명사를 생략하면 문장 구조가 흐트러져 의미 전달에 문제가 발생하기 때문에 주격 관계대명사는 생략해서는 안 됩니다.

a. I know the girl **that** is standing at the door.
   나는 문에 서 있는 저 여자를 알아.
b. The man **that** called me was my teacher.
   나에게 전화했던 그 사람은 선생님이었어.

a문장의 **the girl that** is standing at the door(문에 서 있는 저 여자)는 The girl is standing at the door라는 평서문에서 주어 the girl을 수식했기 때문에 that은 주격 관계대명사입니다. a문장에서 주격 관계대명사 that을 생략해 보세요. I **know** the girl **is** standing at the door가 되어 한 문장에 동사가 두 개 등장합니다. I **know** the girl / **is** standing at the door 구조로 본다면 I know the girl은 평서문 문장으로 명사를 만드는 접속사가 없기 때문에 주어가 될 수 없습니다. 명사절을 만드는 that(~는 것)을 추가해서 해석해도 '내가 그 여자를 알고 있는 것은 문 앞에 서 있는 것이다'라는 황당한 말이 됩니다. I **know** / the girl **is** standing at the door 구조로 본다면 I know (that) the girl is~가 되어 문법적으로는 이상이 없지만 '나는 그 여자가 문에 서 있다는 것을 알고 있어'로 처음 전달하려는 의미와는 전혀 다른 엉뚱한 말이 되지요. 위와 같이 **주격 관계대명사를 생략하면 문장 구조가 흐트러져 전달하고자 하는 내용을 정확하게 전달할 수 없기 때문에 생략해서는 안 되는 것입니다.** 이해가 되었나요?

2 '주격 관계대명사+be동사' 다음에 현재분사, 과거분사, 형용사(구)가 오는 경우 '주격 관계대명사+be동사'는 생략해도 됩니다. 주격 관계대명사와 be동사 모두 생략해야 합니다.

   a. I know the girl (**that is**) playing the piano.
      나는 피아노를 치고 있는 저 여자를 알아.
   b. The baby (**that is**) sleeping in the room is my sister.
      방에서 자고 있는 아기는 내 여동생이야.
   c. The man (**that was**) injured in the accident was taken to the hospital.
      사고에서 부상당한 남자는 병원으로 이송되었어.
   d. Put away the computer (**that is**) covered with dust.
      먼지로 덮여 있는 컴퓨터 다른 곳으로 치워.
   e. Have you seen the wallet (**that was**) on the table?
      테이블 위에 있던 지갑 본 적 있어?

현재분사(V-ing)와 과거분사(V-ed)는 형용사입니다. 영어 형용사는 kind boy처럼 명사를 수식할 수 있는 'ㄴ'이 들어 있습니다. a~b문장의 현재분사 play**ing**(치고 있**는**), sleep**ing**(자고 있**는**)에는 명사를 수식할 수 있는 'ㄴ'이 들어 있기 때문에 앞에 있는 '관계대명사+be동사'를 생략해도 상관없습니다. **be동사 '~이다'는 명사를 수식하지 못하기 때문에 be동사까지 생략해야 합니다.**

c~d문장의 과거분사 injur**ed**(부상당한), cover**ed**(덮여 있는)에도 명사를 수식할 수 있는 'ㄴ'이 들어 있기 때문에 앞에 있는 '관계대명사+be동사'를 생략해도 상관없습니다. e문장에서 on the table은 전치사구입니다. 전치사구가 갖고 있는 일반적인 기능은 동사를 수식하는 부사 기능과 명사를 수식하는 형용사 기능입니다. He did it **with care**에서 with care는 '조심스럽**게**'로 동사 did를 수식하는 부사구입니다. He is a man **of ability**에서 of ability는 '능력을 갖고 있**는**'으로 명사 a man을 수식하는 형용사구입니다. 전치사구 또한 명사를 수식하는 'ㄴ'이 들어 있기 때문에 앞에 있는 '관계대명사+be동사'를 생략해도 상관없습니다. 관계사 학습의 기본은 that입니다. a~b문장은 who is, c문장은 who was, d문장은 which is, e문장은 which was로 바꾸어도 됩니다.

현재분사, 과거분사, 전치사구에는 명사를 수식하는 'ㄴ'이 들어 있기 때문에 앞에 있는 '주격 관계대명사+be동사'는 생략해도 상관없습니다. 중복 수식은 비효율적이기 때문에 생략하는 것이지요.

3 **There is(are)로 시작하는 문장에서 주격 관계대명사는 생략해도 됩니다.**

문두에 있는 There는 문장을 유도하는 부사일 뿐 주어가 아닙니다. a문장에서 주어는 nobody이고 b문장에서 주어는 lots of things입니다. There is(are) 문장은 주어가 하나인 문장으로 주어가 명확하기 때문에 주격 관계대명사를 생략해도 문장 구조를 흐트리지 않습니다.

a. There is nobody **(that)** wants to see you.
너를 만나고 싶어 하는 사람은 아무도 없어.

b. There are lots of things **(that)** happen in the world.
이 세상에는 일어나는 많은 일들이 있어.

4 **선행사가 be동사의 보어인 경우 관계대명사를 생략해도 됩니다.**

선행사가 be동사의 보어로 사용되는 문장은 아래와 같은 문장 정도입니다.

a. He is no longer **the lazy man (that) he used to be**.
그는 더 이상 예전에 게을렀던 그 사람이 아니야.

b. I'm not **the man (that) I once was**.
나는 과거의 한 때 그 남자가 아니야.

a문장의 the lazy man that he used to be에서 선행사 the lazy man을 관계대명사 that 뒤로 돌려 원래 문장을 만들어 보면 He used to be **the lazy man**으로 the lazy man은 be동사 뒤에 있는 주격보어임을 바로 알 수 있습니다. b문장의 the man that I once was는 I once was **the man**이 원래 문장입니다. 우리는 앞에서 목적격 관계대명사를 배웠습니다. I love the girl을 관계사절로 만들면 the girl that I love인데 목적격 관계대명사는 일반적으로 생략하기 때문에 the girl I love가 되고 이는 목적어를 주어 앞으로 이동시킨 것과 같다고 설명했습니다. **선행사가 보어인 경우도 목적어를 앞으로 이동시키는 것과 똑같은 구조이기 때문에 관계대명사를 생략해도 상관없는 것이지요.**

생략은 아무렇게나 발생하는 것이 아닙니다. 모든 언어에서 생략은 특정 단어를 생략하고 말해도 화자가 전달하고자 하는 의미 전달에 아무런 문제가 없을 때 일어나는 것입니다.

5 삽입절 앞의 주격 관계대명사는 생략해도 됩니다.

　　a~b문장의 that은 주격 관계대명사입니다. a문장의 I know, b문장의 I thought는 삽입절입니다. a문장은 He is a boy **that** is fluent in English라는 문장에 I know를 that 뒤에 삽입한 것이고, b문장은 The man **that** was my friend cheated me라는 문장에 I thought를 that 뒤에 삽입한 것입니다. 삽입절 앞에 있는 주격 관계대명사를 생략할 수 있다는 것을 모르면 관계대명사 that이 생략된 a~b문장을 만나면 문장의 골격을 파악하지 못해 당황하게 됩니다.

a. He is a boy (that) **I know** is fluent in English.
　　그는 내가 알고 있기에 영어에 유능한 애야.

b. The man (that) **I thought** was my friend cheated me.
　　내가 친구라고 생각했던 그 사람이 나를 속였어.

6 목적격 관계대명사는 문어든 구어든 일반적으로 생략합니다.

　　우리말 '밥 먹고 숙제해라'는 '밥**을** 먹고 숙제**를** 해라'라는 말에서 목적격 조사 '~을·~를'이 생략되어 있음을 한국인이라면 누구나 알 수 있지요. 모든 언어는 간소화 현상을 갖고 있어 말하지 않아도 서로가 알 수 있는 단어는 생략합니다. 우리말의 목적격 조사처럼 목적격 관계대명사는 생략해도 의미 전달에 아무런 지장을 주지 않기 때문에 생략하는 것입니다.

　　아래 a문장에서 목적격 관계대명사 that을 생략하면 The people I **met** in China **were** very friendly가 됩니다. 한 문장에 접속사 없이 두 개의 동사가 나타나지만 I met이 앞에 있는 명사 the people을 수식하고 있다는 것을 원어민이라면 누구나 다 알고 있지요. 그래서 목적격 관계대명사는 생략해도 상관없는 것입니다.

a. The people (**that**) I met in China were very friendly.
　　내가 중국에서 만났던 사람들은 매우 친절했어.

b. I have found **the book** (**that**) **I lost this morning**.
　　난 아침에 분실했던 책을 찾아 놓았어.

c. **The girl** (**that**) **he spoke to** was his sister.
　　그가 말을 건넨 그 여자는 그의 여동생이었어.

d. We tend to like **the music** (**that**) **we often listen to**.
　　우리는 자주 듣는 음악을 좋아하는 경향이 있어.

7 **'전치사+관계대명사'인 경우 목적격 관계대명사를 생략할 수 없습니다.**

아래 a문장의 목적격 관계대명사 who는 생략할 수 있습니다. 그러나 전치사 to를 관계대명사 앞으로 이동시킨 b문장의 to whom에서 whom은 생략할 수 없습니다. b문장에서 whom을 생략하면 to뒤에 주격 he가 옵니다. 전치사 뒤에는 목적격이 오기 때문에 to he을 to him으로 바꾸면 **to him is**처럼 문장 구조가 완전히 파괴되어 버리지요. 목적격은 주어 자리에 둘 수 없습니다. 이렇게 '전치사+관계대명사'인 경우 목적격 관계대명사를 생략하면 문장 구조가 완전히 파괴되어 비문법적 문장이 되기 때문에 생략하지 못하는 것입니다. c문장에서 목적격 관계대명사 which는 생략할 수 있습니다. 그러나 전치사 in을 관계대명사 앞으로 이동시킨 d문장에서 which는 생략할 수 없습니다. d문장에서 which를 생략하면 전치사 in뒤에 주격 I가 오기 때문에 생략할 수 없지요. 논리적으로 이해하면 공식으로 암기할 필요가 없습니다.

a. I know the woman **who** he is speaking **to**.
b. I know the woman **to whom** he is speaking.
   나는 그가 말을 건네고 있는 저 여자를 알아.
c. This is the house **which** I live **in**.
d. This is the house **in which** I live.
   여기는 내가 살고 있는 집이야.

관계대명사는 that을 기본으로 사용하라고 강조하면서 왜 a와 c문장에서 관계대명사 that을 사용하지 않았을까요? b문장과 d문장처럼 전치사는 관계대명사 앞으로 이동시켜 to whom, in which처럼 사용할 수 있습니다. 그러나 관계대명사가 that인 경우에는 **전치사를 관계대명사 앞으로 이동시켜 to that, in that처럼 사용하지 않습니다.**

17C 이후 많은 영어 문법서가 출간됩니다. 문법 학자들은 전치사가 문장 끝에 홀로 남아 있으면 비문법적이기 때문에 전치사를 관계대명사 앞으로 이동시켜 '전치사+관계대명사'로 사용해야 한다고 주장했습니다. 전치사는 '전치사+명사'로 사용되는데 전치사(=조사)만 홀로 남아 있으면 문법적으로 맞지 않다는 것이죠. 그래서 전치사를 관계대명사 앞으로 이동시켜 사용하게 된 것입니다. 이 부분은 관계부사에서 자세하게 학습합니다.

UNIT 130 관계대명사 what

1 관계대명사 what은 the thing that 또는 the thing which가 what으로 축약된 것으로 what을 우리말로 옮기면 '~는 것'입니다. 축약과 생략이 현대영어의 큰 흐름 중 하나라고 영어의 역사에서 설명했습니다. 관계대명사 what용법은 영어뿐 아니라 프랑스어, 이탈리아어, 스페인어 등에도 있습니다. **The thing that** he said is true는 '그가 말**한 그것**은 사실이야'입니다. the thing that을 what으로 축약하면 **What** he said is true로 '그가 말**한 것**은 사실이야'가 되지요. 3단어 the thing that이 한 단어 what으로 축약되면서 수식 받는 선행사 the thing이 what 안으로 들어가 버렸습니다. 그래서 **관계대명사 what 앞에는 수식 받는 선행사가 없습니다.**

a. You should be satisfied with **what** you have.
   너는 네가 갖고 있는 것에 만족해야 해.

b. I couldn't believe **what** he told me.
   난 그가 나에게 말한 것을 믿을 수 없었어.

c. Listen carefully to **what** I am saying.
   내가 말하고 있는 것 잘 들어.

d. This book is **what** I have been looking for.
   이 책이 계속 내가 찾고 있었던 것이야.

2 관계대명사 what인지 의문대명사 what인지는 문맥에 따라 판단해야 합니다.
What이 '무엇'으로 해석되면 의문대명사이고, '~는 것'으로 해석되면 관계대명사입니다. 그러나 명확하게 구분할 수 없는 경우도 있습니다. a문장은 관계대명사 what이고, b문장은 의문대명사 what입니다. c문장의 what은 관계대명사로 볼 수도 있고 의문대명사로 봐도 됩니다. 문맥과 상황에 적합한 해석을 하면 됩니다.

a. I gave her **what** she wants to have.
   나는 그녀가 갖고 싶어 하는 것을 줬어.

b. He asked me **what** she wants to have.
   그는 나에게 그녀가 갖고 싶어 하는 것이 무엇인지 물었어.

c. Do you know **what** she wants to have?
   너는 그녀가 갖고 싶어 하는 것을 아니? / 너는 그녀가 무엇을 갖고 싶어 하는지 아니?

UNIT 131 관계부사

'관계부사는 앞에 오는 선행사를 수식하며 관계부사는 접속사와 부사의 역할을 동시에 수행한다. 관계부사는 '전치사+관계대명사'로 바꾸어 쓸 수 있다'라고 설명합니다. 이런 난해한 설명은 몇 번을 읽어도 정확한 의미를 파악하기 어렵지요. 영어로 관계대명사는 relative pronoun, 관계부사는 relative adverb라고 합니다. relative는 'a.수식하는'입니다. that, who, which, whose와 같은 대명사로 선행사를 수식하면 관계대명사이고 where, when, why, how와 같은 부사로 선행사를 수식하면 관계부사입니다. 우리는 명사를 수식할 때 독립된 뜻이 없는 'ㄴ'을 사용하는데 영어는 독립된 의미를 갖고 있는 대명사와 부사를 사용하여 선행사를 수식하기 때문에 관계대명사, 관계부사라고 하는 것입니다.

'노래하고 있는 그녀', '내가 사랑하는 그녀', '그녀가 살고 있는 그 집', '그녀가 태어난 그 때', '그녀가 사랑받는 그 이유', '그녀가 탈출한 그 방법'을 보세요. 우리말은 수식 받는 명사가 주어, 목적어, 보어, 장소, 시간, 이유, 방법인지를 따지지 않고 무조건 'ㄴ'을 사용합니다. 일본어, 중국어 또한 우리말과 같습니다. 영어 또한 관계대명사 that 하나로 충분한데 왜 장소를 수식할 때는 where, 시간을 수식할 때는 when, 이유를 수식할 때는 why, 방법을 수식할 때는 how처럼 관계부사를 사용할까요? 관계부사는 관계대명사에서 한 단계 더 진화한 표현 방식입니다. 아래 표를 무작정 암기하는 것은 암기지옥에 빠지는 것이죠. 관계대명사에서 관계부사로 진화한 영어의 역사를 알면 아래 표를 암기할 필요가 없습니다. 관계부사를 하나씩 자세하게 설명하겠습니다. 읽으면서 정리하세요.

■ 관계부사의 종류 ■

	선행사	관계부사	전치사+관계대명사
장소	the place, the city, the house...	where	at, in, on+which
시간	the time, the year, the day...	when	at, in, on+which
이유	the reason	why	for which
방법	(the way)	how	in which

# UNIT 132 관계부사 where

관계부사 where가 출현하기 이전에는 관계대명사 that을 사용했습니다. 중세영어 시기 which가 등장한 후 아래와 같은 변천 과정을 거쳐 관계부사 where가 출현하게 됩니다.

a. I don't know **the place that he lives in**.
b. I don't know **the place which he lives in**.
c. I don't know **the place in which he lives**. 문어체
d. I don't know **the place in that he lives**. (X)
e. I don't know **the place where he lives**.
f. I don't know **where he lives**.
g. I don't know **the place he lives**.
　나는 그가 살고 있는 곳을 몰라.

- 관계대명사 that을 사용한 a문장은 which가 출현하기 이전부터 영국인들이 전통적으로 사용하던 일반적인 표현 방식입니다.
- b문장의 관계대명사 which는 중세영어 시기에 나타나 that과 같은 기능으로 사용하기 시작했습니다. He lives in the house에서 the house는 전치사 in의 목적어입니다. live(vi.살다)+in(~에)로 live가 자동사이기 때문에 전치사 in이 필요하지요. **a와 b문장처럼 관계대명사를 사용하면 문장 끝에 전치사가 남아 있습니다.** a~b문장은 현대영어에서도 흔히 사용하는 표현이고 a~b문장의 that과 which는 목적격 관계대명사이기 때문에 보통 생략하고 표현합니다.
- c문장의 in which는 전치사를 끝에 홀로 남겨 두는 것은 비문법적이기 때문에 전치사를 관계대명사 앞으로 옮겨야 한다고 문법학자들이 주장하면서 전치사를 관계대명사 앞으로 이동시킨 것입니다. '전치사+명사'는 하나의 의미 단위이기 때문에 전치사만 홀로 남겨 두면 비문법적이라는 논리는 설득력이 있습니다. 전치사를 명사에 붙여 사용하지 않는 것은 '~와, ~에, ~로, ~에게..' 등과 같은 우리말 조사를 명사에 붙여 사용하지 않고 단독으로 사용하는 것과 같습니다. 문법학자들은 a~b문장 형태를 비문법적이라고 주장했지만 일반인들은 a~b문장 형태를 계속 사용했습니다. 구어는 문법을 따르지 않고 편한 대로 말하는 특성이 있지요. c문장은 글에서 사용하는 문어체 표현입니다.

- d문장의 in that처럼 관계대명사 that앞으로는 전치사를 이동시키지 않습니다. 전통적으로 사용하던 관계대명사 that에는 문장 끝의 전치사를 관계대명사 앞으로 이동시키는 새로운 문법 규칙을 적용시키지 않았습니다.
- e문장의 where는 '전치사+관계대명사'인 c문장의 in which를 where로 축약함으로써 관계부사 where가 탄생하게 된 것입니다. 'in which=in the place'로 in which가 장소를 나타내는 부사어이기 때문에 장소를 나타내는 부사 where로 축약한 것이죠. **where는 '어디, 어디로, 어디에'란 의문사인데 where에 장소를 수식해 주는 관계사 'ㄴ'기능이 추가된 것입니다.** in which가 where로 축약된 것은 적은 단어수로 정확한 의사 표현을 하면 그것이 가장 경제적이고 아름다운 언어라는 사고가 반영된 것입니다. 위와 같은 변천 과정에 의해 '전치사+관계대명사'가 관계부사로 축약된 것임을 알면 관계부사는 '전치사+관계대명사'로 바꾸어 쓸 수 있다는 공식으로 암기할 필요가 없지요. 관계부사는 관계대명사에서 한 단계 더 진화한 표현 방식입니다.
- f문장은 the place where에서 선행사 the place를 생략한 것입니다. the place도 장소, where도 장소로 같은 의미의 단어가 중복되기 때문에 선행사 the place를 생략한 것입니다. 선행사 the place가 생략된 **where** he lives는 '그가 살고 있는 **곳**, 그가 살고 있는 **장소**'로 where he lives는 명사절이 됩니다.
- g문장은 the place where에서 같은 의미의 단어가 중복되기 때문에 관계부사 where를 생략한 것입니다. g문장은 회화에서는 사용하지만 규범문법(=학교문법)에서는 틀린 표현으로 봅니다. 그래서 관계부사 where는 생략하지 않습니다. 관계부사 where를 왜 생략해서는 안 되는지 UNIT 137에서 자세히 설명합니다.

a. This is the place **that** we sat **on**. 여기는 우리가 앉았던 곳이야.
b. This is the bank **that** I am working **at**. 여기는 내가 근무하고 있는 은행이야.
c. This is the city **that** he was born **in**. 여기는 그가 태어난 도시야.
d. This is the cafe **that** she wants to go **to**. 여기는 그녀가 가고 싶어 하는 카페야.

이제 위의 a~d문장을 앞에서 배운 변천 과정대로 연습해 보세요. a문장의 the place that we sat on은 We sat <u>on the place</u>, b문장의 the bank that I am working at은 I am working <u>at the bank</u>, c문장의 the city that he was born in은 He was born <u>in the city</u>, d문장의 the cafe that she wants to go to는 She wants to go <u>to the cafe</u>를 관계사절로 만든 것입니다. a~d문장에서 왜 문장 끝에 전치사가 남아 있는지 알아야 합니다. 장소를 나타내는 전치사는 in, at, on이 있습니다. 어떤 장소를 듣고 앞뒤 좌우의 분명한 경계(=울타리)를 알 수 있으면 in, 그렇지 않으면 at입니다. 그리고 접촉 개념을 갖고 있는 장소는 on입니다. **관계부사 where 학습을 위해서는 장소에 사용하는 in, at, on을 명확하게 구분할 수 있어야 합니다.** 관계부사는 in which, at which, on which로 바꾸어 사용할 수 있다고 무작정 암기해서는 안 됩니다. 장소에 사용하는 전치사 in, at, on의 구분은 『전치사 쇼크』 p101, p197, p277에 자세하게 설명해 놓았습니다.

a. The only place **where** we can sit is a broken chair.
   우리가 앉을 수 있는 유일한 곳은 부서진 의자야.

b. That's the restaurant **where** I don't want to go.
   저기는 내가 가고 싶지 않은 식당이야.

c. The hotel **where** we stayed was not far from the airport.
   우리가 머물렀던 호텔은 공항에서 멀지 않았어.

d. This is the road **where** the accident happened.
   이곳이 사고가 발생했던 그 도로야.

수식 받는 명사(=선행사)가 a문장은 the place, b문장은 the restaurant, c문장은 the hotel, d문장은 the road로 모두 장소이기 때문에 관계부사 where를 사용했습니다. a문장의 where는 on which, b문장의 where는 to which, c문장의 where는 at which, d문장의 where는 on which로 바꿀 수 있습니다. a문장은 We can sit **on the place**, b문장은 I don't want to go **to the restaurant**, c문장은 We stayed **at the hotel**, d문장은 The accident happened **on the road**입니다. 원래 문장을 만들어 보면 어떤 전치사가 필요한지 바로 알 수 있지요.

관계부사는 뒤에 남아 있던 전치사를 관계대명사 앞으로 이동시킨 후 '전치사+관계대명사'가 관계부사로 축약된 것입니다. 뒤에 남아 있던 전치사가 관계대명사 앞으로 이동했기 때문에 관계부사 뒤에 전치사가 없는 것은 당연하지요.

UNIT 133 관계부사 when

관계부사 when은 the time, the day, the year, the month, the night, the moment 등과 같이 선행사가 시간인 경우에 사용합니다. 관계부사 when의 발생 과정은 관계부사 where와 똑같습니다. 읽으면서 이해하고 정리하세요.

a. I remember **the time that** I met the girl **at**. (X)
b. I remember **the time which** I met the girl **at**. (X)
c. I remember **the time at which** I met the girl. 문어체
d. I remember **the time at that** I met the girl. (X)
e. I remember **the time when** I met the girl.
f. I remember **when** I met the girl.
g. I remember **the time** I met the girl.
    나는 그 여자를 만난 그 때를 기억하고 있어.

- a문장의 **the time that** I met the girl **at**은 I met the girl **at the time**이라는 문장에서 the time를 수식하는 관계사절을 만든 것입니다.
- b문장은 that 대신에 which를 사용한 것입니다. 그러나 a~b문장은 옛날 영어로 현대영어에는 거의 사용하지 않습니다. a와 b문장의 문장 끝을 보면 전치사 at이 남아 있습니다. live in, stay at은 '자동사+전치사'로 하나의 숙어처럼 익숙하지요. 전치사 in과 at는 앞에 있는 동사와 자연스럽게 결합되어 있기 때문에 전치사를 문장 끝에 남겨 두어도 어색하지 않습니다. 그러나 a~b문장에서 문장 끝에 남아 있는 at은 앞에 있는 명사 the girl에 연결되어 있는 것이 아니라 뒤에 있는 명사 the time에 연결되어 있습니다. at the time에서 the time이 수식 받는 선행사가 되어 앞으로 이동하면 전치사 at만 덩그러니 남아 어색할 수밖에 없지요. 그래서 전치사를 문장 끝에 홀로 남겨 두면 어색하기 때문에 전치사를 관계대명사 앞으로 이동시켜 c문장처럼 '전치사+관계대명사'로 사용하게 된 것입니다. c문장은 문어체 표현입니다.
- e문장은 c문장의 at which가 관계부사 when으로 축약된 것입니다. at **which**는 at **the time**으로 at which가 시간을 나타내는 부사어이기 때문에 시간을 나타내는 부사 when으로 축약된 것입니다. when은 '언제, ~때'란 뜻의 의문사인데 when에 명사를 수식해 주는 관계사 'ㄴ'기능이 추가된 것입니다.

- f문장은 the time when에서 선행사 the time을 생략한 것입니다. the time과 when은 동의어로 단어의 의미가 중복되기 때문에 하나를 생략해도 되는 것입니다. 선행사 the time을 생략한 **when** I met the girl은 '내가 그녀를 만난 **그 때**'로 **when** I met the girl은 명사절이 됩니다.
- g문장은 the time when에서 관계부사 when을 생략한 것입니다. the time when으로 오랜 기간 사용하면 the time 뒤에 when이 있다는 것은 누구나 다 알지요. 그래서 현대영어에서 관계부사 when은 흔히 생략하고 표현합니다.

a. Do you know **the day when** the ship sank?
  너는 그 배가 가라앉았던 그 날을 알고 있니?

b. We moved here **the year when** my mother died.
  우리는 엄마가 돌아가신 그 해에 여기로 이사 왔어.

c. I well remember **the moment when** I was insulted.
  나는 내가 모욕당했던 그 순간을 잘 기억하고 있어.

선행사를 보면 a문장은 the day, b문장은 the year, c문장은 the moment로 선행사가 모두 시간이기 때문에 시간을 수식하는 관계부사 when을 사용했습니다. a문장의 when은 on which, b문장의 when은 in which, c문장의 when은 at which로 바꿀 수 있습니다. a문장의 관계사절을 원래 문장으로 되돌려 보면 The ship sank **on the day**, b문장의 관계사절은 My mother died **in the year**, c문장의 관계사절은 I was insulted **at the moment**가 됩니다. 관계사절을 원래 문장으로 되돌려 보면 어떤 전치사가 필요한지 바로 알 수 있지요.

# UNIT 134 관계부사 why

관계부사 why가 수식하는 이유를 나타내는 선행사는 the reason 하나 밖에 없습니다.

a. I know **the reason that** he failed **for**. (X)
b. I know **the reason which** he failed **for**. (X)
c. I know **the reason for which** he failed. 문어체
d. I know **the reason for that** he failed. (X)
e. I know **the reason why** he failed.
f. I know **why** he failed.
g. I know **the reason** he failed.
　나는 그가 실패한 이유를 알고 있어.

- a~b문장은 관계대명사를 사용한 문장으로 현대영어에서는 거의 사용하지 않습니다. a~b문장과 e~g문장을 비교해 보면 e~g문장이 단어수도 적고 훨씬 간략한 문장임을 알 수 있지요. 영어는 적은 단어수로 정확한 의미를 전달하면 그것이 가장 경제적이고 아름다운 언어라고 생각하기 때문에 e~g문장을 사용합니다. 관계대명사에서 한 단계 더 진화한 관계부사가 있는데 관계대명사를 사용할 이유가 없지요. the reason that he failed for는 He failed **for the reason**을 관계사절로 만든 것입니다. **for** the reason은 '그 이유 **때문에**'로 for는 이유를 나타내는 전치사입니다.

- c문장은 뒤에 있는 전치사 for를 관계대명사 앞으로 이동시킨 표현입니다. for the reason은 '전치사+명사'로 숙어처럼 굳어진 표현이기 때문에 for를 홀로 남겨 두면 어색하기 때문에 관계대명사 앞으로 이동시키는 것이지요.

- e문장은 '전치사+관계대명사'인 for which가 관계부사 why로 축약된 것입니다. for **which**는 for **the reason**으로 이유를 나타내는 부사어이기 때문에 이유를 나타내는 부사 why로 축약된 것이지요. why는 '왜'라는 뜻의 의문사인데 why에 명사를 수식하는 관계사 'ㄴ'기능이 추가된 것입니다.

- f문장은 the reason why에서 선행사 the reason을 생략한 것입니다. the reason(이유)과 why(이유)는 같은 뜻이기 때문에 선행사 the reason을 생략해도 됩니다. the reason이 생략된 **why** he failed는 '그가 실패한 **이유**'가 되어 **why** he failed는 명사절이 됩니다.

- g문장은 the reason why에서 관계부사 why를 생략한 것입니다. f문장에서 선행사 the reason을 생략한 것과 같은 이치입니다. the reason도 이유, why도 이유를 나타내기 때문에 의미가 중복되지요. the reason뒤에 why가 있다는 것은 누구나 다 알고 있기 때문에 관계부사 why를 생략해도 됩니다.

  a. Tell me **the reason why** you made that decision.
     네가 그런 결정을 내린 이유를 나에게 말해 줘.
  b. **The reason why** he did it is obscure to me.
     그가 그것을 한 이유는 나에게는 불명확해.
  c. I can't understand **the reason why** he's gone.
     나는 그가 떠난 이유를 이해할 수 없어.

위 문장들은 선행사(=수식 받는 명사)가 이유이기 때문에 이유를 수식하는 관계부사 why를 사용한 것입니다. b문장은 He did it **for** the reason이 the reason **which** he did it **for**가 되고, for가 앞으로 이동하여 the reason **for which** he did it이 되고, 마지막으로 for which가 why로 축약된 것입니다. 이쯤이면 변천 과정이 식은 죽 먹기처럼 간단하지 않나요?

  a. **The reason for** the change is not clear.
     변화의 이유는 명확하지 않아.
  b. I am ignorant of **the reason for** their quarrel.
     나는 그들이 싸우는 이유를 몰라.
  c. No matter what **the reason for** crying, now stop it.
     우는 이유가 무엇이든지 간에 이제 그쳐.

the reason은 관계부사 why를 사용하여 'the reason why+주어+동사'로 사용하지만 a~c문장처럼 'the reason for+(동)명사'로도 자주 사용합니다. for는 전치사이기 때문에 뒤에 (동)명사가 와야 하지요. The reason **for** the change는 '변화**의** 이유', 'the reason **for** their quarrel'은 '싸움**의** 이유'로 우리말 어감으로 인해 of를 사용하기 쉽습니다. 그러나 수식 받는 명사가 '이유'이기 때문에 이유의 전치사 for를 사용합니다.

UNIT 135 관계부사 how

관계부사 how의 선행사는 the way하나입니다. 그러나 **the way how로 붙여 사용하지 않고 the way만 쓰거나 how만 사용합니다.**

a. Tell me **the way that** he solved the problem **in**. (X)
b. Tell me **the way which** he solved the problem **in**. (X)
c. Tell me **the way in which** he solved the problem. 문어체
d. Tell me **the way in that** he solved the problem. (X)
e. Tell me **the way how** he solved the problem. (X)
f. Tell me **how** he solved the problem.
g. Tell me **the way** he solved the problem.
　　그가 그 문제를 해결한 방법을 나에게 말해 줘.

- a문장의 **the way that** he solved the problem **in**은 He solved the problem **in the way**를 관계사절로 만든 것입니다. in the way는 '그런 방식으로'로 방식을 나타낼 땐 전치사 in을 사용합니다. 방법의 in에 대해서는 『전치사 쇼크』 p211 설명을 읽어 보세요. a~b문장은 옛날 영어로 현대영어에서는 사용하지 않습니다.
- c문장은 문장 끝에 있는 전치사 in을 관계대명사 앞으로 이동시킨 것으로 문어체 표현입니다. in the way는 하나의 의미 단위이기 때문에 전치사 in만 뒤에 남아 있으면 in이 어떤 의미인지 알 수 없지요. 그래서 in이 the way와 함께 앞으로 이동하는 것입니다.
- e문장은 '전치사+관계대명사'인 in which를 관계부사 how로 축약한 것입니다. 그러나 **the way how처럼 the way와 how는 붙여 사용하지 않습니다.**
- f문장은 the way how는 붙여 사용하지 않기 때문에 how만 사용한 것입니다. **how** he solved the problem는 '그가 그 문제를 해결한 **방법**'으로 how~는 명사절이 됩니다.
- g문장은 the way how는 붙여 사용하지 않기 때문에 선행사 the way만 사용한 것입니다. 현대영어는 f와 g문장을 사용합니다. f와 g문장은 다른 문장들보다 단어수도 적고 짧은 문장이라 훨씬 더 경제적인 표현이지요.

UNIT 136   관계대명사와 관계부사

'관계대명사 뒤에는 불완전한 문장이 오고 관계부사 뒤에는 완전한 문장이 온다'와 같은 공식을 무작정 암기해서는 안 됩니다.

   a. **The girl** stands at the door. 그녀는 문에 서 있어. 주어
   b. He used to be **a lazy man**. 그는 게으른 사람이었어. 보어
   c. She waited for **the man**. 그녀는 그 남자를 기다렸어. 목적어
   d. I live in **the house**. 나는 그 집에 살아. 전치사의 목적어
   e. We stayed at **the hotel**. 우리는 그 호텔에서 머물렀어. 전치사의 목적어

a문장의 the girl은 주어, b문장의 a lazy man은 보어, c문장의 the man은 목적어입니다. 그럼 d문장의 the house, e문장의 the hotel은 무엇일까요? 전치사의 목적어입니다. c문장을 보세요. wait는 'vi.기다리다'라는 자동사이기 때문에 전치사 for를 붙여서 wait **for**(~을 기다리다)로 사용합니다. 자동사는 목적어를 취할 수 없기 때문에 '자동사+전치사' 형태로 타동사로 만들어야 합니다. d문장의 live, e문장의 stay는 자동사이기 때문에 뒤에 전치사가 필요한 것이지요. 이제 전치사의 목적어란 문법 용어를 이해하셨나요? a~e문장에서 밑줄 친 단어들을 생략하면 말이 될까요? 주어, 목적어, 보어를 생략하고 말하면 말의 핵심 내용을 전달할 수 없습니다. 그래서 주어, 목적어, 보어를 문장의 핵심 구성 요소라고 하는 것이지요. a~e문장을 관계사절로 만들면 아래와 같습니다.

   a. **The girl that** stands at the door 문에 서 있는 그 여자
   b. **The lazy man that** he used to be 게을렀던 그 사람
   c. **The man that** she waited for 그녀가 기다렸던 그 남자
   d. **The house that** I live in 내가 살고 있는 그 집
   e. **The hotel that** we stayed at 우리가 머물렀던 그 호텔

a~e문장에서 우리는 많은 것을 알 수 있습니다. 첫째, 영어는 수식 받는 명사가 앞으로 가기 때문에 선행사 방식이고 우리말은 수식 받는 명사가 뒤로 가기 때문에 후행사 방식이다. 둘째, 명사를 수식하기 위해 영어는 that이 필요하고 우리말은 'ㄴ'이 필요하다. 셋째, 관계대명사 that 뒤에는 불완

전한 문장이 올 수밖에 없다. a~e를 보세요. 문장의 필수 성분인 주어, 목적어, 보어를 수식하기 위해 관계대명사 that 앞으로 이동시키면 관계대명사 that 뒤에는 문장의 필수 성분인 주어, 목적어, 보어가 빠진 불완전한 문장이 될 수밖에 없습니다. a는 주어인 the girl을 관계대명사 that 앞으로 이동시켰기 때문에 관계대명사 that 뒤에는 주어 the girl이 빠진 불완전한 문장이 되고, b문장은 보어 a lazy man을 관계대명사 that 앞으로 이동시켰기 때문에 관계대명사 that 뒤에는 보어 a lazy man이 빠진 불완전한 문장이 됩니다. c문장은 타동사의 목적어를, d~e문장은 전치사의 목적어를 관계대명사 that 앞으로 이동시켰기 때문에 관계대명사 that 뒤에는 목적어가 빠진 불완전한 문장이 됩니다. 이제 관계부사로 넘어갑니다.

d. The house **which** I live **in** 내가 살고 있는 그 집
e. The hotel **which** we stayed **at** 우리가 머물렀던 그 호텔

d-1. The house **in which** I live 내가 살고 있는 집
e-1. The hotel **at which** we stayed 우리가 머물렀던 호텔

d-2. The house **where** I live 내가 살고 있는 그 집
e-2. The hotel **where** we stayed 우리가 머물렀던 그 호텔

d와 e처럼 관계대명사를 사용하면 뒤에 전치사가 남아 있습니다. 전치사 in, at을 관계대명사 앞으로 이동시키면 d-1과 e-1이 됩니다. 선행사가 장소이기 때문에 in which, at which를 관계부사 where로 축약시키면 d-2와 e-2가 되지요. d-2와 e-2를 보면 뒤에 있던 전치사가 관계대명사 앞으로 이동하여 관계부사 속으로 들어가 버렸기 때문에 관계부사 뒤에는 전치사가 없습니다.

관계대명사를 사용한 d와 e는 뒤에 전치사가 남아 있기 때문에 전치사의 목적어가 있어야 합니다. 전치사는 남아 있는데 전치사의 목적어가 없기 때문에 관계대명사 뒤에는 목적어가 빠진 불완전한 문장이 되는 것이지요. 관계부사를 사용한 d-2와 e-2를 보면 뒤에 전치사가 없기 때문에 전치사의 목적어가 필요 없는 완전한 문장이 되는 것입니다. 이제 왜 관계대명사 뒤에는 불완전한 문장이 오고 관계부사 뒤에는 완전한 문장이 오는지 확실하게 이해하셨나요?

UNIT 137 관계부사의 생략

'관계부사의 선행사는 생략할 수 있다. 선행사가 있는 경우 관계부사를 생략할 수 있다'와 같은 정의는 잘못된 것입니다. 또 '**일반적으로** 관계부사 where는 생략하지 않는다. **일반적으로** 관계부사 where와 why는 생략하지 않는다'와 같은 설명도 바람직하지 않습니다. 관계부사의 생략에 관한 제각각의 설명들은 영어 학습자들을 혼란스럽게 만들고 있습니다. 그래서 관계부사의 생략에 관하여 자세하게 설명하고자 합니다.

 관계부사는 생략해도 됩니다. 관계부사를 생략해도 되는 것은 목적격 관계대명사의 생략과 같은 이치입니다. **그러나 관계부사 where는 생략하지 않습니다.**

a. He is no longer **the lazy man (that) he used to be**.
그는 더 이상 예전에 게을렀었던 그 사람이 아니야.

b. **The people (that) I met in China** were very friendly.
내가 중국에서 만났던 사람들은 매우 친절했어.

c. I remember **the day (when) my son was born**.
나는 아들이 태어났던 그 날을 기억해.

d. I can't understand **the reason (why)** he's gone.
나는 그가 떠난 이유를 이해할 수 없어.

e. Tell me **the way (how)** he solved the problem. (how는 반드시 생략)
그가 그 문제를 해결한 방법을 나에게 말해 줘.

a문장의 that은 보어를 수식하는 보어격 관계대명사, b문장의 that은 목적어를 수식하는 목적격 관계대명사로 생략해도 됩니다. 앞에서 학습한 바와 같이 '선행사+that(ㄴ)+주어+동사' 구조에서 관계대명사는 생략해도 상관없습니다. 그 자리에 관계대명사가 있다는 것을 누구나 다 알고 있기 때문에 생략해도 상관없는 것이지요. 모든 언어에서 말해 주지 않아도 서로가 이미 알고 있는 단어는 생략하고 표현합니다. 그것을 언어의 간소화 현상이라고 합니다.

c문장의 관계부사 when역시 마찬가지입니다. the day when my son was born은 '선행사+when(ㄴ)+주어+동사' 구조로 a~b문장의 '선행사+that(ㄴ)+주어+동사'와 똑같은 구조이기 때문에 **관계부사는 생략해도 상관없습니다. 그러나 관계부사 where는 생략해서는 안 됩니다.**

관계부사 when, why, how와는 달리 왜 관계부사 where는 생략하면 안 될까요?

a. This is the house **which** I live **in**. 이곳은 내가 살고 있는 집이야.
b. This is the house **where** I live.
c. This is the house I live **in**. (O) 관계대명사 which(=that) 생략
d. This is the house I live. (X) 관계부사 where 생략

a문장의 which(=that)는 목적격 관계대명사를 사용한 문장이고 b문장은 전치사 in을 관계대명사 which앞으로 이동시켜 in which를 관계부사 where로 축약한 문장입니다. a문장에서 목적격 관계대명사 which를 생략하면 c문장이 되고 b문장에서 관계부사 where를 생략하면 d문장이 됩니다. a~d문장은 모두 같은 문장으로 b~d문장은 a문장을 간략화시킨 표현입니다. c와 d문장을 보세요. c문장에는 전치사 in이 있고 d문장에는 전치사 in이 없습니다. 목적격 관계대명사를 생략한 c문장과 관계부사를 생략한 d문장이 같은 문장이라면 전치사 in은 있든 없든 상관없다는 비문법적인 결론에 도달하게 됩니다. **관계부사 where를 생략하면 목적격 관계대명사 which(=that)를 생략한 문장과 달라지기 때문에 생략해서는 안 되는 것입니다.** d문장은 문법적으로 틀린 표현입니다.

a. **The hotel we stayed** was very expensive. (X)
우리가 머물렀던 호텔은 매우 비쌌어.
b. This is **the house I live**. (X)
이곳은 내가 살고 있는 집이야.

a문장은 The hotel we stayed **at** was~ 또는 The hotel **where** we stayed was~으로, b문장은 This is the house I live **in** 또는 This is the house **where** I live로 사용해야 올바른 표현입니다. a와 b문장처럼 **관계부사 where를 생략한 표현은 문법적으로 틀린 표현이지만 회화에서는 흔히 사용하고 있습니다.** 일상 대화는 문법을 잘 지키지 않는 경향이 있지요. 이쯤이면 눈치 빠른 영어 학습자는 의문이 생길 것입니다. 관계부사 when, why, how도 목적격 관계대명사를 생략하고 관계부사를 생략하면 관계부사 where와 똑같은 현상이 발생하는데 왜 관계부사 where만 생략해서는 안 되는 것일까요?

a. I remember **the day which** my son was born **on**. (X)
b. I remember **the day when** my son was born. (O)
　　나는 아들이 태어났던 그 날을 기억하고 있어.
c. This is **the reason which** he went there **for**. (X)
d. This is **the reason why** he went there. (O)
　　이것이 그가 거기에 갔던 이유야.
e. I know **the way which** he saved money **in**. (X)
f. I know **the way** (**how**) he saved money. (O)
　　나는 그가 돈을 모았던 방법을 알고 있어.
g. This is **the house which** I live **in**. (O)
h. This is **the house where** I live. (O)
　　여기는 내가 살고 있는 집이야.

a~b문장은 선행사가 시간, c~d문장은 선행사가 이유, e~f문장은 선행사가 방법, g~h문장은 선행사가 장소입니다. 현대영어는 선행사가 시간, 이유, 방법인 경우에 a, c, e문장처럼 관계대명사 which(=that)을 사용하지 않습니다. 즉 선행사가 시간, 이유, 방법인 경우에는 the day when, the reason why, the way (how)처럼 사용하고 the day which, the reason which, the way which로 사용하지 않는다는 것이지요. **현대영어는 선행사가 시간, 이유, 방법인 경우에 관계대명사를 사용하지 않고 관계부사를 사용합니다.** 그것은 관계대명사에서 한 단계 더 진화한 관계부사가 있는데 관계대명사를 사용할 이유가 없기 때문입니다. '전치사+관계대명사'를 관계부사로 축약하여 사용하면 단어수도 더 적고 문장이 더 간결해지기 때문에 더 경제적이고 아름다운 표현이 됩니다. 관계대명사를 사용한 a, c, e문장은 옛날 영어로 현대영어에서는 거의 사용하지 않습니다. 그러나 g문장처럼 **선행사가 장소인 경우에는 관계대명사 which(=that)를 사용하고 있습니다.** 선행사가 시간, 이유, 방법인 경우에는 관계부사를 사용하는데 왜 선행사가 장소인 경우에는 관계부사와 관계대명사를 모두 사용할까요?

a. My son was born **on the day**. (My son was born+**on the day**)
b. He went there **for the reason**. (He went there+**for the reason**)
c. He saved money **in the way**. (He saved money+**in the way**)
d. I **live in** the house. (I **live in**+the house, I live+**in the house**)

a~c문장의 **on** the day(그날**에**), **for** the reason(그 이유 **때문에**), **in** the way(그 방식**으로**)처럼 시간, 이유, 방법은 '전치사+명사' 구조입니다. a문장은 My son was born+**on the day**의 결합으로 on the day의 전치사 on은 뒤에 있는 명사 the day에 붙어 있는 것으로 앞에 있는 born과는 상관이 없습니다. b문장은 He went there+**for the reason**의 결합으로 전치사 for는 뒤에 있는 명사 the reason에 붙어 있는 것으로 앞에 있는 there와는 상관이 없지요. c문장은 He saved money+**in the way**의 결합으로 전치사 in은 뒤에 있는 명사 the way에 붙어 있는 것으로 앞에 있는 money와는 상관이 없습니다. 그래서 The way **that** he saved money **in**처럼 전치사 in을 문장 끝에 남겨 두면 in의 의미가 모호하기 때문에 어색함을 느끼게 됩니다. 이와 같이 선행사가 시간, 이유, 방법인 경우에 뒤에 전치사가 뒤에 홀로 남아 있으면 전치사의 의미가 모호하기 때문에 전치사를 본능적으로 관계대명사 앞으로 이동시키게 되는 것입니다.

그러나 d문장 I live in the house는 I **live in**+the house의 결합도 되고 I live+**in the house**의 결합도 됩니다. live in은 live(자동사)+in(전치사)의 결합으로 live in은 숙어처럼 굳어진 타동사입니다. 그래서 The house **that** I live **in**처럼 사용해도 live in이 숙어처럼 굳어져 있어 전치사 in을 뒤에 남겨 두어도 어색함을 느끼지 않지요. The house **that** I live **in**처럼 전치사를 끝에 남겨 두면 어색하게 느껴지나요? 그럼 전치사 in을 앞으로 이동시켜 in which를 where로 축약시켜 The house **where** I live로 사용하면 됩니다. 선행사가 시간, 이유, 방법인 경우와 달리 **선행사가 장소인 경우에는 관계대명사를 사용해도 좋고 관계부사를 사용해도 좋은 구조를 갖고 있습니다.** 아래 문장들을 비교해 보세요.

a. I **live in** the house. ⇨ The house that I **lived in**
b. I **stayed at** the hotel. ⇨ The hotel that I **stayed at**
c. I **went to** the park. ⇨ The park that I **went to**

d. I saved money **on the year**. ⇨ The year that I **saved money on** (X)
e. I saved money **for the reason**. ⇨ The reason that I **saved money for** (X)
f. I saved money **in the way**. ⇨ The way that I **saved money in** (X)

a문장의 live in, b문장의 stay at, c문장의 go to는 하나의 의미 단위입니다. '자동사+전치사=타동사'로 전치사는 앞에 있는 자동사와 결합되어 있습니다. I look up to the man에서 the man을 수식하는 관계사절을 만들면 the man that I look up to가 되는데 전치사 to가 끝에 남아 있어도 전혀 어색하지 않지요. 그것은 look up to 전체가 'vt.~를 존경하다(respect)'는 타동사이기 때

문입니다. the house that I live in처럼 in을 뒤에 남겨 두어도 전혀 어색하지 않는 것도 live in 이 하나의 의미 단위이기 때문이지요. a~c문장을 관계사절로 만들었을 때 문장 끝에 남아 있는 전치사 in, at, to는 뒤에 남겨 두어도 자연스럽고 앞으로 이동시켜도 상관없습니다. 그러나 d~f문장의 전치사 on, for, in은 앞에 있는 명사 money와 연결되어 있지 않기 때문에 뒤에 홀로 남아 있으면 어색합니다. 그래서 원어민은 본능적으로 전치사를 관계대명사 앞으로 이동시켜 관계부사를 사용하게 되는 것이죠.

 언어는 계속 진화합니다. 선행사가 장소, 시간, 이유, 방법인 경우에 선행사를 관계부사로 수식하는 것이 더 경제적이고 아름다운 표현입니다. 문장 끝에 홀로 남아 있는 전치사는 단독으로 명확한 뜻을 전달할 수 없지요. 홀로 남아 있는 전치사를 관계대명사 앞으로 이동시켜 '전치사+관계대명사'를 관계부사로 축약시키면 전치사가 관계부사 속으로 들어가 버리기 때문에 단어수가 줄어들고 문장이 더 간결해 집니다. **선행사가 시간, 이유, 방법인 경우에는 관계대명사를 사용하지 않고 관계부사로 수식하는 것이 당연하다는 인식을 갖고 있는데 선행사가 장소인 경우에는 관계대명사와 관계부사 모두 사용하는 단계에 있습니다.** 선행사가 장소인 경우에는 관계대명사와 관계부사를 모두 사용하고 목적격 관계대명사를 생략한 표현을 사용하기 때문에 관계부사 where를 생략해서는 안 되는 것입니다. This is the house I live가 틀린 표현이 되는 이유는 원어민은 장소를 나타내는 선행사 뒤에는 관계부사가 아닌 관계대명사가 생략된 것으로 생각하기 때문에 생략된 관계대명사 that(=which)을 채워 넣으면 This is the house **that** I live **in**처럼 전치사 in이 있어야 함을 바로 알 수 있습니다. 완벽하게 이해하셨나요?

 다음 장에서 '관계부사 when, why, how 대신에 접속사 that을 사용해도 된다. 그러나 관계부사 where 대신에 접속사 that을 사용해서는 안 된다'고 학습하게 됩니다. 이것은 관계부사 where를 생략해서는 안 되는 이유와 같습니다. 그래서 왜 관계부사 where를 생략하면 안 되는지 명확하게 알고 있어야 합니다. '관계부사 where는 생략해서는 안 된다, 관계부사 where 대신에 접속사 that을 사용해서는 안 된다'라고 공식으로 암기하고 넘어가도 됩니다. 그러나 영어를 가르치는 분이나 영어를 영어답게 학습하고자 하는 분은 그 이유를 알고 있어야 합니다.

2 선행사는 아무렇게나 생략해도 되는 것이 아닙니다. 선행사가 the place, the time, the reason, the way인 경우에만 생략할 수 있습니다. 관계부사 where, when, why, how는 명사를 수식하는 'ㄴ'기능이 있지만 본래의 뜻은 의문사입니다. where는 'ad.어디에, 어디로, 어디에서, **n.장소**', when은 'ad.언제, **n.때**', why는 'ad.왜, **n.이유**', how는 'ad.어떻게, **n.방법**'입니다.

a. This is (**the place**) **where** I was born. 이곳은 내가 태어난 곳이야.
b. I remember (**the time**) **when** she left. 나는 그녀가 떠났던 때를 기억해.
c. He knows (**the reason**) **why** you got fired. 그는 네가 해고당한 이유를 알고 있어.
d. Tell me (**the way**) **how** you made money. 네가 돈을 번 방법을 말해줘.

a문장의 the place where는 the place(장소)+where(장소)로 같은 의미의 단어가 중복됩니다. the place where로 사용하면 where는 선행사를 수식하는 관계부사 'ㄴ'기능을 하지만 the place를 생략하면 where는 'n.장소'라는 본래의 뜻을 가집니다. **where** I was born은 '내가 태어난 **장소**'가 됩니다. 이와 같이 the time(때)+when(때), the reason(이유)+why(이유), the way(방법)+how(방법)처럼 같은 의미의 단어가 중복되기 때문에 선행사인 the time, the reason, the way를 생략해도 되는 것입니다. 영어는 적은 단어로 정확한 의사 표현을 하면 가장 경제적이고 아름다운 표현이라고 생각하는 언어라고 항상 강조하고 있지요.

a. I remember **the restaurant** where we often went.
　나는 우리가 자주 갔던 식당을 기억하고 있어.
b. I remember **where** we often went.
　나는 우리가 자주 갔던 장소를 기억하고 있어.

b문장은 a문장의 선행사 the restaurant를 생략한 표현입니다. a문장과 b문장의 우리말 해석을 비교해 보세요. a문장과 b문장이 같은 뜻일까요? a문장을 들으면 우리가 자주 갔던 곳이 식당이라는 것을 바로 알 수 있습니다. 그러나 b문장을 들으면 자주 갔던 장소가 식당인지 공원인지 영화관인지 알 수 없기 때문에 '자주 갔던 장소가 어디야?'라고 다시 물어봐야 합니다. a문장과 b문장은 같은 뜻이 아닙니다. 다시 물어봐야 알 수 있는 대화, 한 마디로 충분한 말을 두 마디로 하는 대화는 비효율이고 비경제적인 대화지요.

a. I remember **the park** where I broke up with her.
   나는 그녀와 헤어졌던 그 공원을 기억하고 있어.

b. I remember **where** I broke up with her.
   나는 그녀와 헤어졌던 그 장소를 기억하고 있어.

c. I remember **the town** where I worked.
   나는 내가 일을 했던 그 도시를 기억하고 있어.

d. I remember **where** I worked.
   나는 내가 일을 했던 그 장소를 기억하고 있어.

e. I remember **the year** when my son was born.
   나는 나의 아들이 태어난 그 해를 기억하고 있어.

f. I remember when my son was born.
   나는 나의 아들이 태어난 그 때를 기억하고 있어.

g. I remember **the month** when I got married.
   나는 내가 결혼한 그 달을 기억하고 있어.

h. I remember **when** I got married.
   나는 내가 결혼한 그 때를 기억하고 있어.

a와 b문장, c와 d문장을 비교해 보세요. 선행사를 생략하면 전달하려는 내용이 처음과 달라지지요. a문장을 들으면 내가 그녀와 헤어졌던 장소가 공원이라는 것을 바로 알 수 있지만 b문장을 들으면 내가 그녀와 헤어졌던 그 장소가 공원인지, 학교인지, 커피숍인지 알 수 없기 때문에 다시 물어봐야 구체적인 장소를 알 수 있습니다.

e와 f문장, g와 h문장을 비교해 보세요. e문장은 아들이 태어난 그 해 **1년 동안** 어떤 일들이 있었는지 기억한다는 것이고 f문장은 아들이 태어나던 **그 때**를 기억하고 있다는 것입니다. '그 해'와 '그 때'는 동의어가 아닙니다. '그 해'는 1년이란 긴 시간을 말하고 '그 때'는 '그 순간'으로 짧은 시간을 말하죠.

수식 받는 명사(=선행사)는 구체적인 정보를 알려 주는 단어이고 관계부사는 명사를 수식하는 'ㄴ'일 뿐입니다. 위에서 살펴본 바와 같이 구체적인 정보를 알려 주는 선행사를 생략하면 정확한 정보를 전달할 수 없고 처음 전달하고자 하는 내용과 달라지기 때문에 선행사를 생략해서는 안 되는 것입니다. **선행사가 관계부사와 의미가 똑같은** the place, the time, the reason, the way**인 경우에만 생략할 수 있습니다. '관계부사의 선행사는 생략할 수 있다'라는 설명을 해서는 안 됩니다.**

UNIT 138 관계부사 대용의 that

관계부사 when, why, how대신에 접속사 that을 사용할 수 있습니다.

관계부사 뒤에는 완전한 문장이 온다는 것을 UNIT 136에서 자세히 설명했습니다. 접속사 that 뒤에도 완전한 문장이 오기 때문에 관계부사와 접속사 that은 같은 기능을 합니다. 그래서 원어민은 관계부사 대신에 접속사 that을 사용합니다. **그러나 관계부사 where 대신에 접속사 that을 사용해서는 안 됩니다.**

a. This is the house **that** I live **in**. 이곳은 내가 살고 있는 집이야.
b. This is the house **where** I live.
c. This is the house **that** I live. (X)

a문장의 that(=which)은 목적격 관계대명사입니다. a와 b문장은 같은 문장입니다. b문장의 관계부사 where를 접속사 that으로 바꾸면 c문장이 됩니다. a~c는 모두 같은 문장으로 b~c문장은 a문장을 간략화시킨 표현입니다. 이제 a문장과 c문장을 비교해 보세요. 'a=c'인데 **관계부사 where를 접속사 that으로 바꾸면 live in의 전치사 in은 있든 없든 상관없다는 비문법적인 결론에 도달하게 됩니다. 그래서 관계부사 where 대신에 접속사 that을 사용하지 않는 것입니다.** 이것은 앞에서 배운 관계부사 where를 생략하지 않는 이유와 같습니다.

a. This is the day **when** my parents got married.
b. This is the day **that** my parents got married.
  오늘은 나의 부모님께서 결혼하신 날이야.

위의 a문장은 the day **which** my parents got married **on**에서 on이 관계대명사 앞으로 이동하여 on which가 축약되어 when이 된 것입니다. 관계부사 when 뒤의 문장은 주어, 보어, 목적어 중에서 빠진 것이 없는 완전한 문장이지요. 관계부사 when은 앞에 있는 선행사를 수식해 주는 'ㄴ' 기능을 합니다. a문장은 the day(그 날)+**when(ㄴ)**+my parents got married(부모님이 결혼했다)의 결합입니다. b문장은 the day(그 날)+**that(ㄴ)**+my parents got married(부모님이 결혼했다)의 결합입니다. that은 동격의 접속사 that으로 접속사 that은 앞에 있는 명사를 수식하고 that

뒤의 문장은 주어, 보어, 목적어 중에서 빠진 것이 없는 완전한 문장입니다. 관계부사와 동격의 접속사 that은 같은 기능을 하기 때문에 관계부사 대신에 접속사 that을 사용하는 것입니다. 이해가 되셨나요? 동격의 접속사에 대한 자세한 설명은 UNIT 181을 보세요.

요약하면, 관계부사 뒤에도 완전한 문장이 오고 접속사 that 뒤에도 완전한 문장이 옵니다. **관계부사는 앞에 있는 명사(=선행사)를 수식하는 기능을 하고 동격의 접속사 that 또한 앞에 있는 명사를 수식하는 동일한 기능을 합니다.** 관계부사와 접속사 that은 같은 기능을 하기 때문에 관계부사 대신에 접속사 that을 사용하는 것입니다. 아래 b문장처럼 the reason that은 사용해도 상관없지만 거의 사용하지 않습니다. 그것은 the reason why로 굳어져 있기 때문입니다. d문장의 the way that은 흔히 사용합니다. the way how처럼 the way와 how는 함께 사용하지 않기 때문에 관계부사 how 대신에 접속사 that을 넣어서 the way that으로 사용하는 것이지요.

a. This is **the reason why** he came here.
b. This is **the reason that** he came here.
　이것이 그가 여기에 온 이유야.

c. This is **the way** he passed the exam.
d. This is **the way that** he passed the exam.
　이것이 그가 시험에 합격한 방식이야.

UNIT 139 관계사의 계속적 용법

1 관계사는 제한적 용법과 계속적 용법이 있습니다.

관계사 앞에 콤마(,)가 없는 경우를 제한적 용법이라고 하고 콤마가 있는 경우를 비제한적 용법 또는 계속적 용법이라고 합니다.

a. He had two sons. They became pianists.
 그는 두 아들이 있었어. 두 아들은 피아니스트가 되었어.

b. He had two sons, **and they** became pianists.
 그는 두 아들이 있었고, 두 아들은 피아니스트가 되었어.

c. He had two sons, **who** became pianists.
 그는 두 아들이 있었고, 두 아들은 피아니스트가 되었어.

a문장 '그는 두 아들이 **있었어**+그들은 피아니스트가 **되었어**'처럼 두 문장으로 된 표현과 b문장 '그는 두 아들이 **있었고**, 그들은 피아니스트가 **되었어**'처럼 한 문장으로 된 표현 중에서 어느 문장으로 표현하고 싶은가요? 항상 a문장처럼 표현하면 뭔가 모자라는 사람처럼 보일 것입니다. b문장과 c문장은 같은 표현입니다. b문장은 전통적으로 사용하던 일반적인 표현 방식이고 c문장은 중세영어시기에 나타나 정착한 표현으로 '접속사+주어'인 and they를 관계대명사 who로 축약한 것입니다. b와 c문장을 비교해 보면 c문장이 단어수도 적고 더 간략한 문장이지요.

'**콤마(,)+접속사+주어**'에서 '**접속사+주어**'를 관계사로 축약하여 표현하는 방식을 관계사의 계속적 용법이라고 이름을 붙였습니다. He had two sons라고 말하고 더 이상 말을 추가하지 않으면 두 아들에 대한 추가 정보가 하나도 없어 궁금증을 유발하게 됩니다. 그래서 두 아들이 어떠한지 두 아들에 대한 궁금증을 해소해 줄 말을 **계속** 이어가야 하지요. 앞 문장 He had two sons는 핵심 정보이고 뒷 문장 They became pianists는 추가로 알려 주는 추가 정보입니다.

관계사의 계속적 용법은 프랑스어 문법의 영향을 받아서 지식인들이 사용하기 시작한 것입니다. **관계사의 계속적 용법은 이미 알고 있는 사람이나 사물에 대하여 추가적인 정보를 알려 주는 표현 방식입니다.** 프랑스어 문법에선 설명적 관계문(Relativo explicativo)이라고 하는데 핵심 정보를 먼저 말하고 추가 정보를 **설명**(explanation)해 준다는 것으로 문법 용어만 다를 뿐 같은 용법입니다.

a. He had two sons, **who** became pianists.
그는 두 아들이 있었고, 그들은 피아니스트가 되었어.

b. He had two sons, **who** died in the war.
그는 두 아들이 있었는데, 그들은 전쟁터에서 죽었어.

이제 반대로 a와 b문장의 관계대명사 who를 '접속사+주어'로 바꿔 보세요. a문장은 and they가 자연스럽죠. 그런데 b문장은 and they, but they 모두 자연스럽습니다. 어떤 사람은 and they가, 어떤 사람은 but they라고 할 것입니다. '접속사+주어'를 관계사로 축약하면 원래 어떤 접속사가 있었는지 생각해 봐야 합니다. 어떤 접속사가 생략되었는지 생각해 봐야 하는 표현은 상상력을 자극하는 문어체 표현이지요. '접속사+주어'를 관계사로 축약하는 관계사의 계속적 용법은 글에서 사용하는 문어체 표현으로 회화에서는 사용하지 않습니다.

a. I like him, **for he** is always kind to me.
 =I like him, **who** is always kind to me.
나는 그를 좋아하는데, 항상 나에게 친절하기 때문이지.

b. The girl, **though she** is rich, is unhappy.
 =The girl, **who** is rich, is unhappy.
그 여자 있지, 그녀는 부자인데, 행복하지 않아.

c. He got me a book, **and it** made me interested.
 =He got me a book, **which** made me interested.
그는 나에게 책을 사주었는데, 그것이 나를 흥미롭게 만들었어.

d. He died suddenly, **and this** surprised everyone.
 =He died suddenly, **which** surprised everyone.
그는 갑자기 죽었는데, 그것이 모두를 놀라게 했어.

a~b문장은 '접속사+주어'가 for he, though she처럼 사람이기 때문에 관계대명사 who로, c~d문장은 '접속사+주어'가 and it, and this처럼 사물이기 때문에 관계대명사 which로 축약했습니다. a문장의 '접속사+주어'인 for he를 관계대명사 who로 바꾸는 것은 간단합니다. 그러나 반대로 관계대명사 who를 '접속사+주어'로 바꾸려면 for he, and he, but he, though he 등 **여러 접속사 중에서 무엇이 적합한지 앞뒤의 문맥을 보고 가장 적합한 접속사를 찾아내야 합니다.**

a. I met Tom, **but** I hadn't seen **him** for ages.
　=I met Tom, **whom** I hadn't seen for ages.
　나는 톰을 만났는데, 그를 오랫동안 본적 없었어.

b. She gave him information, **but** he refused **it**.
　=She gave him information, **which** he refused.
　그녀는 그에게 정보를 제공했는데, 그는 그것을 거절했어.

위의 a와 b문장처럼 '접속사+주어'만 관계대명사로 축약할 수 있는 것이 아니라 '접속사+목적어'도 관계대명사로 축약합니다. a문장은 접속사 but과 목적어 him이 목적격 관계대명사 whom으로 축약된 것이고, b문장은 접속사 but과 목적어 it이 목적격 관계대명사 which로 축약된 것입니다. which는 주격과 목적격이 같지요. 아래 문장들은 '접속사+부사'를 관계부사로 축약한 것입니다.

a. I am going to Seoul, **and there** my friend lives.
　=I am going to Seoul, **where** my friend lives.
　나는 서울에 갈 예정인데, 거기에 내 친구가 살아.

b. He went downtown, **and** he met her by chance **there**.
　=He went downtown, **where** he met her by chance.
　그는 시내에 갔는데, 거기에서 그녀를 우연히 만났어.

c. I was about to leave, **and then** he arrived.
　=I was about to leave, **when** he arrived.
　내가 막 떠날려는 상황이었는데, 그때 그가 도착했어.

d. We began to have dinner, **and** the bell rang **then**.
　=We began to have dinner, **when** the bell rang.
　우리는 저녁을 먹기 시작했는데, 그때 벨이 울렸어.

'접속사+부사'인 and there는 관계부사 where로 축약하고, '접속사+부사'인 and then은 관계부사 when으로 축약합니다. 그러나 why와 how는 계속적 용법으로 사용하지 않습니다. 그것은 why와 how는 and there, and then과 같은 '접속사+부사' 형태가 없기 때문입니다.

2 관계대명사 that은 계속적 용법으로 사용하지 않습니다.

처음에는 that도 계속적 용법으로 사용했지만 현대영어에서 that은 계속적 용법으로 사용하지 않습니다. '접속사+주어'가 and that인 경우 and that을 that으로 바꾸면 축약인지 접속사의 생략인지 알 수 없고 문두에 that이 있으면 지시대명사인지 관계대명사인지 모호하기 때문에 관계대명사 that을 계속적 용법으로 사용하지 않는 것입니다. a와 b문장의 that은 모두 틀린 표현으로 that을 which로 바꾸어야 합니다.

a. He made a big mistake**, that** made me crazy. (X)
   그는 큰 실수를 했고, 그것이 나를 미치게 만들었다.

b. He got me a book**, that** interested me very much. (X)
   그는 나에게 책을 사주었는데, 그것이 나에게 흥미를 끌게 했다.

3 한정적 용법과 서술적 용법의 비교

a문장은 그는 여러 명의 아들이 있었는데 그 중에서 2명의 아들이 피아니스트가 되었다는 것이고, b문장은 그는 두 아들이 있었는데 그 두 아들이 모두 피아니스트가 되었다는 것으로, a와 b문장은 전혀 다른 뜻입니다. a와 b문장은 모두 who를 사용하고 있기 때문에 단순히 콤마(,)의 차이로 보일 것입니다. 콤마(,)가 무슨 마법을 부리는 것처럼 보이지요. 그러나 **관계대명사 who가 출현하기 이전으로 거슬러 올라가 보면** 쓰임이 전혀 다르다는 것을 알 수 있습니다. a문장의 who는 c문장처럼 관계대명사 that이었고, b문장의 who는 d문장처럼 and they이었습니다. 관계대명사 that(ㄴ)과 '접속사+주어'인 and they는 쓰임이 전혀 다른 것으로 비교할 필요조차 없습니다. 우리말 해석을 비교해 보세요. '~된'과 '~고, 두 아들은'은 전혀 쓰임이 다르지요.

a. He had two sons **who** became pianists.
   그는 피아니스트가 된 두 아들이 있었어.

b. He had two sons**, who** became pianists.
   그는 두 아들이 있었고, 그들은 피아니스트가 되었어.

c. He had two sons **that** became pianists. (who 출현 이전의 표현 방식)
   그는 피아니스트가 된 두 아들이 있었어.

d. He had two sons**, and they** became pianists. (, who 출현 이전의 표현 방식)
   그는 두 아들이 있었고, 두 아들은 피아니스트가 되었어.

UNIT 140 whoever, whichever, whatever... – 복합관계사

1 '복합관계사는 관계사에 –ever를 붙인 것으로 복합관계대명사와 복합관계부사가 있습니다. 복합관계사는 그 자체에 선행사를 포함하고 있으며 명사절 또는 부사절을 이끈다'고 설명합니다. 여러 번 읽고도 무슨 뜻인지 알 수 없는 복합관계사라는 문법 용어는 버려야 합니다. **복합관계사는 접미사 –ever의 뜻이 '~든지, ~라도'임을 알면 그것으로 끝입니다.** ever의 뜻은 '언제**든지**, 언제**라도**, 항상'입니다. who**ever**는 who(누구)+ever(~든지, ~라도)의 결합으로 '누구**든지**, 누구**라도**'입니다. 같은 방식으로 의미를 결합하면 which**ever**는 '어느 것이**든지**, 어느 것이**라도**', what**ever**는 '무엇이**든지**, 무엇이**라도**', when**ever**는 '언제**든지**, 언제**라도**', wher**ever**는 '어디**든지**, 어디**라도**'입니다. whyever라는 단어는 없으며 however는 뒤에서 다시 설명합니다. 이렇게 –ever가 갖고 있는 뜻을 단어와 결합하면 복합관계대명사, 복합관계부사라는 복잡한 문법 용어는 암기할 필요가 없지요.

a. **Whoever** breaks this law shall be punished.
   이 법을 어기는 (사람은) 누구든지 처벌받을 거야.

b. **Whoever** wants the book may take it.
   그 책을 원하는 (사람은) 누구든지 가져도 좋아.

c. **Whatever** you do, I will be right here waiting for you.
   네가 무엇을 하든지, 나는 바로 여기서 너를 기다릴 계획이야.

d. **Whatever** you wear, you will be beautiful.
   네가 무엇을 입든지, 너는 예쁠 거야.

e. You may buy it **whichever** you like.
   네가 좋아하는 어느 것이든지 그것을 사도 좋아.

f. **Whichever** they choose, we must accept their decision.
   그들이 어느 것을 선택하든지, 우리는 그들의 결정을 받아들여야 해.

g. **Whenever** I visited her, she was not at home.
   내가 그녀를 방문할 때마다, 그녀는 집에 없었어.

h. They quarrel **whenever** they meet.
   그들은 만날 때마다 싸워.

i. **Wherever** you are, I can feel you.
   네가 어디에 있든지, 나는 널 느낄 수 있어.

이제 however로 넘어갑니다. however는 뒤에 콤마(,)를 찍으면 아래 a문장과 같이 접속부사로 사용되어 '그러나'라는 뜻입니다. 뒤에 콤마 없이 형용사나 부사가 오는 however는 '아무리~하더라도'입니다. 왜 이런 뜻이 될까요? 앞에서 배운 whenever는 when(언제)+**ever(든지)**의 결합이었습니다. however의 결합 또한 마찬가지입니다. how는 'ad.어떻게(**방법**), 얼마만큼(**정도**)'입니다. however는 how(어떻게=어떤 방법으로)+ever(든지)가 결합하면 '어떤 방법으로 하든지'이고, how(얼마만큼)+ever(든지)가 결합하면 '얼마만큼이든지'입니다. 이를 다른 말로 바꾸면 '아무리 ~ 하더라도'라는 뜻이 되는 것이죠.

b문장의 **However precisely** I explain은 '내가 어떤 방법으로 정확하게 설명하더라도'로 '내가 아무리 정확하게 설명하더라도'입니다. c문장의 **However hard** he worked는 '그가 어떤 방법으로 열심히 했든지'로 '그가 아무리 열심히 했더라도'입니다. d문장의 **however small**은 '얼마만큼 작든지'로 '아무리 작더라도'입니다. however가 '아무리 ~하더라도'의 의미를 갖는 것은 how+ever의 의미 결합을 우리말 어감에 알맞게 바꾼 것입니다.

how**ever**는 부사이고 부사는 부사와 형용사를 수식하기 때문에 however 뒤에는 However **precisely**, However **smart**처럼 부사나 형용사가 와야 합니다. 앞에서 학습한 who**ever**, what**ever**, which**ever**는 대명사이고 when**ever**, where**ever**는 접속사입니다. 대명사는 주어, 목적어, 보어로 사용하고 접속사는 '접속사+주어+동사' 구조로 사용합니다. 단어는 품사에 따라 쓰임이 다르지요. 왜 'however+부사 or 형용사'인지 이해하셨나요?

a. **However**, I cannot go with you.
그러나, 난 당신과 함께 갈 수 없어.

b. **However precisely** I explain, she won't understand.
내가 아무리 정확하게 설명해도, 그녀는 이해하지 못할 거야.

c. **However hard** he worked, she was never satisfied.
그가 아무리 열심히 했더라도, 그녀는 결코 만족하지 않았어.

d. I don't want to take any risks, **however small**.
아무리 작더라도, 나는 어떠한 위험도 무릅쓰기 싫어.

e. **However smart** he is, he is only a child.
그가 아무리 똑똑하더라도, 그는 단지 어린애일 뿐이야.

f. **However much** it costs, I will buy it.
그것이 아무리 비싸더라도, 나는 그것을 살 거야.

2 **whoever~는 anyone who~와 같은 뜻입니다.**

'whoever=anyone who'인 것은 공식에 의해 같은 뜻이 되는 것이 아닙니다. any는 'a.어떠한'으로 '어떠한 사람이**든지**, 어떠한 사람이**라도**, 어떠한 것이**든지**, 어떠한 것이**라도**'처럼 뒤에 '~든지, ~라도'라는 뜻이 들어 있는 단어입니다. ever와 any는 같은 뜻을 갖고 있는 동의어입니다. '그 책을 원하는 **누구든지**(whoever)'와 '그 책을 원하는 **어떠한 사람도**(anyone who)'는 같은 뜻이죠. 우리말로도 같은 뜻임을 확인할 수 있습니다.

a. **Anyone** can succeed if he tries.
   시도하면 어떠한 사람도 성공할 수 있어. (=시도하면 누구든지, 누구라도 성공할 수 있어.)

b. On the computer, **anything** is possible.
   컴퓨터에서는, 어떠한 것도 가능해. (=컴퓨터에서는 어떠한 것이든지, 어떠한 것이라도 가능해.)

c. **Whoever** wants the book may take it.
   그 책을 원하는 누구든지 그것을 가져도 좋아.
   =**Anyone who** wants the book may take it.
   그 책을 원하는 어떠한 사람도 그것을 가져도 좋아.

d. You may buy **whichever** you like.
   네가 좋아하는 어느 것이든지 사도 좋아.
   =You may buy **anything that** you like.
   네가 좋아하는 어떠한 것이든지 사도 좋아.

Anycall은 스마트폰이 나오기 이전의 삼성전자 휴대폰 브랜드명입니다. **Any**call은 **어떠한 장소든지, 어떠한 장소라도, 어떠한 시간이든지, 어떠한 사람이 사용하든지** 통화가 잘 된다는 뜻을 갖고 있습니다. any의 개념이 잡혔나요? Anycall 휴대폰 모델명 중에 Ever란 것이 있었습니다. 한 때 주력 모델로 TV광고에 자주 등장했지요. ever는 '누구**든지**, 누구**라도**, 어디**든지**, 어디**라도**, 언제**든지**, 언제**라도**'로 any와 같은 개념으로 브랜드명을 정한 것입니다. any와 ever가 같은 뜻임을 알면 'who**ever**=**any**one who'라고 공식처럼 암기할 필요가 없지요. 언어는 암기가 기본이지만 이해를 바탕으로 한 암기여야 합니다.

3   whoever~는 no matter who~와 같습니다.

no matter who와 whoever가 같다는 것은 no matter와 -ever가 같은 뜻이라는 것이죠. 접미사 -ever는 '~든지, ~라도'라는 뜻임을 앞에서 설명했습니다. 그러면 왜 no matter가 '~든지, ~라도'의 의미를 갖게 되는 것일까요?

a. **It is** no matter who comes. I don't care.
   누가 오느냐는 것은 어떠한 문제도 되지 않아. 난 상관없어.

b. **No matter who** comes, I don't care.
   누가 오든지, 난 상관없어.

a문장의 It is no matter who comes는 **Who comes** is no matter라는 문장에서 주어 Who comes를 뒤로 돌리고 주어 자리에 가주어 It으로 대체한 표현입니다. 두 문장으로 된 a문장을 한 문장으로 축약하여 표현한 것이 b문장입니다. b문장은 a문장에서 It is를 생략하고 뒤에 콤마(,)를 찍어서 한 문장으로 축약하여 표현한 것입니다. a문장은 '누가 오느냐는 것은 어떠한 문제도 되지 **않아**+나는 상관**없어**'이고 b문장은 '누가 오더**라도** 나는 상관없어'로 같은 뜻이 됩니다. '복합 관계대명사는 양보부사절을 이끄는 경우 'no matter+의문사'의 뜻을 나타낸다'와 같은 난해한 공식은 암기할 필요가 없습니다. no matter 앞에 생략된 It is만 넣어 보세요. 그럼 의미 파악이 바로 됩니다.

a. **It is** no matter who talks to him. He'll never listen.
   누가 그에게 말하느냐는 것은 중요하지 않아. 그는 결코 듣지 않을 거야.

b. **No matter who** talks to him, he'll never listen.

c. **Whoever** talks to him, he'll never listen.
   누가 그에게 말하든지, 그는 결코 듣지 않을 거야.

a. **It is** no matter what people say. I believe you.
   사람들이 무엇을 말하느냐는 것은 중요하지 않아. 나는 너를 믿어.

b. **No matter what** people say, I believe you.

c. **Whatever** people say, I believe you.
   사람들이 무엇을 말하든지, 난 널 믿어.

whoever~와 no matter who~가 왜 같은 의미인지는 no matter 앞에 생략된 It is를 넣어 해석해 보면 됩니다. 아래 문장의 no matter 앞에 It is를 채워 해석해 보세요.

a. **No matter which** you select, you'll be satisfied.
   =**Whichever** you select, you'll be satisfied.
   어느 것을 고르든지, 너는 만족할 거야.

b. **No matter where** you go, I will follow you.
   =**Wherever** you go, I will follow you.
   네가 어디를 가든지, 난 널 따라갈 거야.

c. **No matter when** you come, you will be welcomed.
   =**Whenever** you come, you will be welcomed.
   네가 언제 오든지, 넌 환영받을 거야.

d. **No matter how** much I eat, I don't gain weight.
   =**However** much I eat, I don't gain weight.
   아무리 먹더라도, 나는 살이 안 쪄.

4 아래의 문장을 비교해 보세요. a문장의 what은 '~는 것'으로 the thing that이 축약된 것입니다. b문장과 c문장은 같은 뜻이지요. a문장의 '네가 말한 것'은 b문장의 '네가 말한 무엇이든지', c문장의 '네가 말한 어떠한 것'과는 상당한 의미 차이가 있습니다. b와 c문장은 네가 말한 것은 모두 다, 무조건 다 믿는다는 것입니다.

a. I believe **what you say**.
   난 네가 말한 것을 믿어.

b. I believe **whatever you say**.
   난 네가 말한 무엇이든지 믿어.

c. I believe **anything that you say**.
   난 네가 말한 어떠한 것도 믿어.

memo

CHAPTER 11

Articles
관사

UNIT 141	관사
UNIT 142	부정관사 a(an)
UNIT 143	정관사 the
UNIT 145	the를 붙이는 명사
UNIT 146	the를 붙이지 않는 명사
UNIT 147	people과 the people
UNIT 148	a doctor와 the doctor
UNIT 149	church와 the church
UNIT 150	a와 the의 위치

UNIT 141 관사

관사(冠詞)는 '갓 관, 말 사'로 '갓처럼 붙어 있는 말'이란 뜻입니다.

a와 the가 명사 앞에 붙어 갓처럼 튀어 나와 있는 모습을 보고 일본학자들이 관사라는 이름을 붙였습니다. a는 **정해져 있지 않은** 명사에 붙인다고 해서 **부정**관사(不定冠詞)라고 이름을 붙였고, the는 **정해져 있는** 명사에 붙인다고 해서 **정**관사(定冠詞)라고 이름을 붙인 것이지요. a와 the의 쓰임을 알면 굳이 부정관사니 정관사니 하는 문법 용어는 몰라도 상관없습니다. 그렇지만 모든 문법서에 부정관사, 정관사라는 문법 용어를 사용하기 때문에 용어의 의미를 알아 두는 것이 좋겠지요.

영어로 관사는 article입니다. article을 사전에서 찾아보면 'n.물건, 물품, 관사' 라고 나오지요. **관사(article)는 물건들을 분류하는 기능을 합니다.** 부정관사 a는 one(하나)이 약화되어 발생한 단어입니다. 누군가 a book이라고 말하면 처음 듣는 어떤 책으로 느끼게 되지요. 명사에 a를 붙이면 '셀 수 있는 물건이다, 처음 듣는 어떤 물건이다'를 나타냅니다. 정관사 the는 that(그것)이 약화되어 발생한 단어로 명사에 the를 붙이면 너도 알고 나도 아는, 서로가 이미 알고 있는 그것을 나타냅니다. 누군가 the book(그 책)이라고 말하면 서로가 이미 알고 있는 그 책으로 **the** book=**that** book입니다.

명사에 a와 the를 붙여 사용하면 거래가 신속하고 명료해집니다. 농업 문화인 우리말, 일본어, 중국어에는 없는 관사가 상업 문화인 영어권 언어에 있는 것은 거래의 신속성을 위한 상업 현실주의적 사고 때문입니다. an arrow라고 말하면 셀 수 있다는 것을 바로 알 수 있고, a를 붙이지 않은 milk는 셀 수 없다는 것을 바로 알 수 있지요. 또 an arrow라고 말하면 처음 듣는 새로운 화살이라는 것을 알게 되고, the arrow라고 말하면 이미 서로가 알고 있는 그 화살임을 알게 됩니다. 이렇게 거래할 때 관사를 넣어 물건을 정확하게 분류해서 말해 주면 물건에 대한 정보가 정확하게 전달되어 편리하고 신속한 거래가 이루어지지요. a와 the는 상업 현실주의적 사고에서 나온 것임을 UNIT 1 영어의 역사에서 이미 설명했습니다.

UNIT 142 부정관사 a(an)

부정관사(不定冠詞)의 **不定**은 '정해져 있지 않은'으로 a는 상대방이 모르는 것, 정해져 있지 않은 것을 말할 때 사용합니다. a는 '처음 듣는다, 셀 수 있다'는 정보를 알려 줍니다. a의 품사는 형용사로 a는 뒤에 명사가 나온다고 미리 알려 주는 신호이기도 합니다. a는 발음의 편리를 위하여 모음 앞에서는 an을 사용합니다. an hour는 '어(a) 아우어'로 발음하기보다는 '언(an) 아우어'가 발음하기 편하지요. an honest man, an MP3처럼 뒷 단어의 발음이 모음(a, e, i, o, u)인 경우에 an을 붙입니다. honest[ánist]는 자음 h가 묵음으로 발음이 [a]로 시작하기 때문에 an을 붙이는 것입니다. MP[émpí:]는 자음 m으로 시작하지만 발음이 모음 [e]이기 때문에 an을 붙이는 것이지요. a European[jùərəpíən], a university[jùːnəvə́rsəti]는 단어 시작은 e와 u로 시작하지만 발음이 자음 [j]로 시작하기 때문에 a를 붙이는 것입니다. a와 an을 붙이는 것은 발음의 편리성 때문으로 a의 뜻은 모두 '하나(one)'에서 파생됩니다.

1 a(n)는 셀 수 있다는 정보를 알려 주는 것으로 '하나의'라고 해석하지 않습니다.

영어에서 셀 수 있는 단수 명사 앞에는 반드시 a, the, my(소유격) 중 하나를 붙여야 합니다. a book, the book, my book은 있어도 book 단독으로 사용하는 경우는 절대 없습니다. **셀 수 있는 명사는 한 놈은 반드시 어(a) 더(the) 마야(my)**하지요.

a. I'd like to make **an appointment** with him. 그와 만날 약속을 정하고 싶습니다.
b. Even if there's **a mistake**, forgive him. 실수가 있더라도, 그를 용서해 줘.
c. I signed **a contract** for the purchase of **a** new **house**.
   난 새 집을 구매하기 위해 계약서에 사인했어.

2 a(n)는 '하나의(one)'입니다.

a가 갖고 있는 본래의 뜻이지요.

a. How many times do you eat out **a month**? 너 한 달에 몇 번 외식하니?
b. Rome was not built in **a day**. 로마는 하루 만에 건설되지 않았어.

3 a(n)는 '같은(the same)'의 뜻으로 사용됩니다.

　　a는 the same입니다. 하나는 하나인데 **똑같은 하나**이기 때문에 a가 the same이 되는 것이지요. a문장의 of는 have의 의미입니다.

a. We are all of **an age**. 우리는 모두 같은 나이를 갖고 있어.
b. She's **a little Hitler**. 그녀는 작은 히틀러와 같은 사람이야.

4 a(n)는 '어떤(a certain)'의 뜻으로 사용됩니다.

　　a는 a certain입니다. 하나는 하나인데 **모르는 어떤 하나**입니다. a가 갖고 있는 본래의 뜻이지요. a Mr Kim은 a certain Mr Kim에서 certain이 생략된 것입니다.

a. **A Mr Kim** called you 10 minutes ago. 10분 전에 어떤 김씨가 너에게 전화했어.
b. In **a sense**, birth is the beginning of death. 어떤 의미에서, 출생은 죽음의 시작이야.

5 a(n)는 '~에, ~당(per)'의 뜻으로 사용됩니다.

　　a와 b문장 a week, a month의 a는 one(하나)을 나타냅니다.

a. We work five days **a week**. 우리는 1주일에 5일 근무해.
b. I go to the movies twice **a month**. 난 한 달에 두 번 영화 보러 가.

6 a(n)는 종족이나 사물을 대표할 때 사용합니다.

　　a문장의 a dog은 all dogs의 의미입니다. a dog, dogs, the dog은 모두 종족 전체를 의미하지만 구어에는 a dog, dogs를, 문어에는 the dog을 많이 사용합니다.

a. **A dog** is a useful animal to a man. 개는 사람에게 유용한 동물이야.
b. **Dogs** are useful animals to a man.
c. **The dog** is a useful animal to a man.

UNIT 143   정관사 the

정관사(定冠詞)의 定은 '정할 정'인데, 이미 정해져 있는 명사에 붙이는 것으로, the의 동의어는 that입니다. the는 that이 약화되어 만들어진 단어입니다. 원어민이 the book이라고 말하면 너도 알고 있고 나도 알고 있는 그 책(that book)을 가리키게 됩니다. 즉 두 사람이 손가락으로 같은 책을 가리킨다는 것이지요. the의 품사는 형용사로 뒤에 명사가 온다는 것을 미리 알려 주는 신호입니다.

원어민이 가장 많이 사용하는 첫 번째 단어가 the입니다. an arrow와 the arrow는 전혀 다르죠. 사냥꾼이 화살을 사거나 교환 거래를 하러 갔는데 the arrow라고 말하면 서로가 이미 알고 있는 그 화살이라 그 화살에 대한 특징과 가격은 물어볼 필요가 없지요. 그러나 an arrow라고 말하면 처음 듣는 새로운 화살이기 때문에 어떤 특징과 성능이 있고 가격이 얼마인지 물어봐야 합니다. a와 the는 상인에게 있어서 거래의 신속함과 편리함을 제공합니다.

1. the는 앞에 나온 명사를 반복할 때 붙입니다.

a문장처럼 상대방에게 처음 말할 때는 a banana처럼 a를 붙여서 사용하고, 두 번째 말할 때는 the banana처럼 the를 붙여서 사용해야 합니다.

a. I had **a banana** for dessert, but **the banana** wasn't delicious.
  나는 후식으로 바나나를 먹었어. 그런데 (후식으로 먹은) 그 바나나는 맛이 없었어.

b. I read **a book** yesterday. **The book** was very interesting.
  나는 어제 책을 읽었어. (어제 읽은) 그 책은 매우 재미있었어.

2. 말해 주지 않아도 너도 알고 있고 나도 알고 있는 그것에 the를 붙입니다.

a문장에서 '문 열어라'라고 하면 어느 문이라고 콕 찍어서 말해 주지 않아도 서로가 알고 있는 그 문(that door)이기 때문에 the를 붙입니다

a. Open **the door** please. 문 열어 주세요.
b. Could you turn off **the light**? 전등 꺼 주실래요?
c. Is there enough gas in **the car**? 차에 충분한 기름이 있나요?

3 구나 절의 수식을 받아서 정해진 그것일 때 the를 붙입니다.

a문장에서 the name이 된 것은 of this street의 수식을 받아서, b문장에서 the boy가 된 것은 wearing glasses의 수식을 받아서 그것으로 정해졌기 때문입니다.

a. What is **the name** of this street? 이 거리의 이름이 뭐죠?
b. **The man** wearing glasses is my brother. 안경 끼고 있는 남자는 나의 형이야.
c. **The apple** from this region tastes good. 이 지역 사과는 맛있어.

그러나 '구나 절의 수식을 받으면 the를 붙여야 한다'고 공식으로 암기해서는 안 됩니다. **구나 절의 수식을 받아서 그것 하나로 결정되지 않으면 the를 붙여서는 안 됩니다.** 아래 문장을 보세요.

a. I am **the manager** of this shopping mall. 나는 이 쇼핑몰의 관리자야.
b. I am **a manager** of this shopping mall. 나는 이 쇼핑몰의 관리자 중 한 사람이야.

a문장은 쇼핑몰의 관리자가 한 명 있다는 것입니다. 쇼핑몰에 가서 여기 관리자가 누구냐고 물으면 모두 그 사람(the manager)이라고 지목하게 되겠지요. b문장은 쇼핑몰의 관리자가 여러 명 있는데 그 중에서 한 명의 관리자라는 것입니다. the manager와 a manager는 전혀 다르지요. 구나 절의 수식을 받는다고 해서 무조건 the를 붙이는 것이 아닙니다.

4 형용사의 최상급, 서수, only 앞에 the를 붙입니다.

최상급은 그것 하나로 정해지기 때문에 the를 붙입니다. 한국에서 가장 큰 도시는 서울 하나로 정해져 있지요. 순서를 나타내는 서수 또한 the를 붙입니다. 첫째, 둘째, 셋째로 순서를 정하는 순간 그것으로 결정되어 버리지요. the only 또한 하나뿐인 그것이기 때문에 the를 붙입니다.

a. Seoul is **the largest city** in Korea. 서울은 한국에서 가장 큰 도시야.
b. Who is **the best player** on your team? 너의 팀에서 누가 최고의 선수야?
c. You are **the first man** I met in France. 넌 내가 프랑스에서 만난 첫 번째 사람이야.
d. Minsu is **the only friend** that I have. 민수는 내가 갖고 있는 유일한 친구야.

5 **계량단위를 표현할 때 the를 붙입니다.**

원어민은 단위를 표현할 때 습관적으로 the를 붙여 사용합니다. 습관적인 표현은 이유가 없기 때문에 암기해 둬야 합니다. by the week는 '주 단위로', by the pound는 '파운드 단위로', by the kilo는 '킬로그램 단위로'입니다.

a. I am paid **by the week**. 나는 주 단위로 (임금을) 지급 받아.
b. We sell watermelons **by the kilo**. 우리는 수박을 킬로 단위로 팔아.
c. Apples are sold **by the pound**. 사과는 파운드 단위로 판매 돼.

6 **신체에 가하는 동작에 the를 붙입니다.**

사람의 신체를 잡는다(take, catch, seize)고 할 때 She took my hand라고 하면 되는데, 왜 원어민은 She took me by the hand를 더 많이 사용할까요? She took me by the hand는 오래전부터 사용하던 전통적인 표현 방식이라고 합니다. 사람을 때리는(hit, strike) 동사는 'on the 신체'로 사용합니다. on은 접촉의 on입니다. 사람의 신체를 보는(look, gaze) 동사는 'in the 신체'로 사용합니다.

a. She **took** me **by the** hand tightly. 그녀는 나의 손을 꽉 잡았어.
   =She took my hand tightly.
b. I **caught** him **by the** hair. 난 그의 머리를 잡았어.
   =I caught his hair.
c. He **hit** me **on the** head. 그는 나의 머리를 때렸어.
   =He hit my head.
d. He **looked** me **in the** eye. 그는 나의 눈을 봤어.
   =He looked at my eye.

UNIT 144 the를 붙이는 명사

원어민은 어떤 명사는 습관적으로 the를 붙여 사용하고 어떤 명사는 the를 붙이지 않습니다. the를 붙이고 the를 붙이지 않는 명확한 규칙성을 갖고 있지 않기 때문에 암기할 수밖에 없습니다. 단순 암기는 오래 기억하지 못하기 때문에 스토리를 만들어 스토리 전개 방식으로 암기하는 것이 좋습니다. the를 붙이는 명사는 미국에서 있었던 스토리를 만들어 기억하세요.

2040년! 이 세상(the world)을 떠나 우주(the universe)로 간 정씨(the Jungs) 가족이 미국 대통령 취임식 참석차 지구(the earth)에 돌아온다. 지구에 접근하니 태양(the sun)과 달(the moon)이 보이고 하늘(the sky)로 들어가니 예전과 똑같은(the same) 자연환경(the environment)인 땅(the ground), 바다(the East Sea), 운하(the Gulf), 수평선(the horizon), 사막(the Sahara)이 보인다.

또 지구에서 가장 강한 나라(the strongest-최상급) 미국(the United States of America) 전체(the whole country)가 한눈에 들어온다. 경찰(the police)과 군대(the army)의 호위를 받아 로키산맥(the Rocky mountains)과 미시시피강(the Mississippi) 부근의 시골(the country)에 착륙한다. 착륙 지점의 동, 서, 남, 북, 좌, 우(the east, the west, the south, the north, the left, the right)와 위, 가운데, 아래(the top, the middle, the bottom)를 확인하고 안전하게 착륙한다.

배(the Mayflower-배 이름)를 타고, 기차(the KTX-기차 이름)를 타고 백악관(the White house-공공건물)에 간다. the first lady(서수)가 옆에 서 있고, 대통령은 성경(the Bible)에 손을 얹고 선서한다. 한반도(the Korean Peninsula-반도)에 관한 정책도 말한다. 참석자들은 영국 사람들(the English), 부자들(the rich), 젊은이들(the young), 신문사(the Times), 협회(the Red Cross) 등 다양하다. 참석자들은 피아노(play the piano) 공연을 감상하고, 기념품으로 자전거(the bicycle-발명품)를 받는다.

오후에(in the afternoon) 영화관(the Shubert Theater), 박물관(the National Museum), 여러 건물들(the Empire State Building..)을 구경한다. 그리고 호텔(the Hilton Hotel)에 돌아와서 식당(the Bombay Restaurant)에서 식사를 한다.

위의 스토리를 여러 번 읽고 아래 문장을 읽어 보세요. 반복해서 읽어 보면 the를 붙이는 명사를 쉽게 기억할 수 있을 것입니다.

a. What is **the longest** river in **the world**? 세상에서 가장 긴 강은 뭐야?
b. **The Sun** isn't the only star in **the universe**. 태양은 우주에서 하나뿐인 별이 아니야.
c. I was born to **the Jungs**. 나는 정씨 가정에서 태어났어.
d. **The moon** goes around **the earth**. 달은 지구 주위를 돌아.
e. She did **the same** to me. 그녀는 내게 똑같은 짓을 했어.
f. We have to protect **the environment**. 우린 환경을 보호해야 해.
g. **The horizon** is where **the sky** meets **the ground**.
    수평선은 하늘이 땅과 만나는 곳이야.
h. Have you ever been to **the Suez Canal**? 너 수에즈 운하에 가본 적 있어?
i. **The Sahara Desert** is dry and infertile. 사하라 사막은 메마르고 불모지야.
j. **The USA** is the world's only super power. 미국은 세계 유일의 슈퍼 파워야.
k. **The whole** project returned to source. 모든 계획이 원점으로 되돌아갔어.
l. I was separated from **the army** in 1991. 난 1991년에 군대에서 제대했어.
m. **The Han River** has its source in **the Taebaek Mountains**.
    한강은 태백산맥에 그 발원지를 갖고 있어.
n. We are going to drive in **the country**. 우리는 시골로 드라이브 갈 계획이야.
o. **The sun** rises in **the east**, and sets in **the west**. 해는 동쪽에서 뜨고 서쪽으로 져.
p. I have an ache in **the right** shoulder. 오른쪽 어깨에 통증이 있어.
q. **The Middle** Ages lasted for about 1,000 years. 중세는 약 1,000년간 지속되었어.
r. You'd better take **the KTX**. KTX를 타는 게 좋을 거야.
s. **The Korean Peninsula** is a blessed land. 한반도는 축복받은 땅이야.
t. **The English** are proud of their history. 영국인들은 그들의 역사를 자랑스럽게 생각해.
u. **The Red Cross** holds a blood drive. 적십자사는 헌혈 운동을 벌여.
v. She is a reporter for **the Washington Post**. 그녀는 워싱턴포스트지 기자야.
w. Let's see at **the Cinema Center**. 영화관에서 보자.
x. I have been to **the British Museum**, **the Golden Gate Bridge**.
    난 대영박물관과 금문교(샌프란시스코)에 가본 적 있어.
y. We stayed at **the Hilton Hotel** and ate dinner at **the BBQ Restaurant**.
    우리는 힐튼호텔에 머물렀고 BBQ식당에서 저녁을 먹었어.

- the Jungs는 the Jung family(정씨 가족)를 나타냅니다. the Kims는 the Kim family(김씨 가족)로 'the+성(姓)의 복수'는 가족을 나타냅니다.
- the whole 뒤에는 항상 단수명사를 사용해야 합니다. 왜냐하면 **the whole은 개체 하나의 전부를 의미**하기 때문입니다. the whole book은 책 한 권의 전체를 나타내기 때문에 the whole book**s**처럼 사용해서는 안 되지요.
- space는 우주(the universe)란 의미로 사용될 때는 the를 붙이지만 '우주 공간'이란 의미로 사용될 때는 the를 붙이지 않습니다.
- same은 항상 the same으로 사용합니다. same은 'the same+명사'로 사용하거나 the same 단독으로 사용합니다.
- 'the+형용사'는 '~한 사람들'로 항상 복수 취급을 합니다.
  the rich는 rich people, the young은 young people과 같은 뜻입니다. the poor(가난한 사람들), the unemployed(실직자들), the homeless(집 없는 사람들), the sick(아픈 사람들), the injured(부상자들)처럼 사용하면 됩니다.
- 'the+국가의 형용사형'은 '그 국가 사람들'로 복수 취급을 합니다.
  the French는 the people of France입니다. the Dutch(독일 사람들), the Spanish(스페인 사람들), the English(영국 사람들), the Chinese(중국 사람들) 등이 있습니다. 그러나 Koreans(한국인들), Americans(미국인들), Italians(이탈리아인들), Scots(스코틀랜드인들)는 the를 **거의** 붙이지 않습니다.
- 호텔이나 식당, 공공건물에 the를 붙입니다.
  그러나 McDonalds, Lloyds Bank처럼 상호에 사람 이름이 들어간 경우, L.A.'s Mondrian Hotel, Old St Piran's church처럼 상호에 소유격이 들어간 경우에는 the를 붙이지 않습니다. 하나로 정해져 있는 사람 이름 앞에 the를 붙일 필요가 없는 것은 당연합니다. 또 소유격은 the와 같은 기능을 하기 때문에 the를 중복하여 사용할 필요가 없지요.

직원으로 있는 원어민 전화영어 강사들에게 the를 붙이는 명사와 the를 붙이지 않는 명사를 나열하고 테스트를 해봤는데 그들도 틀리는 것이 적지 않았습니다. the moon처럼 하나만 있는 것에 the를 붙인다면 한라산, 제주도는 하나만 있는데 왜 the를 붙이지 않느냐는 식으로 질문하면 대답할 수 없지요. **the를 붙이고 the를 붙이지 않는 명확한 규칙성이 없기 때문에 관사는 암기할 수밖에 없습니다.** 암기해야 한다면 스토리 전개 방식으로 암기하는 것이 가장 효과적인 암기 방법이기 때문에 암기하기 쉬운 스토리를 만든 것입니다.

UNIT 145 the를 붙이지 않는 명사

명사에 the를 붙이지 않는 **무관사(無冠詞)는 수학의 zero 개념이 도입되어 관사를 붙이지 않게 된 것이 많습니다.** 단순 암기는 한계가 있기 때문에 스토리를 만들어 암기하면 효과적입니다. the를 붙이지 않는 명사도 스토리를 만들어 봤습니다.

일본인 친구가 아시아(Asia-**대륙**) 여행을 나섰는데, 먼저 한국(Korea-**국가**)을 방문하기 위하여 대구(Daegu-**도시**)에 도착했다. 대구공항(Daegu Airport-**공항**)에 택시를 타고(by taxi-**교통수단**) 마중 나갔다. Gate 2로 나와 광장(Daegu Square-**광장**)에서 기념 촬영하고 골프(golf-**운동**)치고 동성로(Dongsung Street-**거리**)에 가서 점심(lunch-**식사**)을 먹었다. 그 다음 달성공원(Dlasung Park-**공원**), 수성못(Lake Susung-**호수**), 팔공산(Mount Palgong-**산**)을 구경하고 세미나 참석차 대구대학교(Daegu University-**학교**)를 방문했다. 역사학과(history-**학과명**) 학생들은 독도(Dokdo island-**섬**)가 일본 것이라는 주장은 망언 병(cancer, fever-**병명**)이라는 피켓을 들고 있었다.

the를 붙이지 않는 명사를 '대륙, 국가, 도시, 공항, 교통수단, 광장, 운동, 거리, 식사, 공원, 호수, 산, 학교, 학과명, 섬, 병명...'처럼 암기하는 것은 무의미하고 오래 기억되지도 않습니다. 위와 같이 스토리 전개 방식으로 암기하면 기억하기도 쉽고 기억에 오래 남아 있을 것입니다. 서울에 살고 있다면 거리, 공원, 연못, 산, 대학교 등을 서울에 있는 지명으로, 부산에 살고 있다면 부산 지명으로 바꾸어 기억하세요.

the를 붙이는 명사는 미국에서 있었던 이야기, the를 붙이지 않는 명사는 한국에서 있었던 이야기로 방을 따로 만들어 암기하면 기억하기 쉬울 것입니다. the를 붙이는 명사, the를 안 붙이는 명사를 구분하는 문제가 시험에 나올 일은 없지만 회화나 작문에서 자주 틀리면 그 사람의 영어 수준을 평가받는 잣대가 됩니다.

a. We serve four continents - **Europe**, **Asia**, **Africa**, **and America**.
   우리는 4개 대륙(유럽, 아시아, 아프리카, 아메리카)에 서비스를 제공합니다.
b. **Korea** and **Japan** are geographically close. 한국과 일본은 지리적으로 가까워.

c. I left **Daegu** for **Seoul**. 나는 서울을 향하여 대구를 떠났어.

d. Should the government sell **Incheon Airport**? 정부가 인천공항을 팔아야 하는가?

e. We can get there **by train** or **by ship**. 거기에 기차 또는 배로 갈 수 있어.

f. You must board at **Gate 47**. 여러분은 게이트 47번에서 탑승하셔야 합니다.

g. I am in **Gwanghwamun Square**. 나 광화문 광장에 있어.

h. I like **golf**, **tennis**, **and baseball**. 난 골프, 테니스, 야구를 좋아해.

i. **Jongro Street** and **Teheran Street** will be blocked. 종로와 테헤란로는 통제될 거야.

j. After **lunch**, I nap for an hour. 점심 후에, 난 한 시간 동안 낮잠을 자.

k. I often go to **Namsan Park** and **Yeouido Park**. 난 종종 남산공원과 여의도공원에 가.

l. **Chungpyung Lake** is a good place for fishing. 청평호는 낚시에 좋은 곳이야.

m. **Mt. Bukhan** is located in the north of Seoul. 북한산은 서울의 북쪽에 위치해.

n. **Seoul University**, **Yeonsei University**, and so on. 서울대, 연세대, 기타 등등.

o. **Math** and **English** are compulsory. 수학과 영어는 의무적이야.

p. **Dokdo** is undoubtedly a Korean territory. 독도는 확실히 한국 영토야.

q. Radium is used in **cancer** treatments. 라듐은 암 치료에 사용돼.

- 국가명은 Korea, China, France처럼 the를 붙이지 않습니다.

  그러나 국가명에 Republic(공화국), United(연합된)가 들어간 경우에는 the Czech Republic, the United Kingdom, the United States of America처럼 the를 붙입니다. **the** Netherland**s**, **the** Philippine**s**처럼 국가명이 복수인 경우에도 the를 붙입니다. 공화(共和), United(**연합된**), **복수형** 국가명은 여러 개라는 의미가 들어 있기 때문에 여러 개를 모두 합쳐서 그것(the)이라고 해야 합니다. 미국은 50개주가 united된 연방 국가인데 50개 주 중 하나가 단독으로 나와서 미국을 대표할 수 없지요.

- Gate 2, Room 189, size 100, page 50처럼 '명사+숫자'인 경우 명사 앞에 the를 붙이지 않습니다. 숫자가 the의 기능을 합니다.

- breakfast, lunch처럼 식사에는 관사를 붙이지 않습니다.

  그러나 a nice breakfast, a bad dinner처럼 식사 앞에 형용사가 오는 경우에는 a를 붙입니다.

- 산에는 the를 붙이지 않지만 산맥에는 the를 붙입니다.

  the Taebaek Mountain**s**에서 보는 바와 같이 산맥은 산이 여러 개 united되어 있는 것이기 때문에 the를 붙여야 합니다.

UNIT 146 people과 the people

일반적인 사람이나 일반적인 사물을 가리킬 때는 the를 붙이지 않습니다. the는 특정 사람과 특정 사물을 가리킬 때 사용합니다. 'the+명사'는 범위가 명확한 경우에 사용해야 합니다.

a. **Children** in general are fond of candy. 아이들은 일반적으로 사탕을 좋아해.
b. He took **the children** to America. 그는 그 아이들을 미국으로 데려갔어.
c. **People** need calcium to have strong bones.
   뼈를 튼튼하게 하기 위하여 사람들은 칼슘이 필요해.
d. **The people** I met in London last year were very kind.
   지난해 내가 런던에서 만났던 그 사람들은 매우 친절했어.
e. I love listening to **music**. 난 음악 듣는 것을 좋아해.
f. She is dancing to **the music**. 그녀가 그 음악에 맞추어 춤추고 있어.
g. **Salt** isn't good for health. 소금은 건강에 좋지 않아.
h. Pass me **the salt** please. 그 소금 좀 건네줄래.
i. I don't like **coffee**. 난 커피를 좋아하지 않아.
j. **The coffee** has no caffeine in it. 그 커피는 안에 카페인이 없어.

- a문장의 children은 일반적인 아이들로 아이들의 범위가 정해져 있지 않습니다. 그러나 b문장의 the children은 그와 내가 알고 있는 '그 아이들'로 범위가 명확하게 정해져 있는 아이들입니다.
- c문장의 people은 일반적인 사람들이고, d문장의 the people은 내가 지난해 런던에서 만난 '그 사람들'로 범위가 명확하게 정해져 있습니다.
- e문장의 music은 일반적인 음악이고, f문장의 the music은 나와 그녀가 알고 있는 '그 음악'입니다.
- g문장의 salt는 일반적인 소금이고, h문장의 the salt는 나와 너의 눈앞에 놓여 있는 '그 소금'입니다.
- i문장의 coffee는 일반적인 커피이고, j문장의 the coffee는 나와 상대방 앞에 놓여 있는 '그 커피'를 말합니다.

UNIT 147   a doctor와 the doctor

a. You'd better go see **the doctor**. 넌 병원에 가보는 게 좋겠어.
b. You'd better go see **a doctor**.

c. I have to go to **the bank**. 나 은행에 가야 해.
d. I have to go to **a bank**.

e. He went to **the post office** to buy stamps. 그는 우표 사러 우체국에 갔어.
f. He went to **a post office** to buy stamps.

'병원에 가다'를 하나의 숙어처럼 go see the doctor, go to the dentist처럼 상황에 따른 구분 없이 사용하는 분들이 많습니다. **the doctor, the dentist는 '주치의'입니다.** 아플 때 항상 가서 진찰 받는 그 의사를 말하지요. 제주도에 여행 가서 몸이 아프다는데 집 주변이나 직장 근처에 있는 자주 가는 그 병원 의사에게 가보라고 하면 황당하겠지요. b문장 go see a doctor는 주치의를 찾아갈 수 없는 먼 곳에 있을 때 가까운 곳에 있는 아무 병원 의사에게 가보라는 것입니다.

the bank와 a bank 차이도 마찬가지입니다. the bank는 평소에 자주 이용하는 그 은행으로 서로가 알고 있는 그 은행을 말합니다. Let's see at the bank 10 minutes later라고 하면 **그 은행**이 어디인지 서로가 알고 있기 때문에 10분 후에 그 은행에서 만날 수 있겠지요. 생활 반경에서 멀리 벗어난 곳에서는 늘 가던 은행에 갈 수 없지요. the postoffice와 a postoffice 역시 마찬가지입니다. go to the~를 하나의 숙어처럼 암기해서는 안 됩니다. 'a+명사'와 'the+명사'를 명확하게 구분해서 사용해야 합니다.

UNIT 148 church와 the church

a. She goes to **church** every Sunday. 그녀는 매주 일요일 교회에 가.

b. He went to **the church** to deliver things. 그는 물건을 배달하기 위해 교회에 갔어.

c. They go to **school** every day. School begins at 9.
그들은 매일 학교 가. 수업은 9시에 시작돼.

d. I went to **the school** to meet my son's teacher.
난 아들의 선생님을 만나기 위하여 학교에 갔어.

e. He is in **prison** for the robbery. 그는 강도짓 때문에 수감 중이야.

f. We went to **the prison** to visit him. 우리는 그를 만나기 위해 교도소에 갔어.

g. It's time to go to **bed**. 잠자리에 갈 시간이야.

h. Your hat is on **the bed**. 너의 모자는 침대 위에 있어.

- go to church는 '교회에 가다'이지만 '예배하러 가다'는 뜻입니다.

  church는 'n.교회, 예배'입니다. church time은 '예배 시간'이죠. go to the church의 the church는 교회 건물을 말합니다. 차를 주차하기 위하여, 배달원이 배달하기 위하여, 교회 건물을 수리하기 위하여 교회에 간다면 the church에 가는 것이죠.

- go to school은 '학교에 가다'이지만 '공부하러 가다'는 뜻입니다.

  school은 'n.학교, 수업'입니다. go to the school의 the school은 학교 건물을 말합니다. 담임선생님을 만나기 위해 학교 가는 것은 수업하러 가는 것이 아니라 the school(학교 건물)에 가는 것이죠.

- prison(=jail)은 'n.교도소, 감금'입니다.

  in prison은 '수감 중인(=감금 상태에 있는)'입니다. the prison은 교도소 건물을 나타냅니다. 누군가 in prison상태에 있으면 가족들은 수감 중인 사람을 면회하기 위해 go to the prison해야 하지요.

- bed는 'n.침대, 잠자리'입니다.

  be in bed는 '잠자리에 있다'이고 go to bed는 '잠자리에 가다(=자러 가다)'입니다. 잠자리란 잠을 자는 공간으로 침대가 있고 없고는 상관없지요. 동굴이든, 텐트든, 방바닥이든 등을 붙이고 자는 공간이 모두 잠자리입니다. the bed는 눈에 보이는 침대(가구)를 나타냅니다.

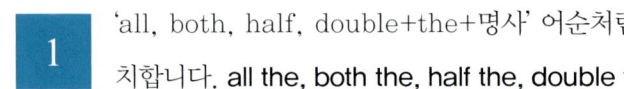

UNIT 149 a와 the의 위치

a와 the의 품사는 형용사로 a와 the는 뒤에 명사가 온다는 것을 알려 주는 신호입니다. a table 과 the table 사이에 수식 어구를 넣어 보세요. **a** really beautiful green **table**이나 **the** really beautiful green **table**처럼 관사와 명사 사이에 수식 어구를 넣는 것이 일반적인 어순입니다. 그런데 아래와 같이 관사와 명사 사이에 넣지 않고 **관사 앞에 위치하는 단어**들이 있습니다.

1 'all, both, half, double+the+명사' 어순처럼 all, both, half, double은 the 앞에 위치합니다. **all the, both the, half the, double the**를 여러 번 읽어서 익숙해지도록 하세요.

- a. **All the** flowers in the garden are beautiful.
  정원에 있는 모든 꽃들은 아름다워.
- b. **Both the** girls passed the exam.
  두 명의 소녀가 시험에 통과했어.
- c. I spent **half the** time in China.
  난 시간의 절반을 중국에서 보냈어.
- d. He was paid **double the** daily wage.
  그는 일당의 두 배를 지불받았어.

2 'such, quite, many, what+a+명사'처럼 such, quite, many, what은 a 앞에 위치합니다. **such a, quite a, many a, what a**는 '써치 어, 콰이엇 터, 메니 어, 홧 어'로 연결 발음이 자연스럽지요. 모두 자음으로 끝나기 때문에 모음 a와 자연스럽게 연결되는 것입니다.

- a. I'm sorry I talked **such a** long time. 너무 오랜 시간 통화해서 미안합니다.
- b. **Many a** man came to see it. 많은 사람들이 그것을 보러 왔어.
- c. What you said is **quite a** strange story. 네가 말한 것은 매우 이상한 이야기야.
- d. **What a** nice gift! 너무나 멋진 선물이야!

3 'so, as, too, how+형+a+명사'처럼 so, as, too, how는 a와 붙여 사용하지 않습니다. so(소우), too(투우), how(하우)처럼 모음으로 끝나는 단어 바로 뒤에 단모음 a(어)가 오면 '소우 어, 투우 어, 하우 어'처럼 연결 발음이 불편하기 때문에 a를 붙여 쓰지 않고 a를 뒤쪽 명사 앞으로 보냅니다. 이것은 발음상의 편리를 위하여 an apple, an hour, an orange라고 하는 것과 같습니다. as는 부정문에서 so의 동의어입니다.

a. He is **so** foolish **a** man to believe that.
   그는 그것을 믿을 정도로 너무 어리석은 사람이야.
b. I'm not **as** good **a** runner as you are.
   난 너만큼 좋은 달리기 선수가 아니야.
c. It's **too** small **a** room for me.
   그것은 나한테 너무나 작은 방이야.
d. **How** nice **a** gift (it is)!
   너무나 멋진 선물이야!

CHAPTER 12

Noun
명사

UNIT 150   명사
UNIT 151   셀 수 있는 가산(可算)명사
UNIT 152   셀 수 없는 불가산(不可算)명사
UNIT 153   가산명사 불가산명사 겸용
UNIT 154   명사의 단수 복수
UNIT 155   명사의 소유격 만들기
UNIT 156   가산명사 불가산명사 수량 표현
UNIT 157   명사구, 명사절, 전명구

UNIT 150 명사

명사(**名**詞-noun)는 name(이름)에서 파생된 단어로 사물에 이름을 붙여 놓은 말을 뜻합니다. 보통명사, 고유명사, 집합명사, 물질명사, 추상명사로 나누는 학습법은 영어 학습에 큰 도움이 되지 않습니다. **영어권 원어민에게 명사는 셀 수 있는 명사인지 셀 수 없는 명사인지 구분하는 것이 중요하고, 셀 수 있는 명사라면 단수인지 복수인지 구분하는 것이 중요합니다.** 영어사전에 셀 수 있는 명사는 C, 셀 수 없는 명사는 U로 표시되어 있습니다. C는 **C**ountable, U는 **U**ncountable의 첫 글자입니다.

우리는 UNIT 1 영어의 역사에서 서양 문명의 시작을 살펴보았습니다. 서양 문명의 시작은 지중해 중간에 있는 크레타라는 섬에서 시작했고, 그들은 이집트와 페르시아의 곡식과 선진 물품을 사서 미개한 지역에 되팔아 중개 무역에서 이익을 남기는 **상인**이라고 했습니다. 상인은 본능적으로 자신들이 갖고 있는 물건을 셀 수 있는 물건과 셀 수 없는 물건으로 분류하고, 하나로 취급하는 물건과 두 개로 취급하는 물건으로 분류합니다. 교환 거래를 쉽게 하고 더 많은 이익을 남기기 위해 물건을 정확하게 분류하는 것은 상인이 갖고 있는 본능이지요. shoes(신발)는 2개로 복수 취급합니다. 신발 1켤레인 2개를 주고 거기에 맞는 물건 2개를 받아야 이익이 되는 것은 당연합니다. 2개를 주고 1개를 받는 것은 상인에겐 손해 보는 셈법이지요. **물건을 셀 수 있는 물건과 셀 수 없는 물건으로 분류하고 셀 수 있는 물건을 다시 하나 취급, 2개 취급으로 나누는 사고는 상인의 사고 방식에서 나온 것입니다.** 영어권 언어들이 명사를 가산명사와 불가산명사, 단수명사와 복수명사로 분류하는 것은 그들의 조상이 상인이었기 때문입니다. 언어는 사람이 살아가는 생활 문화에 맞게 발전합니다. 우리는 농업을 기반으로 한 농업 문화이고 서양은 상업을 기반으로 한 상업 문화이기 때문에 기본적인 사고 방식이 다를 수밖에 없지요. 이러한 문화적 배경을 알고 영어를 학습하면 쉽게 이해가 될 것입니다. 명사 학습의 핵심은 다음과 같습니다.

■ 명사 학습의 핵심 ■
① 가산명사인가 불가산명사인가?
② 단수취급인가 복수취급인가?

UNIT 151 셀 수 있는 가산(可算)명사

셀 수 있는 명사는 a를 붙이고, 셀 수 없는 명사는 a를 붙이지 않음으로써 명사를 구분합니다. a book처럼 a를 붙여 말하면 상대방은 셀 수 있는 물건으로 받아들이고, water처럼 a를 붙이지 않으면 셀 수 없는 물건으로 받아들이지요. **셀 수 있는 단수 명사는 a book, the book, my book처럼 반드시 a, the, my(소유격)를 붙여야 합니다.** book처럼 단독으로 표현하는 일은 절대로 없습니다. **한 놈 어 더 마야** 정신을 차린다고 기억하세요.

a. Do you have **a** one-dollar **bill**?
   너 1달러 갖고 있니?

b. There's **a** beautiful **beach** near here.
   이 근처에 아름다운 해변이 있어.

c. Everybody knows the fact. It was **an accident**.
   모두가 그 사실을 알고 있어. 그것은 사고였어.

d. I have an interview for **a job** tomorrow.
   난 내일 일자리를 위한 인터뷰가 있어.

e. I'm coming. Can you wait **a moment**?
   가고 있는 중이야. 잠시 기다려 줄 수 있니?

f. He often does **a kindness** to the poor.
   그는 종종 가난한 사람들에게 친절한 행위를 해.

g. Are you speaking from **an experience**?
   당신 경험에서(=경험한 것을) 말하고 있나요?

h. I'm in **a** difficult **situation**.
   난 어려운 상황 속에 있어.

i. Japanese far-rightists made **an attempt** to land on Dokdo.
   일본 극우 단체들이 독도 상륙을 시도했어.

- a문장의 bill(지폐)은 종이 지폐로 한 장 두 장 셀 수 있기 때문에 a bill입니다. bill을 사전에서 찾아보면 'n.계산서, 청구서, 지폐, (국회)법안, 광고지, 벽보, (극장)프로그램'으로 나와 있습니다. bill은 '종이(paper)'로 기억하세요. 음식을 먹고 받는 종이는 계산서, 청구할 때 내미는 종이는 청구서, 돈 종이는 지폐, 국회의원들이 만들어서 낸 종이는 법안, 홍보용으로 나누어 주는 종

이는 광고지, 벽에 붙이는 종이는 벽보, 극장에서 나누어 주는 종이는 프로그램이지요. **bill은 사용하는 상황에 맞는 '종이'로 기억**하면 위의 뜻을 쉽게 기억할 수 있습니다.

- b문장의 beach(해변)는 해운대, 경포대처럼 셀 수 있기 때문에 a beach입니다.
- c문장의 accident(사건)는 한 건 두 건 셀 수 있기 때문에 an accident입니다. 뉴스에서 어제 교통사고가 몇 건 있었다는 소식을 자주 듣게 되지요.
- d문장의 interview(면접)는 A회사에서 1번, B회사에서 1번으로 셀 수 있기 때문에 an interview입니다.
- e문장의 moment(순간)는 5~10분 정도에 해당하는 한 번의 짧은 시간으로 셀 수 있기 때문에 a moment입니다.
- f문장의 kindness(친절)는 사람에게 베푸는 한 번의 친절한 행동으로 셀 수 있기 때문에 a kindness입니다.
- g문장의 experience(경험)는 언제, 어디에서 겪은 특별한 경험으로 셀 수 있기 때문에 an experience입니다. The job needs skill and experience처럼 특별한 경험이 아닌 일반적인 경험을 말할 때는 an을 붙이지 않습니다.
- h문장의 situation(상황)은 경험과 마찬가지로 언제, 어디에서 처한 한 차례의 특별한 상황으로 셀 수 있기 때문에 a situation입니다.
- i문장의 attempt(시도, 노력)는 셀 수 있습니다. 과거 일본인들의 독도 상륙 시도는 여러 번 있었지요.

이렇게 가산명사는 셀 수 있다는 표시로 a를 붙여서 나타냅니다. 또 가산명사 끝에는 -s나 -es를 붙여 복수를 나타낼 수 있습니다. 그러나 셀 수 없는 불가산명사에는 복수를 나타내는 -s나 -es를 붙일 수 없지요. a books는 논리적으로 맞지 않습니다. a는 하나를 의미하고 books는 둘 이상을 의미하기 때문에 a books라고 하면 하나라는 것인지 둘 이상이라는 것인지 알 수 없는 모호한 표현이 됩니다.

UNIT 152 셀 수 없는 불가산(不可算)명사

1 셀 수 없는 불가산 명사는 a를 붙이지 않음으로써 셀 수 없다는 것을 나타냅니다. 셀 수 없는 명사는 a와 복수형어미 -s, -es를 붙일 수 없지요. 즉 **셀 수 없는 명사는 a water 또는 waters처럼 사용할 수 없습니다.**

a. **Sand** is pouring from the bags. 모래가 자루에서 쏟아지고 있어.
b. I was listening to **music**. 난 음악을 듣고 있었어.
c. Do you have any **money**? 너 돈 좀 갖고 있니?
d. There is no **electricity** in this house. 이 집에는 전기가 없어.
e. They don't have enough **water** in Africa. 아프리카에는 충분한 물이 없어.
f. I am looking for eggs and **milk**. 난 계란과 우유를 찾고 있어.

- sand는 개체 수가 너무 많아서 하나하나 셀 수 없지요. rice(쌀), hair(머리카락), salt(소금), sugar(설탕) 역시 **개체 수가 너무 많아서 셀 수 없는 것**입니다. 세고 싶으면 a bowl of rice(한 공기의 쌀), a spoon of sugar(한 스푼의 설탕)처럼 사용해야 합니다.
- 옛날의 music은 길게 이어지는 것으로 어디까지가 한 곡인지 셀 수가 없었습니다. 음악을 셀 때는 a piece of music으로 사용합니다.
- money는 과거에 금, 은, 곡식 등 여러 가지가 돈의 기능을 했습니다. 당연히 오늘날의 돈처럼 셀 수 없었지요.
- electricity(전기)는 전류의 흐름이죠. 전봇대의 전선에는 전기가 흐르고 있습니다. 몇 개의 전기가 흐르고 있는지 셀 수 있나요?
- water는 셀 수 없지요. 수돗물은 몇 개이고, 강물은 몇 개이며, 바닷물은 몇 개일까요? 물은 a glass of water(한 잔의 물), a bucket of water(한 양동이의 물)처럼 사용합니다.
- milk는 물과 같지요. 우유를 세고 싶으면 a cup of milk(한 잔의 우유), a carton of milk(한 팩의 우유)처럼 사용합니다. **a coffee**(커피 한 잔), **an orange juice**(주스 한 잔)는 일반화 되어 a를 붙여서 사용해도 됩니다. 커피 잔과 주스 잔은 어딜 가나 비슷한 규격의 크기이기 때문에 하나로 인식하는 것이지요. 이렇게 사람의 사고는 시대에 맞게 계속 변하는 것입니다.

2 우리의 사고 방식으로는 셀 수 있는데 영어권 원어민의 사고 방식으로는 셀 수 없는 것이 있습니다. 그것은 조상으로부터 물려받은 영어권 원어민의 사고 방식이기 때문에 우리는 그대로 따라서 익힐 수밖에 없습니다. **불가산명사는 a와 복수어미 –s나 –es를 붙일 수 없고 항상 단수 취급한다는 것을 기억해야 합니다.**

news 뉴스	information 정보	work 노동, 일	bread 빵
traffic 차량	travel 여행	scenery 경치	baggage 수화물
advice 충고	garbage 쓰레기	furniture 가구류	jewelry 보석류
clothing 옷, 의류	surgery 수술		

a. **The news** was very depressing. 그 뉴스는 매우 우울한 것이었어.
b. I get much **information** on the Internet. 나는 많은 정보를 인터넷에서 구해.
c. I'm going to buy some **bread**. 난 빵을 조금 살 생각이야.
d. I'm looking for **work**. 난 일을 찾고 있어.
e. Why do you suppose there's so much **traffic**? 왜 이렇게 차량이 많다고 생각해?
f. We had a very good **trip**. 우린 좋은 여행 시간을 가졌어.
g. **Scenery** changes from season to season. 경치는 계절마다 바뀌어.
h. The man is waiting for his **luggage**. 그 남자는 수화물을 기다리고 있어.
i. **Advice** is no use to him. 충고는 그에게 아무런 소용이 없어.
j. They pick up the **garbage** on the street. 그들은 거리에서 쓰레기를 주워.
k. I bought this **furniture** on credit. 나는 이 가구를 외상으로 샀어.
l. Coral is mainly used for **jewelry**. 산호는 주로 보석용으로 사용돼.
m. I am trying on the **clothing**. 옷을 입어 보고 있는 중이야.
n. After **surgery**, sleepiness is normal. 수술 후에, 졸음은 일반적인 거야.

● news와 information은 셀 수 없습니다. '그는 살아서 돌아왔지만 친구들은 전사했어'라는 소식과 정보는 한 문장이기 때문에 하나라고 할 수 있지만, 내용상으로 보면 두 가지 소식이 들어있어 두 개라고도 할 수 있지요. 복합적인 뉴스와 정보는 셀 수 없기 때문에 a piece of news(한 건의 뉴스)처럼 사용합니다.

● bread에는 길고 큰 빵이 많습니다. 그것을 잘라서 낱개로 판매하는데 팔뚝만한 1개의 빵도 1개이고, 거기서 잘라낸 1조각도 1개라고 한다면 어느 것이 1개인지 알 수 없지요. **원어민에게 빵은**

규격화 되어 있지 않은 것이기 때문에 셀 수 없는 것입니다. 빵을 셀 때는 a loaf of bread(빵 한 덩이), a piece of bread(빵 한 조각)처럼 사용해야 합니다.

- work은 'n.노동, 공부, 연구'이기 때문에 셀 수 없지만 job은 'n. 일 자리, 직업'이기 때문에 a job 으로 셀 수 있습니다.
- traffic(차량, 교통량)은 당연히 셀 수 없습니다. 끝없이 이어지는 차량을 셀 수는 없습니다. 차**량**, 교통**량**이란 단어에서 보듯이 **양**은 셀 수 없다는 표시지요.
- travel(여행)은 셀 수 없지만 a trip, a tour는 집을 떠나 되돌아오는 한 번의 여행이기 때문에 셀 수 있습니다. travel은 모든 여행의 통칭입니다.
- scenery(경치)는 전체 풍경이기 때문에 셀 수 없습니다. 그러나 a view는 사진 한 장 찍은 것처럼 한 컷에 들어오는 풍경이기 때문에 셀 수 있습니다.
- baggage(=luggage)는 수화물(手貨物)로 손에 들고 다닐 수 있는 짐을 말합니다. 수화물은 들고 다닐 수 있게 간편하게 만든 짐으로 수화물은 그때그때의 포장에 따라서 개수가 달라지기 때문에 셀 수 없는 것입니다.
- advice(충고)를 5분 동안 들어보세요. 정보와 뉴스처럼 복합적인 내용의 충고는 셀 수 없지요. advice를 셀 때에는 a piece of advice(한 마디의 충고), two pieces of advice처럼 사용합니다.
- garbage(쓰레기)는 셀 수 없습니다. 음식물 쓰레기를 보거나 쓰레기 매집지의 쓰레기를 보면 쓰레기가 셀 수 없다는 것을 바로 알 수 있지요.
- furniture(가구**류**)는 가구 전체를 나타내는 통칭이기 때문에 셀 수 없습니다. 그러나 가구류에 속하는 a table, a desk, a sofa, a chair는 셀 수 있습니다.
- jewelry(보석**류**) 역시 보석 전체를 나타내는 통칭이기 때문에 셀 수 없지요. 그러나 보석류에 속하는 a ring(반지), a bracelet(팔찌) 등은 셀 수 있습니다. machinery(기계**류**) 또한 전체를 나타내는 통칭이기에 셀 수 없지만 여기에 속하는 a fax machine(팩스기), a copy machine(복사기)는 셀 수 있습니다.
- clothing(의**류**)은 옷 전체를 나타내는 통칭이기 때문에 셀 수 없습니다. 그러나 의류에 속하는 a coat(코트), a shirt(셔츠), pants(바지), shorts(반바지) 등은 셀 수 있습니다.
- surgery(수술)는 사람의 기술인 외과 의술(=기술)이기 때문에 셀 수 없습니다. 기술은 셀 수 있는 것이 아니지요. 머리 수술, 다리 수술처럼 한 차례의 수술은 an operation으로 operation은 셀 수 있습니다.

UNIT 153　가산명사 불가산명사 겸용

명사가 어떤 경우에는 셀 수 있고, 어떤 경우에는 셀 수 없는 경우가 있습니다.
즉 사용하는 상황에 따라 달라진다는 것이지요. 아래 문장들을 읽으면서 원어민이 어떤 감각으로 사용하는지 느껴 보세요. 의미 차이가 분명할 것입니다.

a. Did you hear **a noise** just now? 너 조금 전에 소음 하나 들었어?
b. I can't study here. There's too much **noise**. 여기서 공부할 수 없어. 소음이 너무 많아.

c. I have to buy **a paper** to read. 나는 읽을 신문을 하나 사야해.
d. I need some **paper** to write on. 난 쓸 종이가 필요해.

e. There's **a hair** in my rice. 나의 밥에 머리카락이 하나 있어.
f. You've got very long **hair**. 넌 매우 긴 머리카락을 갖고 있어.

g. I share **a room** with my sister. 난 여동생과 방 하나를 함께 사용해.
h. This bed takes up too much **room**. 이 침대는 너무 많은 공간을 차지해.

i. Have **a good time**! 좋은 시간 보내!
j. I can't wait. I don't have **time**. 난 기다릴 수 없어. 난 시간이 없거든.

k. I'd like **a coffee**, please. 나 커피 한잔 하고 싶어.
l. I like **coffee**. 난 커피를 좋아해.

m. The movie is **a failure**. 그 영화는 실패작이야.
n. Your **failure** is due to your negligence. 너의 실패는 태만 때문이야.

o. **Glass** is made from sand. 유리는 모래로부터 만들어져.
p. Give me **a glass**. 나에게 유리잔(=컵) 하나 줘.
q. Where is my **glasses**? 나의 안경이 어디 있어?

- noise(소음)는 일반적인 소음이기 때문에 셀 수 없지만 a noise는 한 번의 구체적인 소음이기 때문에 셀 수 있습니다. 고함 소리, 쿵쿵거리는 발걸음 소리, 물건 떨어지는 소리, 유리가 깨지는 소리, 자동차 경적 소리 등 한 번의 구체적인 소음은 셀 수 있기 때문에 a noise입니다.
- paper(종이)는 셀 수 없지만 a paper는 '신문, 문서'이기 때문에 셀 수 있습니다. 종이는 넓은 전지로 생산됩니다. 전지 1장도 1장이고 전지에서 잘라낸 1장도 1장이라면 거래에서 문제가 발생하기 때문에 셀 수 없는 것입니다. 종이를 셀 때는 a sheet of paper, two sheets of paper처럼 사용합니다. sheet 대신에 piece를 사용해도 됩니다.
- hair는 머리에 있는 머리카락 전체로 너무 많기 때문에 셀 수 없지만 a hair는 머리카락 하나이기 때문에 셀 수 있습니다.
- room은 '방'으로 사용할 때는 a room으로 셀 수 있지만 '공간(space)'이란 뜻으로 사용할 때는 셀 수 없습니다.
- time은 1회의 한정된 시간으로 사용할 때는 a time으로 셀 수 있지만 일반적인 시간을 나타낼 땐 셀 수 없습니다.
- coffee는 커피 한 잔을 나타낼 때는 a coffee로 셀 수 있습니다. 일상 생활에서 마시는 커피 잔은 규격화되어 있어 셀 수 있는 것으로 인식합니다. a cup of coffee에서 cup of를 생략하고 표현하는 것이죠. 한 잔의 커피가 아닌 일반적인 커피를 말할 때는 그냥 coffee입니다.
- failure(실패)는 셀 수 없지만 a failure(실패한 사람, 실패한 작품)인 경우에는 셀 수 있습니다. success(성공) 또한 셀 수 없지만 a success(성공한 사람, 성공한 작품)인 경우에는 셀 수 있지요.
- glass는 '유리'이기 때문에 셀 수 없지만 a glass는 '유리잔(=컵)'으로 셀 수 있습니다. 복수형인 glasses는 '안경'으로 항상 복수 취급합니다.

a piece of cake(케이크 한 조각), a bottle of beer(맥주 한 병), a carton of milk(우유 한 팩), a pound of sugar(설탕 1파운드), a bowl of rice(밥 한 그릇), a game of tennis(테니스 한 게임), an item of news(뉴스 한 건) 등은 셀 수 없는 명사를 셀 수 있도록 하는 어구들입니다.

# UNIT 154 명사의 단수 복수

1 economics(경제학), mathematics(수학), physics(물리학), politics(정치학), ethics(윤리학), genetics(유전학), linguistics(언어학)처럼 학과명은 단어 끝에 -s가 붙어 있어 복수로 착각하기 쉽습니다. 학과명은 형태는 복수이지만 대학에서 분류해 놓은 학과는 하나이기 때문에 단수입니다.

   a. **Economics is** an inexact science. 경제학은 부정확한 과학이야.
   b. **Mathematics is** my weak point. 수학은 나의 약점이야.

2 금액, 기간, 거리등은 전체가 하나의 개념이면 단수 취급하고 하나하나 낱개 개념이면 복수 취급합니다. 즉 상황에 따라 달라진다는 것이죠.

   a. **Twenty dollars was** stolen last night. 지난밤에 20달러가 도난 되었어.
   b. **Two years is** a long time to be without a job. 2년은 무직으로 있기에 긴 시간이야.
   c. **Two years have** passed since he died. 그가 죽은 후 2년이 지나가 있어.
   d. **Six miles is** a long way to walk every day. 6마일은 매일 걷기에 긴 거리야.
   e. I received **a ten-page letter** from him. 나는 그로부터 10페이지 편지를 받았어.

- a문장의 Twenty dollars는 형태는 복수지만 한 장 한 장의 지폐(a bill)로 보는 것이 아니라 20달러 전체를 하나의 단위로 보기 때문에 단수 취급합니다.
- b문장의 Two years는 형태는 복수지만 한 해 한 해(a year)로 보는 것이 아니라 2년 전체를 하나의 단위로 보기 때문에 단수 취급합니다. c문장의 Two years는 한 해(a year)가 두 번 지나간 것이기 때문에 복수 취급합니다.
- d문장의 Six miles는 형태는 복수지만 1마일 1마일(a mile)로 보는 것이 아니라 6마일 전체를 하나의 단위로 보기 때문에 단수 취급합니다.
- e문장의 a ten-page letter는 a letter(한 통의 편지)안에 ten-page가 들어간 것입니다. a ten-pages letter라고 하면 왜 안 될까요? a letter이기 때문이죠. 단수인 하나(a) 속에 복수인 page**s**가 들어갈 수 없는 것입니다.

3　shoes, scissors, gloves, trousers, jeans, glasses, spectacles는 단수가 아니라 복수입니다. 눈에 보이는 모습 그대로 2개이기 때문에 복수 취급하는 것입니다. 칼 1개와 칼날 2개가 붙어 있는 가위 1개를 교환하면 손해죠. 칼날 2개가 붙어 있는 가위는 하나가 아니라 두 개(복수) 취급하는 것이 상인에게는 이익이지요. 모두 상업현실주의에서 나온 사고입니다.

a. **Your shoes are** under the table. 네 신발은 테이블 아래에 있어.
b. **Jeans are** not appropriate for a formal party. 청바지는 공식 파티용으로 부적절해.
c. **Glasses are** used to see better. 안경은 더 잘 보기 위하여 사용돼.

4　the police(경찰들), cattle(소떼들), people(사람들), clergy(목사들, 성직자들) 등은 항상 복수 취급합니다. 경찰을 단수로 표현하면 a police officer, a policeman인데 요즘은 남녀평등으로 인해 남성 중심의 단어를 사용하지 않고 주로 a police officer를 사용합니다. people의 단수는 a person이고 clergy의 단수는 a clergyman입니다.

a. **The police have** arrested a thief. 경찰이 도둑을 체포해 놓았어.
b. **Cattle are** standing under the tree. 소들이 나무 아래에 서 있어.
c. How many **people are** there? 거기에 얼마나 많은 사람들이 있죠?

5　family(가족), audience(청중), committee(위원회), staff(직원), team(팀) 등은 단체로 보면 단수, 구성원 개개인으로 보면 복수입니다. a문장은 가족 구성원 하나하나를 의미하기 때문에 복수이고, b문장은 가족 전체가 하나의 단위이기 때문에 단수입니다. c문장은 청중 개개인이 모두 감동받았다는 것이기 때문에 복수이고, d문장은 위원회를 하나의 단위로 보기 때문에 단수입니다. e문장의 team은 팀원 개개인이 아니라 팀 전체가 하나의 단위이기 때문에 단수입니다.

a. **My family get** up early in the morning. 나의 가족들은 아침에 일찍 일어나.
b. **My family is** a large one. 나의 가족은 대가족이야.
c. **The audience were** moved by his speech. 청중들은 그의 연설에 감동받았어.
d. **The committee is** comprised of ten members. 위원회는 10명으로 구성되어 있어.
e. **Our team has** plenty of fans. 우리 팀은 많은 팬을 갖고 있어.

6 shake hands with(~와 악수하다)처럼 항상 복수로 사용해야 하는 경우도 있습니다. 악수를 하려면 손이 두 개 필요하지요. 버스를 바꿔 타려면 타던 버스와 옮겨 타는 버스, 즉 두 대의 버스가 있어야 합니다. 친구를 사귀는 것은 나와 친구로 역시 두 명이 필요하죠.

a. He smiled shaking **hands** with me. 그는 나와 악수하면서 웃었어.
b. I have to change **buses** to get to work. 난 출근하기 위해 버스를 갈아타야 해.
c. She wants to make **friends** with you. 그녀는 너와 친구가 되길 원해.
d. We often exchange **e-mails** with each other. 우린 서로 자주 이메일을 주고받아.

7 단수명사와 복수명사가 전혀 다른 의미를 갖고 있는 단어들. 동사나 형용사에 -s가 붙어 전혀 다른 뜻이 되는 단어들도 있습니다. 아래 단어들은 별도로 익혀둬야 합니다.

air 공기 - airs 거드름, 잘난척하는 태도
arm 팔 - arms 무기, 팔들
pain 고통 - pains 수고, 노력
content 만족 - contents 내용
manner 태도, 방법 - manners 예의범절
mean 의미하다, 비열한 - means 수단, 재산
matter 문제, 사건 - matters 사정, 상황
saving 절약 - savings 저축
cloth 천, 옷감 - clothes 옷

advice 충고 - advices 통지, 보고
good 선 - goods 상품
custom 습관 - customs 세관, 관습
force 힘 - forces 군대
art 예술, 미술 - arts 인문학, 예술
odd 이상한, 홀수의 - odds 가능성
regard 관심 - regards 안부 인사
term 기간, 학기, 용어 - terms 조건, 관계
authority 권위 - authorities 관계당국

UNIT 155 명사의 소유격 만들기

1 사람, 동물의 소유격은 단어 끝에 -'s를 붙입니다.

s로 끝나는 단어는 -'만 붙입니다. sister**s's**처럼 사용하면 -'s부분은 자음이 중복되어 발음되지 않기 때문에 -s를 붙이지 않는 것이지요. 그리고 소유격 뒤에 있는 명사는 생략해도 의미 전달에 이상이 없는 경우에 생략해도 됩니다.

the manager's office
the children's toys
my sister's (room)

the dog's tail
a girls' highschool
my brother's (book)

Minho's mother
birds' song

2 무생물의 소유격은 'of +명사'로 사용합니다.

과거 영국인이 사용하던 전통적인 소유격 표현 방식은 단어 끝에 -'s를 붙이는 방식이었습니다. 그런데 영국이 프랑스의 식민 지배를 받으면서 프랑스어 문법의 영향을 받아 무생물에는 'of+명사'를 사용하기 시작했습니다.

the name **of** the book 책의 이름
the legs **of** the table 테이블의 다리
the cost **of** a new computer 새 컴퓨터의 가격

the owner **of** the building 건물의 소유자
the beginning **of** the month 그 달의 시작

3 무생물의 소유격은 'of+명사' 방식을 사용합니다. 그러나 **시간, 거리, 무게, 가격, 장소, 단체** 등은 전통적인 표현 방식 그대로 -'s를 붙입니다.

ten minutes' break 10분의 휴식
five miles' distance 5마일의 거리
a dollar's worth 1달러의 가치
two pounds' weight 2파운드의 무게
the earth's surface 지구의 표면

the world's population 세계의 인구
today's newspaper 오늘의 신문
the company's success 회사의 성공
the school's tradition 학교의 전통
Europe's economy 유럽의 경제

4 a my book, the my book처럼 뒤에 소유격을 붙여 사용하지 않고 반드시 'a, the+명사+of+소유대명사' 구조로 사용해야 합니다. 문법 용어로 이중소유격이라고 하지요.

a. **This book of yours** is very interesting. 너의 것 중 이 책이 매우 재미있어.
b. **That dress of hers** is too short. 그녀의 것 중 저 드레스는 너무 짧아.
c. I met **a friend of mine** yesterday. 난 어제 친구 중 한 명을 만났어.
d. You may invite **any friend of yours**. 넌 너의 친구들 중 어떠한 친구를 초대해도 좋아.
e. Lend me **another book of yours**. 너의 것 중에서 또 하나의 책을 빌려줘.

a the book은 왜 틀린 표현일까요? a에 대한 설명은 관사에서 자세히 설명했습니다. a book은 상대편이 모르는 처음 듣는 어떤 책을 의미합니다. **a는 불확실을 나타내지요.** the book은 나도 알고 있고 상대방도 이미 알고 있는 그 책을 말합니다. **the는 확실을 나타냅니다.** a the book이라고 말하면 a book이라는 것인지 the book이라는 것인지 알 수 없는 모호한 표현이 되기 때문에 a the book처럼 사용하지 않는 것입니다. a my book은 왜 틀린 표현일까요? 소유격과 정관사 the는 동의어 관계(=관사 a와 the는 같은 위치)에 있기 때문에 a my book으로도 사용하지 않습니다. 그래서 불확실을 나타내는 a는 확실을 나타내는 소유격과 나란히 배열하여 사용하지 않고 a book of mine 구조로 표현하는 것입니다. a book of mine을 분해하면 a book(책 한 권)+of(~중)+mine(나의 것)입니다. a와 같이 불확실을 내포하고 있는 단어들은 some, **any**, **an**other입니다. any와 another는 a(n)가 포함되어 불확실성을 내포하고 있는 단어입니다. some은 '몇 개'로 2개인지 3개인지 4개인지 알 수 없지요. '몇'이란 단어가 불확실을 나타냅니다.

'내 차를 타라'라고 할 때 Get in **my car**또는 Get in **the car**라고 합니다. my car=the car가 되지요. my와 the는 같은 뜻을 나타냅니다. my the car, the my car처럼 소유격과 관사는 나란히 사용하지 않습니다. **소유격과 정관사 the는 동의어이기 때문에 같이 사용하면 같은 의미의 단어가 중복되기 때문에 사용하지 않는 것**이지요. that이 약화되어 the가 되었기 때문에 that=the입니다. 이제 왜 **the**, **th**is, **t**hat / **a**, some, **any**, **an**other와 소유격을 붙여 사용하지 않는지 이해하셨나요?

가산명사 불가산명사 수량 표현

a book처럼 a를 붙여 말하면 셀 수 있다는 정보를 알려주고 water처럼 a를 붙이지 않고 말하면 셀 수 없다는 정보를 알려줍니다. 수량 표현 또한 마찬가지입니다. **many** book**s**, **few** book**s**처럼 명사에 many와 few를 붙여 말하면 셀 수 있는 물건이 많고 적음을, **much** water, **little** water처럼 much와 little을 명사에 붙여 말하면 셀 수 없는 물건이 많고 적음을 알려 줍니다. 이와 같이 영어 원어민은 수량을 나타낼 때 가산명사와 불가산명사를 구분하여 사용합니다. 수량 표현에 사용하는 형용사는 아래와 같습니다.

	수	수와 양 공통	양
전부, 모두	all	all	all
많음	many a number of a great many	a lot of lots of plenty of	much a good deal of a great deal of
조금(긍정)	a few	some	a little
아주 조금(부정)	few		little
전혀없음(0)	none	none	none

1
many(많은), few(거의 없는)는 가산명사에만 사용합니다.

a number of가 왜 many의 동의어일까요? number는 'n.**무리**(group), 숫자'입니다. a number는 a group이기 때문에 many의 동의어인 것이죠. c문장의 **The number of** the homeless는 '노숙자**의 숫자**'로 the number는 '숫자'를 나타내기 때문에 단수 취급해야 합니다. few는 있기는 있지만 거의 없는 것이기 때문에 부정적인 뜻을 갖고, a few는 '몇 개, 조금(some)'으로 긍정적인 뜻입니다. many류 형용사는 'many+복수명사+복수동사'로 사용해야 합니다.

a. There **are many** different injection**s**. 많은 다른 예방 접종들이 있어.
b. **A number of** bicycle**s are** chained to the tree. 많은 자전거들이 나무에 묶여 있어.
c. **The number of** the homeless **is** increasing. 노숙자들 숫자가 증가하고 있어.
d. **A few friends** came to my birthday party. 몇 명의 친구가 내 생일 파티에 왔어.
e. **Few workers** participated in demonstrations. 극소수의 노동자들이 시위에 참여했어.

2 **much(많은), little(거의 없는)은 불가산명사에만 사용합니다.**
a great deal of가 much의 동의어인 것은 deal이 'n.다량'으로 단어의 의미가 많은 양을 나타내기 때문입니다. little은 아주 조금 있지만 거의 없는 것이기 때문에 부정적인 뜻을 갖고 있고 a little는 '조금(some)'으로 긍정적인 뜻입니다. much류 형용사는 불가산명사에 사용하기 때문에 'much+단수명사+단수동사'로 사용해야 합니다.

a. There **is much** racial **discrimination** in America. 미국에는 많은 인종 차별이 있어.
b. There **is a good deal of work** to do. 해야 할 많은 일들이 있어.
c. If sauce is too thick, add **a little milk**. 소스가 너무 진하면 우유를 조금 넣으세요.
d. I have **little time** these days. 난 요즘 시간이 거의 없어.

3 **all(모두), none(0), lot(많은), plenty(많은), some(조금)은 가산명사, 불가산명사 모두에 사용합니다.** all은 모두, none은 0을 나타냅니다. all과 none은 전체를 나타내기 때문에 전체는 수와 양을 구분할 필요가 없지요. lot을 가산명사 불가산명사 모두에 사용하게 된 것은 미국의 이민사에 있습니다. 신대륙 아메리카에 몰려든 많은 이민자들에게 정착할 땅이 필요하여 넓은 들판을 일정 크기로 나누어 제비뽑기로 나누어 주었는데 이 때 나누어 놓은 한 블록의 토지를 lot라고 불렀습니다. 넓은 들판은 셀 수 없지만 넓은 들판을 여러 개로 나누어 놓은 많은 lot(구역)들은 셀 수 있지요. a lot of는 1725년, lots of는 1812년 미국에서 처음 사용되었습니다. plenty는 'a.**충분한**, 많은'으로 '충분한'은 수와 양을 구분할 필요가 없지요. some은 'n.약간, 조금'이기 때문에 수와 량 모두에 사용합니다.

a. **All the roads were** turned into parking lots. 모든 길들이 주차장으로 변했어.
b. **All the money is** tied up in the estate. 모든 돈이 부동산에 묶여 있어.
c. **Lots of people were** watching. 많은 사람들이 구경하고 있었어.
d. **A lot of time has** been spent on argument. 많은 시간이 논쟁에 허비되어 있어.
e. I have **some books** on meditation. 난 명상에 관한 몇 권의 책을 갖고 있어.
f. We need **some information** about him. 우리는 그에 관한 약간의 정보가 필요해.
g. **None of them are** wearing helmets. 그들 중 아무도 헬멧을 쓰고 있지 않아.
h. **None of the information is** useful to me. 그 정보는 나에게 전혀 도움이 안 돼.

UNIT 157 명사구, 명사절, 전명구

지금까지 한 단어로 된 명사에 대해서 학습했습니다. 사전에서 C로 표시되어 있으면 가산명사이고 U로 표시되어 있으면 불가산명사입니다. a를 붙일 수 있는지 없는지, 복수형 어미 -s, -es를 붙일 수 있는지 없는지는 C와 U라는 약자가 알려줄 것입니다. 명사는 한 단어가 아닌 두 단어 이상으로 결합된 명사도 있습니다. 명사구, 명사절이란 용어에 익숙해져 있을 것입니다. 명사구에는 to부정사의 명사적용법, '의문사+to부정사', 동명사가 있고 명사절에는 접속사(that, if, whether), 간접의문문, 관계대명사(what)가 있습니다. 앞에서 이미 학습했기 때문에 이 장에서는 '명사+명사', '전치사+명사' 구조에 대해서 설명합니다.

1 '전치사+명사'는 동사를 수식하면 부사구, 명사를 수식하면 형용사구입니다.

'**전치사**+**명사**'를 흔히 전명구라고 하지요. 'with+추상명사=부사구', 'of+추상명사=형용사구'와 같은 공식은 암기하지 않는 것이 좋습니다.

a. It's fragile, so handle it **with care**. 그것은 깨지기 쉬워. 조심성 있게 다뤄.
b. He is a man **of remarkable imagination**. 그는 놀랄만한 상상력을 갖고 있는 사람이야.
c. He fought his misfortune **with courage**. 그는 용기 있게 그의 불행과 싸웠어.
d. We now need a leader **with courage**. 우리는 지금 용기 있는 리더가 필요해.
e. Open the map **on the table**. 지도를 테이블 위에 펼쳐 봐.
f. Don't touch the money **on the table**. 테이블 위에 있는 돈 건드리지 마.
g. It is **of no use** to tell him. 그에게 말하는 것은 소용없어.

a문장의 with care는 동사 handle을 수식하기 때문에 부사구입니다. b문장의 of remarkable imagination은 앞에 있는 명사 a man을 수식하기 때문에 형용사구입니다. c문장에서 with courage는 동사 fought를 수식하기 때문에 부사구이고 d문장에서 with courage는 앞에 있는 형용사 a leader를 수식하기 때문에 형용사구입니다. e문장의 on the table은 동사 open을 수식하기 때문에 부사구이고 f문장의 on the table은 앞에 있는 명사 the money를 수식하기 때문에 형용사구입니다. g문장의 of no use는 '소용없는(useless)'로 be동사와 결합하는 형용사구입니다. '전치사+명사'는 동사를 수식하면 부사구, 명사를 수식하거나 서술하면 형용사구입니다.

2 명사는 '명사+명사' 구조로 자주 사용합니다.

명사는 일반적으로 '형용사+명사' 구조로 사용하기 때문에 명사 앞에는 형용사가 온다는 고정 관념을 갖기 쉽지요. a~g문장은 '명사+명사' 구조이고, h~l문장은 '명사+명사+명사' 구조입니다. m~n문장의 V-ing는 동명사입니다. 명사 앞에 있는 V-ing가 동명사인지 현재분사인지 구별하는 방법은 UNIT 69에서 학습했습니다.

a. Four people were injured in a **factory fire**. 공장 화재로 4명이 부상당했어.
b. Ten years ago, I had a **car accident**. 10년 전에, 나에겐 교통사고가 있었어.
c. Read a book about **Roman history**. 로마 역사에 관한 책을 읽어 봐.
d. Please pull up in front of the **subway station**. 지하철역 앞에서 세워 주세요.
e. Didn't you hear the **weather forecast**? 일기 예보 못 들었니?
f. Our company needs **government support**. 우리 회사는 정부 지원이 필요해.
g. I'm working in my **vegetable garden**. 채소밭에서 일하고 있어.
h. He is the chairman of **Korea Football Association**. 그는 한국축구협회 회장이야.
i. Let's see at the **hotel reception desk**. 호텔 접수처에서 만나자.
j. Root out the **government corruption scandal**. 정부 부패 스캔들을 뿌리 뽑자.
k. We have good **health care programs**. 우리는 좋은 건강 관리 프로그램을 갖고 있어.
l. The machine has **Color Imaging Device**. 그 기계는 컬러 이미지 장치를 갖고 있어.
m. The **washing machine** broke down. 세탁기가 고장 났어.
n. The ball is in the **swimming pool**. 공이 수영장 안에 있어.
o. It is a **five-day backpack trip**. 그것은 5일짜리 배낭 여행이야.
p. I sent a **10-page letter** to her. 나는 열 장 짜리 편지를 그녀에게 보냈어.

memo

CHAPTER 13

Adjectives & Adverb & Comparison
형용사, 부사, 비교

UNIT 158	형용사
UNIT 159	형용사의 사용법
UNIT 160	형용사의 어순
UNIT 161	주의해야 할 형용사
UNIT 162	부사
UNIT 163	부사의 위치
UNIT 164	형용사와 모양이 같은 부사
UNIT 165	-ly를 붙였을 때 뜻이 완전히 달라지는 부사
UNIT 166	최상급을 이용한 비교구문

UNIT 158 형용사

1 형용사(形容詞)의 形容은 '형태 형, 모양 용'입니다. 형용사를 사물의 성질이나 **상태**를 나타내는 말이라고 정의하는데, 그렇게 기억해서는 영어 학습에 도움이 되지 않습니다. **형용사는 명사를 설명해 주는 말로 기억해야 합니다.** 영어로 형용사는 adjective로 ad(이동)+ject(던지다)의 결합입니다. adjective에는 명사로 이동하여 명사를 수식하고 명사를 서술하라는 뜻이 담겨져 있습니다.

a. He became **happy** after he met her. 그녀를 만난 이후로 그는 행복하게 되었어.
b. She got **married** in 1996. 그녀는 1996년에 결혼했어.
c. As I felt **tired**, I went to bed early. 나는 피곤함을 느껴서 일찍 자러 갔어.

became happy를 우리말로 옮기면 '**행복하게** 되었어'로 'a.행복한'이란 형용사 happy를 부사 'ad.행복하게(happily)'로 옮기게 됩니다. 우리말 '행복하게 되었어'를 영어로 옮기라고 하면 became happily로 옮기는 분들이 많지요. 그래서 '2형식 동사(be, become류)+형용사'라고 공식화하여 부사를 쓰지 않도록 강조하고 있습니다. become(~되다)+happy(a.행복한)의 결합은 우리식 사고로는 상당히 어색합니다. become happy는 become(~되다)+**happy(행복한 상태)**의 결합으로 형용사를 명사로 인식하는 것이 좋습니다. get married는 하나로 묶어 '결혼하다'라는 숙어가 아니라 get(~되다)+**married(결혼상태)**의 결합으로 '결혼하다'는 뜻이 되는 것이죠. feel tired는 feel(~을 느끼다)+tired(a.피곤한)로 결합하면 어색하지요. feel(~을 느끼다)+**tired(피곤함, 피곤한 상태)**의 결합입니다.

형용사는 **어떤 상태**를 나타냅니다. 중세영어 시기까지 형용사와 명사를 명확하게 구분할 수 없는 것으로 보아 형용사를 명사형용사라고 정의했습니다. 즉 과거 영국인들은 형용사를 명사로 인식했다는 것이지요. 현대영어 시기에 형용사형 접미사와 명사형 접미사가 발달하여 형용사와 명사가 구분되었지만 사용에 있어서는 그렇지 않습니다. become a teacher처럼 become류 동사들은 명사와 결합하여 사용해야 자연스럽습니다. happy의 명사형 happiness가 있고, bored의 명사형 boredom이 있음에도 원어민은 get happy, get bored처럼 형용사를 더 많이 사용하고 있지요. 형용사가 상태를 나타내고 원어민이 여전히 형용사를 명사로 인식하고 있기 때문에 상황에 따라 형용사를 명사로 인식하는 것이 좋습니다.

2 형용사는 '형용사+명사', 'be동사+형용사'로 사용합니다.

명사를 수식하면 한정용법(=제한용법)이라고 하고, 명사를 설명하면 서술용법이라고 합니다. 영어의 형용사는 big(큰), pretty(예쁜), red(붉은)처럼 단어에 명사를 수식할 때 필요한 'ㄴ'이 들어 있습니다. 그래서 big tree, pretty girl, red wine처럼 '형용사+명사'로 결합하기만 하면 되지요. 그러나 '크다, 예쁘다, 붉다'처럼 형용사를 서술하기 위해서는 The tree **is big**, The girl **is pretty**, The wine **is red**처럼 'be동사+형용사' 형태로 사용해야 합니다. is big은 is(~이다)+big(a.큰)이지만 is(~이다)+big(큰 상태)의 결합입니다. 형용사는 상태를 나타내고, 원어민은 형용사를 명사로도 인식하기 때문에 be동사와 become류 동사와 결합하는 형용사를 명사로 인식하는 것이 영어 학습에 도움이 됩니다. 형용사는 사전에 나오는 형용사만 있는 것이 아닙니다. 단어와 단어가 결합하여 형용사 기능을 하기 때문에 형용사**구**, 형용사**절**도 알아야 합니다.

a. I like the girl **with brown eyes**. 난 갈색 눈을 가진 저 소녀를 좋아해.
b. He passed the exam **with ease**. 그는 시험에 쉽게 통과했어.
c. This **is of no use**. 이것은 쓸모없어.
d. The man **standing at the tree** is my father. 나무 옆에 서 있는 남자는 나의 아빠야.
e. Look at your car **covered with dust**. 먼지로 덮인 네 차를 봐라.
f. I need something **to eat**. 난 먹을 무엇인가가 필요해.
g. The man **that I loved** was Jack. 내가 사랑했던 사람은 잭이었어.
h. I lost the book **that you lent me**. 네가 빌려준 그 책을 분실했어.
i. This is the house **where I live**. 이곳은 내가 살고 있는 집이야.

- a~c문장은 '전치사+명사'입니다. '전치사+명사' 구조를 전명구라고도 하지요. 전명구가 명사를 수식하면 형용사구가 되고, 전명구가 동사를 수식하면 부사구가 됩니다. 모든 언어는 수식과 피수식 구조로 되어 있습니다. a문장의 with brown eyes는 앞에 있는 명사 the girl을 수식하기 때문에 형용사구입니다. 그러나 b문장의 with ease는 동사 passed를 수식하기 때문에 부사구입니다.
- c문장의 of no use는 'a.쓸모없는'로 형용사구입니다. It is **of no use**와 It is **useless**는 같은 뜻으로, be동사와 결합하여 명사를 서술하면 형용사입니다.
- d문장의 standing at the tree는 앞에 있는 명사 the woman을 수식하는 형용사구입니다. 현재분사의 품사는 형용사로 현재분사 V-ing에는 명사를 수식하는 'ㄴ'이 들어 있습니다.

- e문장의 covered with dust는 앞에 있는 명사 your car를 수식하는 형용사구입니다. 과거분사의 품사는 명사, 형용사로 과거분사 V-ed에는 명사를 수식하는 'ㄴ'이 들어 있습니다.
- f문장의 to eat은 앞에 있는 명사 something을 수식하는 형용사구입니다. to부정사의 형용사적 용법으로 to부정사에서 배웠습니다. '서다, 덮다, 먹다'처럼 '~다'로는 명사를 바로 수식할 수 없기 때문에 명사를 수식할 수 있는 'ㄴ'기능을 추가해 주어야 합니다. 그래서 V-ing, V-ed, to V처럼 동사를 형용사형으로 변화시켜 주는 것이지요.
- g~i문장은 관계사 문장으로 절(주어+동사)이 앞에 있는 명사를 수식하기 때문에 형용사절입니다. a문장의 the man that I loved는 '내가 사랑했던 그 사람'으로 I loved(내가 사랑했다)+that(ㄴ)+the man의 결합입니다. '사랑했다+그 사람'처럼 동사로는 명사를 수식할 수 없기 때문에 'ㄴ' 기능을 하는 that이 필요한 것이지요.

형용사, 형용사구, 형용사절은 모두 명사를 수식하거나 명사를 서술(설명)하는 것입니다. 우리는 부사 편에서 부사, 부사구, 부사절을 학습하게 됩니다. 형용사는 명사를 수식하고 명사를 설명해 주는 말임을 반드시 기억해야 합니다. 그러면 주로 동사를 설명해 주는 기능을 하는 부사와 쉽게 구별할 수 있을 것입니다.

■ 형용사 학습의 핵심 ■
① 형용사는 명사를 설명해 주는 말이다.
② 형용사는 '형용사+명사', 'be동사+형용사' 구조로 사용한다.
③ '전치사+명사', to부정사, 현재분사, 과거분사, 관계사는 형용사 기능을 한다.

UNIT 159 형용사의 사용법

1 형용사는 한정용법(=수식용법, 제한용법)과 서술용법으로 사용합니다.

형용사가 명사의 앞뒤에 위치하여 명사를 직접 수식하면 한정용법이고, 형용사가 be동사와 결합하여 명사를 설명하면 서술용법입니다.

a. He is an **outgoing** person. 그는 외향적인 사람이야.
b. Give me **something cold** to drink. 나에게 마실 차가운 무언가를 줘.
c. She hopes to marry **someone rich**. 그녀는 부유한 어떤 사람과 결혼하기를 원해.
d. I'd like to go **somewhere crowded**. 나는 혼잡한 어딘가에 가고 싶어.
e. The sum **total** is over ten million won. 총액이 일천만 원을 넘어.
f. The ruins were here from time **immemorial**. 폐허들은 옛날부터 여기 있었어.
g. We need a large room **available** tonight. 우리는 오늘밤 이용 가능한 큰 방이 필요해.
h. He **is kind** and **humorous**. 그는 친절하고 유머가 있어.
i. I **got bored** with his speech. 나는 그의 강의에 지루해졌어.
j. This flower **smells sweet**. 이 꽃은 향기로운 냄새가 나.
k. He made me **angry**. 그는 나를 화나게 만들었어.

a~g문장의 형용사는 명사를 수식하는 한정용법입니다. 대부분의 형용사는 a문장처럼 앞에서 뒤에 있는 명사를 수식합니다. 그러나 b~d문장처럼 -thing, -one, -body, -where로 끝나는 단어들은 뒤에서 앞에 있는 명사를 수식합니다. e문장의 the sum total(합계)과 f문장의 from time immemorial(옛날부터)처럼 뒤에서 앞에 있는 명사를 수식하는 경우도 있는데, 이는 프랑스어 문법의 영향을 받은 것입니다. 프랑스어 형용사는 영어와는 달리 형용사가 명사 뒤에 위치하여 앞에 있는 명사를 수식합니다. g문장의 available은 'a.이용 가능한'으로 a large room which is available에서 which is가 생략된 것입니다.

h~j문장의 형용사는 명사를 설명해 주는 서술용법입니다. h~j문장의 형용사는 주어를 설명해 주는 주격보어이고, k문장의 형용사는 목적어를 설명해 주는 목적격보어입니다. 형용사는 be동사, become류 동사와 결합하여 명사를 설명해 줍니다. become류 동사는 2형식 동사라고도 하며 UNIT 103에서 학습했고, 목적격보어에 대해서는 UNIT 107에서 학습했습니다.

2 **한정용법으로만 사용하는 형용사**

She is a **pretty girl**, She **is pretty**처럼 대부분의 형용사는 한정용법과 서술용법 겸용으로 사용할 수 있습니다. 그러나 한정용법으로만 사용하는 형용사, 서술용법으로만 사용하는 형용사가 있습니다. live(a.살아 있는), main(a.주요한), mere(a.단순한), elder(a.연장자인), total(a.합계의), next(a.다음의), drunken(a.술 취한), only(a.유일한), former(a.이전의), inner(a.안쪽의), outer(a.바깥쪽의)등은 한정용법으로만 사용하는 형용사로, be동사와 결합하여 He is live, It is main처럼 서술용법으로 사용하지 않습니다. '술 취해 있다'는 is drunken이 아니라 is drunk를 사용합니다.

a. I'm watching a **live** broadcast of the concert. 나는 콘서트 생방송을 보고 있어.
b. What is the **main** aim of the program? 그 프로그램의 주요 목적이 뭐야?
c. He is a **mere** boy. 그는 단순한 애일 뿐이야.
d. The **drunken** man is lying on the road. 술 취한 사람이 길에 누워 있어.
e. Don't talk to him when he **is drunk**. 그가 술 취해 있을 때 그에게 말 걸지 마.

3 **서술용법으로만 사용하는 형용사**

alive(a.살아 있는), asleep(a.잠든), alone(a.혼자인), alike(a.비슷한), aware(a.알고 있는), afraid(a.두려운), ashamed(a.부끄러운), glad(a.기쁜), pleased(a.기쁜) sorry(a.미안한), worth(a.가치 있는) 등은 서술용법으로만 사용합니다. alive와 asleep은 단어의 변천사를 보면 왜 서술용법으로만 사용하는지 알 수 있습니다. alive는 on life가 on live가 되었고 그 다음 on이 a로 바뀐 후 두 단어가 결합하여 alive가 되었습니다. alive는 원래 두 단어 on life로 전명구는 앞에서 뒤에 있는 명사를 수식하지 않기 때문에 명사 뒤에 위치하여 서술용법으로만 사용하게 된 것입니다. asleep의 변천 과정 또한 alive와 같습니다.

a. I think they **are** still **alive**. 나는 그들이 여전히 살아있다고 생각해.
b. All this happened while I **was asleep**. 이 모든 것이 내가 잠든 동안에 일어났어.
c. You **are** not **alone**. 넌 혼자가 아니야.
d. They **are alike** in character. 그들은 성격이 비슷해.
e. My wife **is afraid** of birds. 나의 아내는 새를 무서워해.
f. The show **was worth** watching. 그 공연은 볼 가치가 있었어.

4 한정용법과 서술용법으로 사용될 때 그 뜻이 달라지는 형용사

certain은 서술용법으로 사용하면 'a.확실한(sure)'이고 한정용법으로 사용하면 'a.어떤'입니다. present는 서술용법으로 사용하면 'a.참석한'이고 한정용법으로 사용하면 'a.현재의'입니다. late는 서술용법으로 사용하면 'a.늦은'이고 한정용법으로 사용하면 'a.죽은(dead)'입니다. right는 서술용법으로 사용하면 'a.옳은'이고 한정용법으로 사용하면 'a.오른쪽의'입니다. 한정용법과 서술용법으로 사용될 때 그 뜻이 달라지는 형용사들은 나올 때마다 익혀 두어야 합니다.

a. I **am certain** that I left my wallet in the car. 지갑을 차 안에 두었던 것이 확실해.
b. A **certain** man phoned you just now. 어떤 사람이 방금 너에게 전화했었어.
c. The chairman **is present** at the event. 회장님이 행사에 참석해 있어.
d. The **present** chairman will retire next week. 현재의 회장님은 다음 주에 은퇴할 거야.
e. You **are** always **late** for appointments. 넌 항상 약속 시간에 늦어.
f. The **late** Jackson was a biologist. 죽은 잭슨 씨는 생물학자였어.
g. Raise your **right** hand. 오른쪽 손을 들어.
h. It **is right** that they should be punished. 그들이 처벌되어야 하는 것은 옳아.

5 'the+형용사'는 복수 보통명사, 단수 보통명사, 추상명사로 사용됩니다.

the rich는 rich people(부유한 사람들)이기 때문에 복수 취급합니다. the poor(가난한 사람들), the homeless(노숙자들), the injured(부상자들), the young(젊은 사람들), the disabled(장애인들) 등이 있습니다. 'the+형용사'가 단수 보통명사로 사용되는 경우는 the accused(고소당한 사람)가 있습니다. 'the+형용사'가 추상명사로 사용되는 경우는 the good(善), the beauty(美), the right(올바른 것), the wrong(잘못된 것) 등이 있습니다.

a. We gave blankets to **the homeless**. 우리는 노숙자들에게 담요를 주었어.
b. **The rich** tend to despise **the poor**. 부자들은 가난한 자들을 멸시하는 경향이 있어.
c. **The injured were** taken to the hospital. 부상자들은 병원으로 이송되었어.
d. **The young** should respect **the old**. 젊은이들은 늙은 사람들을 존경해야 해.
e. **The accused was** sentenced to life imprisonment. 피고인은 종신형을 선고받았어.
f. You must tell **the right** from **the wrong**. 넌 옳은 것과 잘못된 것을 구분해야 해.

UNIT 160 형용사의 어순

명사 앞에 2개 이상의 형용사가 올 때 일반적으로 '**관사**+서수+기수+성질+크기+신구+색깔+국적+재료+**명사**'의 어순을 취하게 됩니다. 이 순서를 무작정 암기하는 것은 어리석은 짓이지요. 형용사는 나열하는 순서가 있습니다. 많은 컵이 놓여 있는 상태에서 '예쁜 컵 주세요, 큰 컵 주세요, 초록색 컵 주세요, 한국산 컵 주세요, 유리컵 주세요'라고 말해 보세요. 예쁜 컵, 큰 컵, 초록색 컵처럼 성질, 크기, 색깔은 상당히 주관적이라 개인마다 고른 것이 달라질 것입니다. 나에게는 예쁘지만 다른 사람에겐 예쁘지 않지요. 나에게는 크지만 다른 사람에겐 작은 컵일 수도 있습니다. 진한 초록색은 파란색에 가깝기 때문에 어떤 사람은 푸른색의 범주에 넣어버리죠. 그러나 한국산 컵, 중국산 컵, 유리컵, 플라스틱 컵처럼 국적과 재료는 모든 사람들에게 객관적입니다. **영어 원어민은 형용사를 나열할 때 가장 객관적인 사실을 알려 주는 형용사를 명사 앞에 둡니다.** 주관적인 형용사는 '성질, 크기, 신구, 색깔' 순서이고, 객관적인 형용사는 '국적, 재료'입니다. 아래와 같이 명사 앞에 형용사를 배열해 보세요.

a. **a** beautiful yellow plastic **cup** (관사+성질+색깔+재료+명사)
b. **a** new Italian leather **bag** (관사+신구+국적+재료+명사)
c. **the** soft black silk **shirt** (관사+성질+색깔+재료+명사)
d. **the** old Korean wooden **chair** (관사+신구+국적+재료+명사)

그럼 관사를 제일 먼저 말하는 이유가 무엇일까요? a는 상대방이 처음 듣는 어떤 것을 말하고, the는 상대편도 이미 알고 있는 그것을 말합니다. a와 the를 먼저 말함으로써 상대편이 알고 있는 명사를 말하려는 것인지 상대편이 모르는 명사를 말하려는 것인지 먼저 알려 주는 것입니다. '**관사**+**주관**적인 형용사+**객관**적인 형용사+**명사**'라는 큰 틀을 기억해 두세요.

서수(序數)는 first(첫째), second(둘째)…처럼 순서를 나타내는 말입니다. 서(序)는 '순서 서'입니다. 기수(基數)는 one(1), two(2)…처럼 자연수를 말합니다. 왜 the first two apples처럼 '서수+기수' 순서로 말할까요? 영어는 서수를 말할 때 the first, the second, the third처럼 정관사 the를 붙여서 말합니다. 순서가 정해지면 그 순서에 놓여 있는 것은 하나로 정해지기 때문이지요. 과일가게에서 '첫 번째 줄의 사과 두개 주세요'라고 말하지 '두개의 첫 번째 줄 사과 주세요'라고 말하지 않습니다. 이것은 영어나 우리나 똑같은 사고입니다.

관사와 동일한 위치에 놓이는 것은 지시형용사와 소유격이 있습니다. the는 that이 약화된 단어이기 때문에 the와 that은 동의어입니다. 그래서 정관사 the와 그 사촌들(that, those, this, these)은 같은 위치인 것이죠. Get in **my car**, Get in **the car**는 같은 뜻이죠. 소유격과 정관사는 동의어 관계에 있기 때문에 소유격과 관사의 위치는 같습니다. 정관사 the와 지시형용사, 소유격은 동의어 관계에 있기 때문에 같은 위치인 것입니다. 이제 '**관사+서수+기수+주관적인 형용사+객관적인 형용사+명사**'가 자연스러워졌나요?

마지막으로 하나 더 있습니다. all(모두), both(두 개), double(두 배), half(절반)는 관사 앞에 위치합니다. all the, both the, double the, half the를 여러 번 읽어 보면 자연스럽게 기억될 것입니다.

형용사 어순은 제일 먼저 '관사+명사'를 만들고, 그 사이에 '서수+기수+주관적인 형용사+객관적인 형용사' 어순으로 집어넣으면 됩니다. 이제 아래 문장들을 읽으면서 어순에 대한 감각을 갖도록 해보세요. 기준이 되는 관사와 명사에 밑줄을 그어 놓았습니다. 관사 앞에 무엇이 오고 관사와 명사 사이에 어떤 순서로 형용사가 나열되어 있는지 확인해 보세요. b문장은 형용사 어순을 위해 만들어 본 문장입니다. 관사와 명사 사이는 보통 3개 이하의 형용사가 나열됩니다. 4개 이상 나열하면 듣고도 그 특징을 모두 다 기억하기 힘들어지지요.

a. Throw away **all those old plastic toys**.
   그 모든 오래된 플라스틱 장난감을 버려.

b. This is **a beautiful round green Italian wooden table**.
   이것은 아름다운 둥근 녹색 이탈리아산 나무 테이블이야.

c. **Both his new friends** have been invited to the party.
   두 명의 그의 새 친구들은 파티에 초대되어 있어.

d. He usually wears **these three large black shirts**.
   그는 보통 이 세 개의 큰 검정 셔츠를 입어.

e. You have to clean **half those dirty glass dishes**.
   넌 절반의 저 더러운 유리 접시들을 닦아야 해.

f. My wife has bought **a green French silk dress**.
   아내는 녹색 프랑스산 실크 드레스를 사 놓았어.

UNIT 161 주의해야 할 형용사

형용사 kind에 −ly를 붙이면 부사 kindly가 됩니다. 일반적으로 영어 형용사에 −ly를 붙이면 부사가 됩니다. 그러나 형용사 lone(a.혼자인)에 −ly를 붙인 lonely는 '외롭게'라는 부사가 되는 것이 아니라 형용사 'a.외로운'입니다. 또 friendly는 '친구답게'라는 부사가 아니라 형용사 'a.친구다운, 우호적인'입니다. '명사+ −ly'는 대부분 형용사가 되지요. −ly를 부사형 접미사로 기억하면 −ly가 붙어 있는 단어를 부사로 착각하기 쉽기 때문에 −ly가 붙는 형용사는 별도로 익혀서 부사로 착각하지 않도록 해야 합니다.

love n.사랑	lovely a.사랑스런, 귀여운, 아름다운(=beautiful)
friend n.친구	friendly a.친구 같은, 우호적인, 친절한
order n.명령, 질서, 순서	orderly a.정돈된, 단정한
time n.시간	timely a.시기적절한, 때맞춘
cost n.가격, 비용	costly a.비용이 많이 드는, 값비싼(=expensive)
liveness n.살아있음, 활기참	lively a.활기찬, 적극적인
coward n.겁쟁이	cowardly a.겁 많은, 비겁한 ad.비겁하게
earth n.지구, 땅	earthly a.지상의, 세속적인
elder n.연장자, 노인	elderly a.나이 드신(old보다 정중한 표현)
heaven n.천국	heavenly a.천국의(명사 앞에만 사용), 천국 같은
king n.왕	kingly a.왕의, 왕다운
leisure n.여가, 자유 시간	leisurely a.한가한, 여유로운
man n.남자	manly a.남자다운
woman n.여자	womanly a.여자다운, 여성스런
sight n.보기, 시력	sightly a.보기 좋은, 볼 만한, 잘생긴
world n.세상, 세계	worldly a.세속적인(명사 앞에만 사용)
year n.해, 년	yearly a.매년의 ad.해마다, 매년
month n.월	monthly a.매월의 ad.달마다, 매월
week n.주	weekly a.매주의 ad.주마다, 매주
day n.일	daily a.매일의 ad.매일

형용사는 'be+형용사', '형용사+명사'로 사용합니다. 아래 문장들을 여러 번 읽으면 'be+-ly형용사', '-ly형용사+명사'에 익숙해질 것입니다. 그리고 yearly, monthly, weekly, daily는 형용사로도 사용하고 부사로도 사용합니다. yearly가 '매년'이란 부사로 사용되는 경우 every year(매년)와 같은 뜻입니다. monthly는 every month(매월), weekly는 every week(매주), daily는 every day(매일)입니다.

a. It was a difficult and **lonely time**. 힘들고 외로운 시기였어.
b. I thought she **was** really **friendly**. 난 그녀가 정말 친절한 사람이라고 생각했었어.
c. The classroom **was** very **orderly**. 그 교실은 매우 잘 정돈되어 있었어.
d. The data **is** really **timely**. 그 자료는 매우 시기 적절해.
e. Playing golf **is** too **costly** for me. 골프 치는 것은 나에게 비용이 너무 많이 들어.
f. We danced to **lively music**. 우리는 경쾌한 음악에 맞춰 춤을 추었어.
g. It**'s cowardly** of you to say so. 네가 그렇게 말하는 것은 비겁해.
h. Those are the sorrows of this **earthly life**. 그것들이 세속적인 삶의 슬픔이야.
i. The **elderly woman** is at the door. 연로하신 여자분이 현관에 있어.
j. What a **heavenly day**! 정말 천국 같은 날이야!
k. He has a **kingly** dignity. 그는 왕 같은 위엄을 갖고 있어.
l. I spent a **leisurely time** yesterday. 난 어제 여유 있는 시간을 보냈어.
m. He **isn't manly**, but she **is** so **womanly**. 그는 남자답지 않은데 그녀는 너무 여성스러워.
n. I want to live in a **sightly place**. 난 전망 좋은 곳에서 살고 싶어.
o. **Yearly subscriptions** are 100 dollars. 연간 구독료는 100달러야.
p. The magazine is issued **yearly**. 그 잡지는 해마다 발간 돼. (부사로 사용)
q. I always read a **daily newspaper**. 나는 항상 일간 신문을 읽어.
r. He goes to church **daily**. 그는 매일 교회에 가. (부사로 사용)

UNIT 162 부사

부사는 형용사, 부사, 동사, 명사, 문장을 꾸며 주는 말로 영어로는 adverb입니다. adverb는 ad(이동)+verb(동사)의 결합으로, 동사로 이동하여 **동사를 수식해 주는 것이 부사의 주된 기능**임을 알 수 있습니다.

a. You must **carefully** consider what to do. 넌 무엇을 해야 할지 신중하게 생각해야 해.
b. I'm **really** happy to see you again. 너를 다시 만나서 정말로 행복해.
c. Thank you **very** much. 대단히 감사합니다.
d. **Unfortunately**, she was aware of it. 불행하게도, 그녀는 그것을 알고 있었어.
e. **Even** a child can solve the problem. 어린애조차도 그 문제를 풀 수 있어.

a문장의 부사 carefully(신중하게)는 동사 consider(vt.~을 고려하다)를 수식하고, b문장의 부사 really(매우)는 형용사 happy(a.행복한)를 수식하며, c문장의 부사 very(매우)는 부사 much(ad.많이)를 수식합니다. '**신중하게** 고려해, **정말** 행복해, **매우** 많이'처럼 부사는 동사, 형용사, 부사를 수식합니다. 이는 우리말 문법과 같습니다. d문장의 부사 unfortunately(불행하게도)는 뒤에 나오는 문장 전체를 수식합니다. e문장의 even(ad.조차)처럼 명사를 수식하는 부사도 있습니다.
부사는 한 단어로 된 부사만 있는 것이 아니라 두 단어 이상이 결합하여 부사 기능을 하는 부사구, 부사절도 있습니다.

a. Put the food **on the table**. 음식을 테이블 위에 놓아.
b. The food **on the table** is your dinner. 테이블 위의 음식은 너의 저녁이야.
c. He lives **in Seoul**. 그는 서울에서 살고 있어.
d. Nice **to meet you**. 당신을 만나서 반가워요.
e. I save money **to travel around the world**. 난 세계 일주를 하기 위해 돈을 저축해.
f. **To tell the truth**, I love her. 솔직히 말해서, 난 그녀를 사랑해.
g. **When I first met him**, he was bald. 그를 처음 만났을 때, 그는 대머리였어.
h. I am not sure **if she is a Korean or not**. 그녀가 한국인인지 아닌지 확신할 수 없어.
i. I'll survive surely **as I am strong**. 나는 강하기 때문에 반드시 살아남을 거야.

- a~b문장의 on the table은 '전치사+명사'로 전명구입니다. 전명구가 명사를 수식하면 형용사구이고, 전명구가 동사를 수식하면 부사구입니다. a문장은 '테이블 위에 put해라'로 on the table은 동사 put을 수식하는 부사구입니다. b문장은 '테이블 위에 있는 the food'로 on the table은 명사 the food를 수식하는 형용사구입니다.
- c문장의 in Seoul(서울에)은 동사 lives를 수식하기 때문에 부사구입니다.
- d문장의 to meet you(당신을 만나서)는 형용사 nice를 수식하기 때문에 부사구입니다. to부정사의 부사적 용법 중 감정의 원인입니다.
- e문장의 to travel around the world(세계 일주를 하기 위하여)는 동사 save를 수식하기 때문에 부사구입니다. to부정사의 부사적 용법 중 목적입니다.
- f문장의 To tell the truth(솔직히 말해서)는 뒷 문장 전체를 수식해 주는 부사구입니다.
- g~i문장은 종속부사절입니다. 접속사가 붙어 있는 절을 종속부사절이라고 하는데, 종속부사절은 주절을 수식하는 부사절입니다.

■ 부사 학습의 핵심 ■
① 부사는 동사, 부사, 형용사, 명사, 문장을 수식하는 말이다.
② '전치사+명사', to부정사, 종속절은 부사 기능을 한다.

 부사의 위치

부사는 동사, 형용사, 부사, 명사, 문장 전체를 수식하는 기능을 합니다. 그럼 부사는 어디에 위치해야 할까요? 모든 언어는 수식과 피수식 구조로 되어 있습니다. 수식어는 꾸며 주는 말이고 피수식어는 꾸밈을 받는 말이지요. '형용사+명사', '명사+형용사'처럼 형용사가 명사를 수식할 때 형용사가 명사 앞과 명사 뒤에 위치하여 명사를 수식하지요. **모든 언어에서 수식은 근거리 수식이 원칙입니다. 부사 또한 마찬가지로 수식하려는 단어 앞과 뒤에 위치합니다.**

 부사가 형용사, 부사를 수식하는 경우 형용사 앞에, 부사 앞에 놓습니다.
즉 부사가 형용사와 다른 부사를 수식할 때는 앞에서 수식하는 것이 원칙이라는 것이죠.

a. I'm **so tired**. I worked all night. 난 너무 피곤해. 밤새도록 일했어.
b. She is **really cute** and **very charming**. 그녀는 정말 귀엽고 매우 매력적이야.
c. He is a **highly sensitive** man. 그는 매우 민감한 사람이야.
d. Thank you **very much** for being with us. 네가 우리와 함께 해서 매우 고마워.
e. He replied **very quickly and confidently**. 그는 매우 빠르게 자신 있게 대답했어.
f. I'm not **rich enough** to buy a sports car. 난 스포츠카를 살만큼 부유하지 않아.
g. Please read the contract **carefully enough**. 계약서를 충분히 주의 깊게 읽어 주세요.

- a~c문장처럼 **부사는 수식하고자 하는 형용사 앞에 위치**합니다.
  so(ad.매우)+tired(a.피곤한), really(ad.정말)+cute(a.귀여운)를 보면 부사는 형용사 앞에 둔다는 것을 알 수 있습니다. very(ad.매우)+charming(a.매력적인), highly(ad.매우)+sensitive(a.민감한)도 마찬가지지요.

- d~e문장처럼 **부사는 수식하고자 하는 부사 앞에 위치**합니다.
  very(ad.매우)+much(ad.많이), very(ad.매우)+quickly(ad.빨리)를 보면 부사가 다른 부사 앞에 위치한다는 것을 알 수 있지요.

- f~g문장처럼 부사 enough(ad.충분히)는 rich enough, carefully enough처럼 **형용사와 부사 뒤에 위치하여 앞에 있는 형용사와 부사를 수식합니다.** enough는 'ad.충분히, a.충분한, n.충분한 것'으로 부사, 형용사, 명사로 사용됩니다.

2 부사가 명사를 수식하는 경우 명사 앞과 명사 뒤에 둡니다.

부사의 주된 기능은 동사, 부사, 형용사를 수식해 주는 것이기 때문에 부사가 명사를 수식하는 경우는 손에 꼽을 정도지요. 명사를 수식하는 부사로는 even(ad.조차), only(ad.오직), quite(ad.아주), too(ad.또한) 등이 있습니다.

a. The question is very easy. **Even a child** can solve it.
그 문제는 매우 쉬워. 애조차도 그것을 풀 수 있어.

b. I'm sorry. I'm also **quite a stranger** here.
미안합니다. 나 또한 여기에 매우 생소한 사람입니다.

c. **Only she** is wearing blue jeans.
오직 그녀만이 청바지를 입고 있어.

d. This golf club is open to **members only**.
이 골프장은 회원들에게만 열려 있어. (=회원제야.)

e. **You too** have to participate in the discussion.
너 또한 토론에 참석해야 해.

3 부사는 문장 맨 앞에 위치하여 문장 전체를 수식합니다.

아마(perhaps, probably, possibly), 명백히(apparently, evidently, obviously), 솔직히(frankly, honestly), 확실히(clearly, surely, definitely, certainly), 사실(actually), 공식적으로(officially) 등이 문장 전체를 수식하는 부사들입니다. 부사가 문두에 왔을 때 문맥 전체가 자연스러운 부사는 많지 않지요. 콤마는 찍어도 되고 찍지 않아도 상관없습니다.

a. **Happily,** he did not die.
다행히도, 그는 죽지 않았어.

b. **Fortunately,** no one was seriously hurt in the accident.
운 좋게도, 그 사고에서 심각하게 다친 사람은 아무도 없었어.

c. **Sadly,** it is not as good as Transformers 2.
슬프게도, 그것은 트랜스포머 2편보다 못해.

d. **Naturally** I took it to be an unquestionable fact.
당연히 나는 그것을 의심할 수 없는 사실로 받아들였어.

e. **Evidently** he has made a big mistake.
확실히 그는 큰 실수를 저질러 놓았어.

f. **Generally** women have a different kind of brain than men.
일반적으로 여성은 남성보다 다른 종류의 뇌를 갖고 있어.

4 모든 언어는 수식과 피수식 구조로 되어 있습니다.

부사든 형용사든 수식하고자 하는 단어 앞과 뒤에 수식어를 놓는 근거리 수식이 원칙입니다. **very** happy, **very** quickly처럼 부사가 형용사나 다른 부사를 수식할 때는 형용사와 부사 앞에 위치하는 것이 일반적입니다. 그러나 부사가 동사를 수식할 때는 동사 앞에 위치해도 되고 동사 뒤에 위치해도 상관없습니다.

a. He left **immediately**. 그는 즉시 떠났어.
b. He **immediately** left. 그는 즉시 떠났어.

a문장의 left(동사)+immediately(부사)처럼 **부사는 동사 뒤에 위치하여 앞에 있는 동사를 수식하는 것이 일반적인 어순입니다.** b문장처럼 많은 부사들은 동사 앞으로 옮겨도 상관없습니다. 동사 뒤에 있는 부사가 동사 앞으로 오면 강조하는 느낌을 주지요. 위 문장의 leave는 'vi. 떠나다'로 자동사입니다. 이제 아래 문장을 보세요.

a. He left the building **immediately**. 그는 즉시 그 건물을 떠났어.
b. He **immediately** left the building.
c. He left **immediately** the building. (X)
d. He left **immediately** <u>the building that is not fit to live in</u>.
   그는 살기에 부적합한 그 건물을 즉시 떠났어.
e. I said **confidently** <u>that he was a liar</u>.
   나는 그가 거짓말쟁이라고 자신 있게 말했어.

a~d문장의 left는 타동사로 'vt. ~을 떠나다'입니다. a문장이 일반적인 어순이고 c문장 어순은 틀린 표현입니다. '타동사+목적어'인 경우 부사는 c문장처럼 타동사와 목적어 사이에 끼어들지 않습니다. '타동사+목적어'는 핵심 의미를 전달하는 하나의 통합된 의미 단위로 인식하기 때문에 그 사이에 부사가 끼어들면 의미 전달에 방해를 주게 됩니다. 그래서 동사 뒤에 있던 부사가 목적어 뒤로 밀려나는 것이지요. 부사가 문장 끝에 위치하는 것은 부사가 타동사와 목적어 사이에 끼어들지 못하기 때문에 목적어 뒤로 밀려났기 때문입니다. d~e문장의 밑줄을 보세요. 목적어가 상당히 길지요. 이와 같이 목적어가 상당히 긴 경우에 부사는 타동사와 목적어 사이에 끼어들 수 있습니다.

a. He always listens to me **carefully**.
b. He always listens **carefully** to me.
c. He always **carefully** listens to me.
그는 항상 내 말을 주의 깊게 들어.

d. She looked at her watch **anxiously and sadly**.
e. She **anxiously and sadly** looked at her watch. (X)
f. She looked **anxiously and sadly** at her watch.
그녀는 걱정스럽고도 슬프게 시계를 쳐다보았어.

a문장의 부사 carefully를 앞으로 이동시켜 보세요. b문장과 c문장 모두 가능합니다. b문장은 부사가 동사 뒤에 위치한 것이고, c문장은 부사가 동사 앞에 위치한 것이죠. 우리는 listen to, look at을 하나의 숙어처럼 암기하기 때문에 그 사이에 부사가 끼어들면 어색해 하는 경향이 있습니다. '타동사+목적어'는 하나의 의미 단위이기 때문에 그 사이에는 부사가 끼어들지 않습니다. 그러나 자동사인 경우에는 상관없습니다. She looked at her watch는 She looked(그녀는 보았어)+at her watch(시계를 겨냥하여)로 at her watch는 부사구입니다. 그래서 '자동사+전치사+목적어'에서 자동사와 전치사 사이에 부사가 끼어들어도 상관없습니다. **부사는 동사 앞과 동사 뒤에 위치하는데 '타동사와 목적어'사이에는 부사가 끼어들지 않는다는 것만 기억하세요.** 간단하지 않나요? d문장처럼 부사가 여러 개 나열 되는 경우 e문장처럼 동사 앞으로 가지 않습니다. 영어는 수식어구가 길 때 뒤에서 앞에 있는 단어를 후위 수식합니다.

a. He didn't die **happily**. 그는 행복하게 죽지 않았어. (그는 불행하게 죽었어.)
b. **Happily**, he didn't die. 행복하게도, 그는 죽지 않았어. (다행히 그는 죽지 않았어.)
c. He **kindly** explained it. 그는 친절하게도 그것을 설명해 주었어. (설명 안 해도 되는데 설명했어.)
d. He explained it **kindly**. 그는 친절하게 그것을 설명해 주었어. (이해하기 쉽게 친절하게 설명했어.)

happily, kindly, foolishly처럼 위치에 따라서 그 뜻이 달라지는 부사들도 있습니다. 문두나 주어 다음에 오면 '행복**하게도**, 친절**하게도**, 어리석게도'처럼 '~하게도'란 어감을 갖고 문장 전체를 수식하지만 문장 끝에 오면 '행복**하게 ~했다**, 친절하게 ~했다'처럼 동사만을 수식하기 때문에 의미 차이를 쉽게 구분할 수 있습니다.

5 빈도부사의 위치

빈도부사란 횟수를 나타내는 부사로 How often에 대한 대답을 나타내는 부사입니다. always(항상), often(자주), sometimes(가끔), seldom(거의 안 하는=rarely, scarcely), never(결코 안 하는) 등이 빈도부사입니다. '**빈도부사는 일반동사 앞, be동사 뒤, 조동사 뒤에 둔다**'는 공식이 있습니다. 이 공식은 암기할 필요가 없습니다. 부사의 위치는 '부사+동사', '동사+부사'로 부사는 동사 앞뒤에서 동사를 수식합니다. '형용사+명사', '명사+형용사'와 같은 것이죠. 빈도부사만 동사 앞에 위치하는 것이 아니라 앞에서 배운 바와 같이 대부분의 부사는 동사 앞에 둘 수 있습니다. 왜 I **always am** happy처럼 사용하지 않을까요? always(항상)+am(~이다)+happy(행복한)로 always가 be동사를 근거리 수식하면 '항상 ~이다'가 되어 의미를 전달할 수 없지요. always(항상)+happy(행복한)로 결합해야 함을 알 수 있습니다. be동사와 조동사는 그 자체로 의미를 전달할 수 없지요. **be동사와 조동사 앞에 부사를 놓지 않는 것은 be동사와 조동사가 독립적인 의미를 갖고 있지 않기 때문입니다.** 즉 be동사와 조동사는 부사의 수식을 직접 받지 않는다는 것입니다.

a. The rich are not **always** happy. 부자들이 항상 행복하지는 않아.
b. She **often** goes to church on Sundays. 일요일에 그녀는 종종 교회에 가.
c. Dogs **sometimes** bark at the moon. 개들은 가끔 달을 보고 짖기도 해.
d. I **seldom** have coffee at night. 나는 밤에 거의 커피를 마시지 않아.
e. He has **never** seen her before. 그는 이전에 한번도 그녀를 만난 적이 없어.
f. Try to think in English **always**. 항상 영어로 생각하도록 노력해.
g. I don't drink it **often**. 나는 그것을 자주 마시지 않아.
h. **Sometimes** a dog walks like a human being. 가끔 개는 인간처럼 걸어.
i. He is really strange **sometimes**. 가끔 그는 정말 이상해.

f~i문장을 보세요. 빈도부사를 be동사 뒤, 조동사 뒤에 둔다는 것은 빈도부사를 be동사 앞에, 조동사 앞에 사용하지 않는다는 것이지 빈도부사를 반드시 be동사 뒤, 조동사 뒤에 사용해야 한다는 것이 아닙니다. 빈도부사 또한 다른 부사들처럼 문장 앞이나 동사 뒤에 사용할 수도 있습니다.

6 He speaks English **fluently**는 '타동사+목적어+**부사**' 어순입니다.

'타동사+목적어'는 핵심 의미를 전달하는 하나의 의미 단위이기 때문에 speaks **fluently** English처럼 타동사와 목적어 사이에 부사가 끼어들면 핵심 의미를 전달하는데 방해가 되기 때문에 끼어들지 않습니다. 그러나 a~b문장의 Turn **off** the radio, Send **out** the dog처럼 off와 out 같은 부사들은 타동사과 목적어 사이에 끼어들 수 있습니다. 이와 같은 부사들은 on, off, in, out, up, down, away, over 등이 있습니다. 뒤에 있던 부사를 목적어 앞으로 이동시켜 '타동사+**부사**+목적어'처럼 사용하게 된 배경은 설명이 길기 때문에 『전치사 쇼크』 p241 설명을 읽어 보세요. 그러나 목적어가 대명사인 경우에는 반드시 turn it off, send it out처럼 대명사를 가운데 넣어 사용해야 합니다. turn off it, send out it처럼 사용해서는 안 된다는 것입니다.

a. **Turn** the radio **off**. **Turn off** the radio. 라디오 꺼.
b. **Send** the dog **out**. **Send out** the dog. 개를 밖으로 내보내.
c. That's a good plan. Don't **give it up**. 그것 좋은 계획이야. 포기하지 마.
d. I asked her out, but she **turned me down**. 그녀에게 데이트 신청했는데 거절했어.
e. What are you doing? **Look at me**. 뭘 하고 있어? 나를 봐.
f. Pay attention and **listen to me** carefully. 집중하고 주의 깊게 내 말을 들어.

c~d문장을 보면 give **it** up, turned **me** down처럼 대명사가 가운데 있습니다. 그런데 e~f문장을 보면 Look at **me**, listen to **me**처럼 대명사가 끝에 있습니다. give는 'vt.~을 주다', turn은 'vt.~을 돌리다'로 타동사입니다. 타동사와 결합한 up, down은 부사죠. look은 'vi.보다', listen은 'vi.듣다'로 자동사입니다. look at은 look(vi.보다)+**at**(~을), listen to는 listen(vi.듣다)+**to**(~을)로 at과 to는 타동사를 만들기 위한 전치사입니다. look me at, listen me to로는 절대로 사용할 수 없는 이유를 알겠습니까? 자동사와 타동사의 구분은 영어 학습에 있어 핵심 기초이고 절대적이지요. at, for, from, into, to, with는 전치사로만 사용되고 away는 부사로만 사용됩니다. 그리고 up, down, on, off, in, out, by, over, about은 전치사로도 사용되고 부사로도 사용됩니다. 더 자세한 설명은 『전치사 쇼크』 p18~19를 읽어 보세요.

7 부사가 여러 개 겹칠 때는 어떻게 배열할까요?

형용사 배열은 '관사+주관적인 형용사+객관적인 형용사+명사'란 원칙이 있듯이 부사 또한 배열 순서가 있습니다. **부사어구가 겹칠 때는 '장소+방법+시간' 순서로 배열합니다.**

a. I'll call you **at 9 tomorrow morning**.
   내일 아침 9시에 너에게 전화할게.
b. I was born **at 10 pm**, **on the 26th of May**, **in 1998**.
   나는 1998년 5월 26일 오후 10시에 태어났어.
c. We went to **a restaurant on the seashore**.
   우리는 해변에 있는 어떤 식당에 갔어.
d. I live **on 125 Myoung-Dong**, **Jongno-gu**, **Seoul**, **Korea**.
   나는 대한민국 서울시 종로구 명동 125번지에 살아.

같은 종류의 시간 부사어나 장소 부사어를 나열할 때는 a~d문장처럼 '작은 단위+큰 단위' 순서로 배열합니다. 우리는 '년, 월, 일, 시'처럼 큰 시간을 먼저 말하지만, 영어는 b문장처럼 '시, 일, 월, 년'처럼 작은 시간을 먼저 말합니다. 우리는 큰 장소를 먼저 말하지만, 영어는 d문장처럼 작은 장소를 먼저 말합니다. 우리와 정반대의 사고를 갖고 있지요. **영어 원어민이 작은 단위를 먼저 말하는 것은 가장 구체적인 정보, 핵심 정보를 먼저 전달하려는 사고에 있는 것입니다.**

a. He came back **home safely in the morning**.
   그는 아침에 안전하게 집으로 돌아왔어.
b. They left **the battlefield quickly at night**.
   그들은 밤에 신속하게 전쟁터를 떠났어.
c. We arrived in Jejudo by ship yesterday.
   우리는 어제 배로 제주도에 도착했어.

a문장에서 home safely in the morning은 '장소+방법+시간' 순서로 배열되어 있습니다. 우리말 해석은 '아침에 안전하게 집으로'로 '시간+방법+장소' 순서이지요. b~c문장 또한 마찬가지입니다. **장소, 방법, 시간부사가 함께 사용될 때 영어는 '장소+방법+시간' 어순으로 장소를 가장 중요시합니다.** 방법부사가 장소부사 앞에 오는 경우는 있어도 시간부사가 장소부사 앞에 오는 경우는 없습니다. a문장에서 방법부사 safely를 장소부사 home 앞으로 옮겨 사용할 수 있지만, 시간부사 in the morning은 장소부사 home 앞으로 올 수 없지요. in the morning을 앞으로 이동시키고 싶으면

In the morning, he came back~처럼 문두로 이동시켜 사용합니다. 즉 원어민은 습관적으로 '장소+방법+시간' 어순을 사용합니다.

우리말은 '나 **어제 친구 집에** 갔어'처럼 '시간+장소' 어순으로 말하는데 영어는 '장소+시간' 어순으로 말을 합니다. 왜 원어민이 장소를 우선시할까요? 원어민의 조상은 상인과 유목민이었습니다. 상인은 **어디로** 가서 물건을 사고팔고 교환할지가 중요합니다. 유목민은 **어디로** 가서 양들에게 풀을 먹일지가 중요합니다. 풀이 없는 장소로 양떼를 이끌고 가면 양이 굶주리게 되지요. 상인과 유목민에게는 어디로 이동할 것인지 장소가 그들의 생활과 직결되어 있습니다.

그러나 우리의 조상은 농사꾼이기 때문에 **언제** 어떤 씨를 뿌리고 **언제** 수확하느냐가 매우 중요합니다. 씨를 뿌리는 장소인 논과 밭은 항상 제자리에 있기 때문에 농부가 다른 장소로 이동할 일이 없지요. 씨를 일찍 뿌리거나 수확을 늦게 하면 농사를 망치게 되기 때문에 언제 씨를 뿌리고 언제 수확하느냐는 것은 농민에게 절대적으로 중요합니다. 농민의 생활은 시간과 직결되어 있지요. 우리가 사용하는 달력에는 계절의 변화(=시간흐름)에 따른 24절기가 있습니다. 모두 벼농사에 맞추어진 것이지요. 농업 문명인 중국어, 일본어도 우리말과 같이 '시간+장소' 어순으로 말을 합니다.

생활 문화가 사람의 사고를 지배하지요. **영어 원어민이 장소를 우선시하고 우리가 시간을 우선시하는 이유는 상업 문명과 농업 문명에서 오는 사고 방식의 차이에 있는 것입니다.**

UNIT 164 형용사와 모양이 같은 부사

우리말은 'a.빠른, ad.빠르게'처럼 형용사와 부사의 모양이 달라 단어만 보고 형용사인지 부사인지 알 수 있습니다. 우리식 사고로 인해 fast가 'a.빠른'이고 형용사에 -ly를 붙인 fastly가 'ad.빠르게'인 것으로 착각하기 쉽습니다. fastly란 단어는 없지요. fast는 형용사로 사용하면 'a.빠른'이고 부사로 사용하면 'ad.빠르게'입니다. 이와 같이 영어는 하나의 단어로 형용사로 사용하면 형용사, 부사로 사용하면 부사인 경우가 적지 않습니다. 형용사와 부사가 같은 단어들은 문장에서 무엇을 수식하느냐로 파악해야 합니다. **명사를 수식하거나 명사를 설명하면 형용사이고 동사, 형용사, 부사를 수식하면 부사입니다.**

형용사와 부사가 같은 단어로는 fast(a.빠른, ad.빨리), late(a.늦은, ad.늦게), last(a.마지막인, ad.마지막으로), hard(a.열심인, 단단한, ad.열심히, 단단하게), most(a.가장 많은, ad.가장 많이), near(a.가까운, ad.가까이), high(a.높은, ad.높이), long(a.긴, 오래된, ad.오래, 길게), early(a.이른, ad.일찍), well(a.건강한, ad.잘), enough(a.충분한, ad.충분히) 등이 있습니다.

a. He was so **fast** that we could not catch him. a.빠른
  그는 너무 빨라서 우리는 그를 잡을 수 없었어.

b. He was driving very **fast**. ad.빨리
  그는 매우 빨리 운전하고 있었어.

c. I was **late** for school again this morning. a.늦은
  나는 오늘 아침에 또 학교에 늦었어.

d. We had to work **late** in the evening. ad.늦게
  우리는 저녁 늦게 일해야만 했어.

e. We caught the **last** bus home. a.마지막의
  우리는 집으로 가는 마지막 버스를 잡아탔어.

f. When did you see him **last**? ad.마지막으로
  너 언제 그를 마지막으로 봤어?

g. He is certainly a **hard** worker. a.열심인
그는 정말 열심인(=부지런한) 직원이야.

h. I'm trying **hard** to achieve my goal. ad.열심히
난 나의 목표를 달성하기 위해 열심히 노력하고 있는 중이야.

i. I spent **most** time on the last question. a.가장 많은
난 마지막 문제에 가장 많은 시간을 소비했어.

j. What part of the movie did you like **most**? ad.가장 많이
넌 영화의 어떤 부분이 가장 많이 좋았어?

k. In the **near** future, I hope to see you again. a.가까운
가까운 미래에, 널 다시 보기를 바래.

l. A bomb exploded somewhere **near**. ad.가까이
폭탄이 어딘가 가까이에서 폭발했어.

m. Rents are really **high** around here, aren't they? a.높은
이 근처 집세가 정말 높지요. 그렇지요?

n. Children like to swing as **high** as they can go. ad.높이
애들은 그들이 갈 수 있는 만큼 높이 그네 타는 것을 좋아해.

o. I talked to her on the phone for a **long** time. a.오랜, 긴
난 오랫동안 전화로 그녀와 대화했어.

p. My father has been staying in China too **long**. ad.오래
아버지는 너무 오래 중국에 체류하고 있어요.

q. In its **early** days, there were few people in America. a.이른
초창기에, 미국에는 사람들이 거의 없었어.

r. Is it O.K. if I leave work **early** today? ad.일찍
오늘 내가 일찍 퇴근해도 괜찮을까요?

s. All my family are **well**. a.건강한
우리 가족 모두는 건강해.

t. I am **well** aware of my want of ability. ad.잘
나는 나의 능력 부족을 잘 알고 있어.

u. We don't have **enough** money to buy groceries. a.충분한
우리는 식료품을 살 충분한 돈을 갖고 있지 않아.

v. He was simple **enough** to believe that. ad.충분히
그는 그것을 믿을 정도로 충분히 단순해.

UNIT 165 —ly를 붙였을 때 뜻이 완전히 달라지는 부사

부사형 어미 —ly를 붙였을 때 단어가 갖고 있는 본래의 의미와 전혀 다른 새로운 뜻을 갖게 되는 단어들이 있습니다.

a. I can **hardly** believe it's his fault.
  그것이 그의 실수라는 것을 거의 믿을 수가 없어.

b. Our team has a match **nearly** everyday.
  우리 팀은 거의 매일 시합을 갖고 있어.

c. Watch **closely** so that coconut does not burn.
  코코넛이 타지 않도록 주의 깊게 지켜보세요.

d. I haven't been able to sleep well **lately**.
  나는 최근에 계속 잠을 잘 수가 없어.

e. Reviewers praised **highly** on the book.
  비평가들은 그 책에 관하여 매우 칭찬했어.

f. Chopsticks are **mostly** used in Asia.
  젓가락은 대개 아시아에서 사용돼.

g. We will arrive at Seoul Station **shortly**.
  우리는 곧 서울역에 도착하겠습니다.

h. Recently, I can't see the words on the blackboard **clearly**.
  최근에, 난 칠판에 있는 글씨들을 분명하게 볼 수 없어.

i. Speak **freely**. I won't tell anyone what you say.
  자유롭게 말해. 네가 말한 것을 누구에게도 말 안 할게.

j. I want to speak to her **directly**.
  난 그녀와 바로 통화하고 싶군요.

k. He loves you **dearly**, but you don't know that.
  그는 너를 정말 사랑하는데, 너는 그것을 몰라.

- a문장의 hardly는 'ad.거의~않는'으로 부정의 의미를 갖고 있습니다. hard가 'ad.열심히'라는 뜻이고, —ly를 붙인 hardly는 'ad.거의~않는'으로 전혀 다른 뜻이 됩니다.

- b문장의 nearly는 'ad.거의(almost)'입니다. near가 'ad.가까이'라는 뜻이고, —ly를 붙인 nearly는 'ad.거의'라는 전혀 다른 뜻이 됩니다.

- c문장의 closely는 'ad.면밀하게, 주의 깊게(carefully)'입니다. close가 'ad.가까이'라는 뜻이고, -ly를 붙인 closely는 'ad.면밀하게, 주의 깊게'라는 전혀 다른 뜻이 됩니다.
- d문장의 lately는 'ad.최근에'입니다. late가 'ad.늦게'라는 뜻이고, -ly를 붙인 lately는 'ad.최근에'라는 전혀 다른 뜻이 됩니다.
- e문장의 highly는 'ad.매우(very)'입니다. high는 'ad.높이, 높게'로 눈으로 보이는 실제 높이를 말할 때 사용하고, highly는 정도를 나타냅니다.
- f문장의 mostly는 'ad.대체로(usually), 주로(mainly)'입니다. most는 many와 much의 최상급으로 'a.가장 많은, ad.가장 많이'입니다.
- g문장의 shortly는 'ad.곧(soon), 바로'입니다. short가 'ad.짧게'라는 뜻이고, -ly를 붙인 shortly는 'ad.곧, 바로'라는 전혀 다른 뜻이 됩니다.
- h문장의 clearly는 'ad.분명하게, 명확하게(distinctly)'입니다. clearly는 '깨끗하게'라는 뜻을 갖고 있지 않습니다.
- i문장의 freely는 'ad.자유롭게, 기꺼이(willingly)'입니다. free는 형용사로 사용하면 'a.자유로운'이고 부사로 사용하면 'ad.무료로'입니다. 그래서 형용사 free에 -ly를 붙인 freely는 'ad.자유롭게, 기꺼이'라는 뜻이 됩니다.
- j문장의 directly는 'ad.바로'입니다. direct가 'ad.직접적으로'라는 뜻이고, -ly를 붙인 directly는 'ad.바로'라는 전혀 다른 뜻이 됩니다.
- k문장의 dearly는 'ad.몹시, 대단히, 정말'입니다. dear가 'ad.비싸게'라는 뜻이고, -ly를 붙인 dearly는 'ad.몹시, 대단히, 정말'이라는 전혀 다른 뜻이 됩니다.

위와 같이 부사형 어미 -ly를 붙였을 때 단어가 갖고 있는 본래의 의미와 전혀 다른 새로운 뜻을 갖게 되는 단어들은 별도로 기억해야 합니다.

UNIT 166 형용사 부사 비교구문

1 **비교급은 '비교급+than~' 구조입니다.** I'm faster라고 말해보세요. '나는 더 빨라'라고 말하면 '누구보다?'라고 되물을 것입니다. 그래서 than(~보다)을 사용하여 비교 대상이 무엇인지 알려 줘야 의미 전달이 완전한 표현이 됩니다.

a. I am **faster than** him in 100 meters sprint.
   나는 100미터 달리기에서 그보다 더 빨라.

b. This book is **less** famous **than** that.
   이 책은 저것보다 덜 유명해.

c. He is **more** outgoing **than** I am.
   그는 나보다 더 외향적이야.

d. The concert was **better than** I thought.
   그 콘서트는 내가 생각했던 것보다 더 좋았어.

e. His English is **still easier** to understand.
   그의 영어는 이해하기에 훨씬 더 쉬워.

f. Finding a job is **much more** difficult **than** before.
   직장을 찾는 것이 이전보다 훨씬 더 어려워.

g. It was hot yesterday, but it's **far hotter** today.
   어제는 더웠는데 오늘은 훨씬 더 더워.

h. She is **more** cute **than** beautiful.
   그녀는 아름답기보다는 귀여워.

i. This product **is superior to** that in quality.
   이 제품은 품질에 있어서 저것보다 더 우수해.

j. I often feel I **am inferior to** my friend.
   나는 가끔 나의 친구보다 열등하다(=못하다)고 느껴.

● a와 b문장의 than him, than that처럼 than 뒤에 명사가 오면 than은 전치사입니다. c와 d 문장의 than I am, than I thought처럼 than 뒤에 '주어+동사'가 오면 than은 접속사입니다. **than은 전치사로도 사용되고 접속사로도 사용**됩니다.

- e문장처럼 비교급 표현에 반드시 than(~보다)이 있어야 하는 것은 아닙니다. 비교 대상이 명확하지 않거나 비교 대상을 말해 주지 않아도 서로가 알고 있는 경우에는 비교 대상을 말할 필요가 없지요. e문장의 비교 대상은 누구나 다 아는 '다른 사람들'이죠.
- e~g문장처럼 even, much, far, still이 비교급 앞에 오면 'ad.훨씬'이라는 뜻으로 비교급을 강조하는 부사가 됩니다. 첫 글자를 따서 **엠파스(Emfs)**로 암기하라고 하는 선생님들이 많지요. much의 동의어 a lot도 비교급 강조에 자주 사용합니다.
- h문장처럼 **동일인이나 동일 사물의 다른 특징을 비교할 때는 more A than B구조를 사용**합니다. h문장은 She is **more** cute **than** (she is) beautiful에서 괄호가 생략된 표현입니다.
- i문장의 be superior **to**는 '**~보다** 우수하다', j문장의 be inferior **to**는 '**~보다** 못하다'입니다. superior to(~보다 우수한), inferior to(~보다 열등한), junior to(~보다 후배인, 나이가 적은), senior to(~보다 선배인, 나이가 많은), prior to(~보다 전에)는 than을 사용하지 않고 반드시 to를 사용합니다. 문법서에는 라틴어 비교급으로 단어 끝이 -or로 끝나는 형용사는 than을 사용하지 않고 to를 사용해야 한다고 공식화 해놓았습니다. 라틴어 비교급이 무엇이며 왜 to에 '~보다'라는 뜻이 발생할까요? to의 어원은 이동입니다. This product is superior **to** that은 이 제품을 저 제품에 **to시켜(=이동시켜)** 비교해 보니 이 제품이 우수하다는 것입니다. '이 제품을 저 제품에 이동시켜 보니 이 제품이 더 우수해'와 '이 제품은 저 제품보다 더 우수해'는 같은 뜻이죠. 이에 대한 더 자세한 예문과 보충 설명은『전치사 쇼크』p157을 읽어 보세요.

superior는 라틴어(=로마어)로 프랑스어를 통하여 영어에 유입된 단어입니다. 프랑스인들이 사용하던supérieur à가 영어에 유입되어 그대로 사용된 것입니다. supérieur(=superior) à(=to)인 것이죠. 프랑스어 supérieur와 영어 superior를 비교해 보면 같은 단어임을 바로 알 수 있지요. superior to처럼 비교급에 to를 사용한 라틴어 단어들은 프랑스어 사용법이 영어에 그대로 유입된 것입니다.

하나 더 예를 들면 tell과 inform의 차이와 같습니다. She told me the fact, She informed me **of** the fact는 모두 '그녀는 나에게 그 사실을 말해줬어'입니다. tell에는 of를 사용하지 않는데 inform은 of를 사용하지요. tell A B 어순은 영어 어순입니다. inform은 프랑스어에서 유입된 프랑스어 단어로 프랑스인들이 inform A of B처럼 of(프랑스어로는 de)를 사용하는 것을 영국인들이 그대로 사용한 것입니다. inform과 같은 단어들로는 remind, convince, rob, deprive 등 10여 개 단어가 있지요. 더 자세한 설명은『전치사 쇼크』p184부터 읽어 보세요.

2 **비교급을 이용한 표현들**이 많습니다. 분해해 보면 단어 간의 의미 결합으로 그 뜻을 쉽게 유추할 수 있기 때문에 공식처럼 암기할 필요가 없습니다.

a. I have **no more than** 10 dollars. 나는 겨우 10달러 갖고 있어.
b. I'm **no more** a single **than** she is.
   그녀가 독신자가 아닌 것처럼 나 또한 독신자가 아니야.
c. He has **no less than** 10 dollars. 그는 10달러나 갖고 있어.
   =He has **as much as** 10 dollars.
d. There are **not more than** 5 people in the class. 교실에는 기껏해야 5명이 있어.
e. **Not less than** 20 people were present. 적어도 20명의 사람이 참석했어.

- a문장의 no more than은 '겨우, 단지, 뿐'으로 only의 동의어입니다. no는 not+any로 '어떠한 경우에도 아닌(**never**)'입니다. no+more(더 많은)+than(보다)의 결합으로 '결코 10달러 보다 많지 않은'은 '10달러 밖에 없는, 겨우 10달러 있는'의 의미가 되는 것이지요.

- b장은 A is no more B than C is구조인데 'C가 B가 아닌 것처럼 A도 B가 아니다'라고 공식화 해놓았습니다. b문장은 I'm no more a single than she is (**no more a single**)에서 괄호가 생략된 표현입니다. '그녀가 더 이상 독신자가 아닌 것과 비교해서 나도 더 이상 독신자가 아니야'는 두 사람 모두 독신자가 아니라는 것이지요. 생략된 표현을 채워 보면 무슨 뜻인지 바로 알 수 있기 때문에 공식으로 암기할 필요가 없습니다. than은 '~보다, ~와 비교해서'입니다.

- c문장의 no less than은 no+less(더 적은)+than(보다)의 결합으로 '결코 10달러보다 더 적지 않은'은 '10달러 만큼이나'입니다. 10달러가 많다고 생각하는 것이죠. no less than은 as much[many] as와 같습니다. as much as는 as(그만큼)+much(많은)+as(만큼)의 결합으로 '10달러 만큼 그만큼 많은'입니다.

- d문장의 not more than은 not(아니다)+more(더 많은)+than(보다)의 결합으로 '~보다 더 많지 않은'입니다. '5명보다 더 많지 않은'은 '최대 5명'으로 not more than은 '최대, 기껏해야'라는 뜻입니다. 동의어는 at most입니다.

- e문장의 not less than은 not(아니다)+less(더 적은)+than(보다)의 결합으로 '~보다 더 적지 않은'입니다. '20명보다 더 적지 않은'은 '최소 20명'과 같은 뜻으로 not less than은 '최소'라는 뜻입니다. not less than의 동의어는 at least입니다.

a. **The higher** the position, **the bigger** the responsibilities.
  지위가 더 올라가면 책임이 더욱더 커져.

b. **The more** you have, **the more** you want.
  네가 더 많이 가질수록 더욱더 많은 것을 원해.

c. It's getting **hotter and hotter**.
  날씨가 점점 더 더워지고 있어.

d. The storm grew **more and more severe**.
  폭풍우는 점점 더 심해졌어.

e. I am starting to like her **more and more**.
  나는 점점 더 그녀를 좋아하기 시작하고 있어.

f. **More and more** parents have joined the school program.
  점점 더 많은 부모님들이 학교 프로그램에 참여하고 있어.

g. He **no longer** goes to church. 그는 더 이상 교회에 가지 않아.
  =He does **not** go to church **any longer**.

- 'the+비교급~, the+비교급~'은 '~하면 할수록 더욱~하다'입니다.

  a문장은 The position **is higher**(자리가 더 높다)+The responsibilities **is bigger**(책임이 더 크다)로 결합되어 있습니다. 비교급 higher, bigger에 the를 붙여 문두로 보내 The higher the position is, the bigger the responsibilities is가 되는 것이죠. 문장을 더 간소화하기 위해 be동사 is를 생략하여 a문장이 된 것입니다. b문장은 You have more(너는 더 많은 것을 갖고 있어)+You want more(너는 더 많은 것을 원해)입니다. more는 have와 want의 목적어로 'n.더 많은 것'입니다. 비교급 more에 the를 붙여 문장 앞으로 보내어 The more you have, the more you want가 된 것이지요.

- '비교급+and+비교급'은 '점점 더 ~한'입니다.

  단음절인 경우에는 c문장의 hotter and hotter처럼 '-er and -er'을 사용하고 긴 음절인 경우에는 d문장처럼 more and more를 사용합니다. more는 many와 much의 비교급으로 형용사로 사용하면 'a.더 많은'이고, 부사로 사용하면 'ad.더 많이'입니다. e문장의 more and more는 '더욱더 많이'로 동사 like를 수식하는 부사구이고 f문장의 more and more는 'ad.더욱더 많은'으로 명사 parents를 수식하는 형용사구입니다.

- no longer는 '더 이상 ~아닌'입니다.

  no(결코 아닌)+longer(더 오래, 더 길게)의 결합으로 no longer는 not~any longer, not~any more와 같습니다.

3 원급을 이용한 비교구문

원급이란 형용사나 부사의 원래 형태를 말합니다. 즉 사전에 나오는 그대로의 형태를 말하는 것이죠. 원래의 형태에 -er을 붙이면 비교**급**, -est를 붙이면 최상**급**이라고 합니다. 문법 용어가 모두 '~**급**'으로 끝나기 때문에 **원래의 형태를 '원급'**이라고 이름을 붙인 것이지요. 원급 비교는 as~as 사이에 넣어서 비교합니다.

a. My life is **as precious as** your life.
   나의 삶도 너의 삶만큼(같은 정도로) 소중해.
b. He speaks Chinese **as fluently as** I do.
   그는 나만큼(같은 정도로) 중국어를 유창하게 구사해.
c. This is **twice as heavy as** that.
   이것은 저것보다 두 배로 무거워.

- a문장의 as precious as에서 뒤에 있는 as는 접속사로 '~만큼, 비교하여'이고 앞에 있는 as는 부사로 '그 만큼, 같은 정도로'입니다. a문장은 '내 삶은 너의 삶**만큼 같은 정도로**(=그만큼) 소중해'입니다. 우리말로 옮기면 앞에 있는 부사 as는 필요 없어 보이는데 왜 원어민은 as~as를 사용할까요? 그것은 수학적 원리가 들어 있기 때문입니다. 영문법은 수학적, 과학적 논리로 체계화시킨 것임을 영어의 역사에서 설명했습니다. a문장은 '내 삶의 소중함=너의 삶의 소중함'이란 뜻이지요. 같은 정도라는 것은 수학에서 등호(=)를 의미합니다. as~as에서 앞에 있는 부사 as를 생략하면 어색함을 느끼긴 해도 의미 전달에는 이상이 없습니다. 사전에도 It is white as snow라는 예문을 소개하고 있지요.
- b문장의 as fluently as에서 as~as사이에 부사 fluently가 맞는지 형용사 fluent가 맞는지 궁금할 때는 as~as를 모두 생략해 보세요. He speaks Chinese **fluently**로 동사 speaks를 수식하는 부사 fluently가 필요함을 바로 알 수 있습니다. 부사는 동사나 형용사를 수식하고 형용사는 명사를 수식하거나 설명합니다. b문장에서 as I do는 as me로 바꿀 수 있습니다. 'as+주어+동사'로 사용하면 as는 접속사이고 'as+목적격'으로 사용하면 as는 전치사인 것이죠.
- c문장의 twice는 'ad.두 번, 두 배로'입니다. '두 번 갔다, 두 배로 무겁다'처럼 twice는 동사와 형용사를 수식하는 부사입니다. 앞에 있는 as를 생략해 보세요. This is twice heavy(이것은 두 배로 무거워)+as that(저것과 비교하여)의 결합에서 부사 as(그 만큼, 똑 같이)를 heavy앞에 놓아 보세요. 그럼 훨씬 이해가 빠를 것입니다.

a. If you don't mind, I want to go **as soon as possible**.
   =If you don't mind, I want to go **as soon as I can**.
   네가 꺼려하지 않는다면 난 가능한 만큼 빨리 가고 싶어.

b. Today is **not as** hot **as** yesterday.
   =Today is **less** hot **than** yesterday.
   오늘은 어제보다 덜 더워.

c. She is **not so much** a singer **as** a dancer.
   =She is **rather** a dancer **than** a singer.
   그녀는 가수라기보다는 댄서야.

- a문장의 as soon as possible은 '가능한 (만큼) 빨리'이고 as soon as I can은 '내가 할 수 있는 만큼 빨리'입니다. as~as possible과 as~as one can은 같은 뜻입니다.

- b문장은 as~as에 not을 넣은 문장입니다. Today is not hot(오늘은 덥지 않아)+as yesterday(어제만큼)의 결합에서 부사 as를 넣어보면 쉽게 이해가 될 것입니다. not as~as 인 경우 앞에 있는 부사 as를 so로 바꾸어 사용하기도 합니다. Today is **not so** hot **as** yesterday는 Today is not **so** hot(오늘은 **그렇게** 덥지 않아)+as yesterday(어제만큼)의 결합이지요. 'not as 원급 as'를 '~만큼~하지 않은'이란 공식으로 암기할 필요가 없습니다.

- c문장의 not so much A as B는 'A라기 보다는 B'입니다.
  공식으로 암기하지 마세요. 먼저 c문장에서 much를 생략해 보세요. 그러면 She is **not as** a singer **as** a dancer가 됩니다. b문장과 같은 구조입니다. 앞에 있는 as는 부사이기 때문에 명사 a singer를 바로 수식할 수 없지요. 부사 as를 동의어 so(그렇게)로 바꾸어도 so역시 부사이기 때문에 명사를 바로 수식하지 못합니다. 그래서 '부사+**형용사**+명사' 구조로 부사가 명사를 수식하기 위해 부사 much를 넣었고 much는 강조의 뜻입니다. not so much A as B는 not so much A(A는 정말 아니다)+as B(B와 비교하여)의 결합에서 'A라기 보다는 B'라는 뜻이 되는 것이지요.

UNIT 167 최상급을 이용한 비교구문

최상급은 보통 'the+최상급+명사' 어순을 취하고 뒤에는 in(~안에서), of(~중에서)와 같이 범위를 알려 주는 말이 연결됩니다. 최고는 단 하나로 정해지기 때문에 정관사 the를 붙이는 것이지요.

a. He is **the tallest soccer player** of our members.
그는 우리 멤버들 중에서 최고 큰 축구선수야.

b. Mt. Everest is **the highest mountain** in the world.
에베레스트는 세계에서 가장 높은 산이야.

c. She is **the most beautiful girl** that I've ever met.
그녀는 내가 지금까지 만난 적 있는 가장 아름다운 여자야.

d. I'm **most comfortable** when I am drinking with friends.
난 친구들과 술 마시고 있을 때 가장 편안해.

e. My wife gets up **earliest** of my family.
아내는 가족 중에서 가장 일찍 일어나.

f. Cho Yong-pil is **much** the best singer in Korea.
조용필은 한국에서 단연코 최고의 가수야.

g. It was **one of the most romantic scenes** in the movie.
그것은 영화 중에서 가장 로맨틱한 장면들 중 하나였어.

- a~c문장처럼 'the+최상급+명사+범위지정'이 일반적인 최상급 표현 방식입니다. '그녀는 가장 예쁜 여자야'라고 말해 보세요. 학교에서 가장 예쁜지, 우리나라에서 가장 예쁜지 그 범위를 알 수 없기 때문에 범위에 대한 궁금증을 유발시키게 됩니다. 최상급은 1등을 말하는 것이기 때문에 어디에서 1등인지 그 범위를 알려 줘야 완전한 표현이 되지요. a문장의 of our members는 '우리 멤버들 중에서'로 of는 '~중'으로 범위를 나타냅니다. b문장의 in the world는 '세계에서'로 in은 '~안에'로 범위를 나타냅니다. c문장의 that I've ever met은 '지금까지 내가 만난'으로 역시 범위를 타나냅니다. a~g문장에서 밑줄 쳐 놓은 부분이 범위를 나타내는 말입니다. I'm going(나는 가고 있어)이라고 말해 보세요. 그럼 '어디에?'라고 되물을 것입니다. 그래서 I'm going **home**, I'm going **to school**처럼 장소를 보충해서 말을 해야 합니다. 최상급을 표현함에 있어서 범위를 알려 줘야 하는 것도 이와 같은 이치지요.

- 최상급은 **여러 명, 여러 개 중에서** 최고(=제 1)라는 것입니다.
  d문장은 동일한 한 사람의 상태를 설명하는 것이기 때문에 the를 붙이지 않습니다. 다른 대상과 비교하지 않고 동일한 사람이나 동일한 사물의 상태나 성질을 설명할 때는 정관사 the를 붙이지 않습니다.
- e문장은 부사의 최상급이기 때문에 정관사 the를 붙이지 않습니다.
  the는 형용사이기 때문에 반드시 뒤에 수식 받는 명사가 와야 합니다. My wife gets up early 는 '나의 아내는 일찍 일어나'로 early는 동사 gets up을 수식하는 부사입니다. early(ad.일찍)를 최상급 earliest(ad.가장 일찍)로 바꾸어도 동사 gets up을 수식하는 부사이기 때문에 정관사 the는 필요 없지요.
- f문장의 much는 '단연코'로 최상급을 강조하는 부사입니다.
  much는 비교급 앞에 사용하면 '훨씬 더'라는 뜻이고 최상급 앞에 사용하면 '단연코'라는 뜻이 됩니다. 최상급을 강조할 때는 much, by far, the very를 사용하고 그 뜻은 '단연코'입니다. f문장의 much 대신 the very를 넣어 보면 the very the best가 되어 the가 중복되기 때문에 뒤에 있는 the는 생략하여 the very best가 됩니다.
- g문장은 'one of the 최상급+복수명사' 구조입니다.
  공식으로 암기할 필요가 없습니다. of는 '~중'으로 one of~는 '~중 하나'입니다. '~중 하나'는 여러 개 중에서 하나를 의미하는 것이기 때문에 one of~뒤에는 당연히 복수명사가 와야 하지요.

3 최상급을 사용하지 않고 최상급을 표현할 수 있습니다.
원급과 비교급을 사용하여 최고임을 나타내는 최상급 표현을 할 수 있습니다.

a. She is **the prettiest girl** in the school.
   그녀는 학교에서 가장 예쁜 여자애야. (=그녀는 학교에서 얼짱이야.)

b. **No girl** in the school is **as** pretty **as** her.
   학교에서 그녀만큼 예쁜 여자는 단 한 명도 없어.

c. **No girl** in the school is prett**ier than** her.
   학교에서 그녀보다 더 예쁜 여자는 단 한 명도 없어.

d. She is prett**ier than any other girl** in the school.
   그녀는 학교에 있는 어떠한 여자보다 더 예뻐.

e. She is prett**ier than all the** (**other**) **girls** in the school.
   그녀는 학교에 있는 모든 여자들보다 더 예뻐.

- b~c문장의 no girl은 '0명의 여자'입니다. '학교에서 그녀만큼, 그녀보다 더 예쁜 여자는 0명이야'는 '그녀는 학교에서 가장 예뻐'와 같은 뜻이죠. **No girl** in the school이 주어이기 때문에 '학교 안에서 0명의 여학생이'처럼 해석하면 이해가 빠르지요. no는 zero를 나타냅니다.
- d문장은 '비교급+than+any other+**단수명사**'입니다.
  prettier(더 예쁜)+than(보다)+any(어떠한)+other(다른)+girl(여자 1명)의 결합입니다. '그녀는 학교에 있는 다른 어떠한 여자 1명보다 더 예뻐'는 '그녀는 학교에서 가장 예뻐'라는 뜻이 됩니다. any는 'a.어떠한'으로 '묻지도 따지지도 말고'라는 뜻입니다. any other girl은 묻지도 말고 따지지도 말고 누구라도 상관없는 어떠한 다른 여자 1명을 비교 대상으로 삼는 것이기 때문에 any other **girl**처럼 단수명사를 사용해야 합니다.
- e문장은 '비교급+than+all the (other)+**복수명사**'입니다.
  prettier(더 예쁜)+than(보다)+**all** the other(모든 다른)+girl**s**(여자들)의 결합입니다. '그녀는 학교에서 다른 모든 여자들 보다 더 예뻐'는 '그녀는 학교에서 가장 예뻐'와 같은 뜻이지요. **all** the book**s**처럼 all뒤에 가산명사가 오면 복수명사를 사용해야 하기 때문에 **all** the other girl**s**입니다. d문장은 비교 대상을 묻지도 따지지도 말고 무작위로 선정한 1명이기 때문에 any other girl처럼 단수명사를 사용하는 것이고, e문장은 비교 대상이 전체이기 때문에 all the girl**s**처럼 복수명사를 사용하는 것이지요.

memo

CHAPTER 14

Pronoun
대명사

UNIT 168　대명사
UNIT 169　인칭대명사
UNIT 170　지시대명사 it
UNIT 171　지시대명사 this, that, these, those
UNIT 172　one, another, other
UNIT 173　some, any
UNIT 174　every, each
UNIT 175　all, no, none, most
UNIT 176　both, either, neither
UNIT 177　부분 부정과 전체 부정

UNIT 168 대명사

대명사(代名詞)는 명사를 대신해서 사용하는 말로 대(代)는 '대신할 대'입니다.

앞에 한 번 언급한 명사를 다시 말할 때 대명사를 사용합니다. '베토벤과 차이코프스키'처럼 긴 명사를 반복하여 사용하면 불편하기 때문에 우리는 본능적으로 '그들'이란 인칭대명사를 사용하게 됩니다. '책상과 의자'란 긴 명사가 반복되면 '그것들'이란 지시대명사를 사용하게 되지요. 영어로 대명사는 pronoun인데 pro(대신하는)+noun(명사)로 결합되어 대명사가 명사를 대신하는 것임을 단어를 통하여 알 수 있습니다.

영어 원어민은 같은 단어를 반복하여 사용하는 것을 매우 싫어하기 때문에 영어는 대명사가 많이 발달했습니다. 영어 원어민이 반복을 싫어하는 주된 이유 중 하나는 주어를 넣어 사용함으로써 주어가 반복되기 때문입니다.

한국어: 밥 먹었니?	주어인 '너'를 생략하고 말한다.
일본어: 食事しましたか?	주어인 あなた를 생략하고 말한다.
중국어: 吃饭了吗?	주어인 你를 생략하고 말한다.
영 어: Have you eaten breakfast?	**주어인 you를 반드시 사용한다.**

위와 같이 **우리말, 일본어, 중국어는 주어를 생략하고 말하는데 왜 영어는 주어를 넣어 사용할까요?** 영국은 1066년 프랑스의 식민지가 되어 몇 백 년 동안 프랑스의 식민 지배를 받게 됩니다. 백년전쟁 이후 영국이 프랑스로부터 완전 독립했는데, 오랜 식민 통치 후의 영어는 발음과 철자가 제각각으로 통제 불능 상태였습니다. 그래서 많은 지식인들은 쓰레기처럼 버려진 영어를 아름다운 언어로 만들기 위해 많은 노력을 하게 됩니다. 그러한 노력 중에 영어를 라틴어 체계로 바꾸려는 시도가 있었습니다. 라틴어(=로마어)는 성경을 기록하는 신성한 하나님의 언어이기 때문에 라틴어 문법 체계로 영어를 바꾸면 타락한 영어를 아름다운 언어로 바꿀 수 있다고 믿었던 것이죠. 라틴어는 독일어와 같은 굴절어로 주어를 중심으로 굴절시키는 언어입니다. 영어를 라틴어 체계로 바꾸려는 그들의 시도는 실패했지만, 주어를 두고 사용하는 표현 방식은 오늘날까지 살아남아 영어가 주어를 넣어 사용하는 언어가 되었습니다. 언어는 사회적 약속이기 때문에 언어를 사용하는 다수가 그렇게 사용하면 그렇게 정착되는 것이지요. 그런데 영어를 라틴어 체계로 바꾸려는 시도는 왜 실패했을까요? 영어는

이미 굴절어 영역에서 나와 중국어와 같은 고립어(=어순이 생명인 언어)로 진화하고 있는데 다시 고대영어와 같은 굴절어로 되돌아가자고 했으니 언어 흐름에 역행하는 발상이었던 것입니다.

우리 영문법은 일본 영문법을 그대로 번역해서 만들었지만 중국 영문법은 일본 영문법을 바탕으로 독자적인 문법 체계를 만들었습니다. 중국 영문법에선 대명사(代名詞)라고 하지 않고 대사(代詞-대신하는 말)라고 합니다. that은 대명사로 사용하면 '그것', 형용사로 사용하면 '그', 부사로 사용하면 '그렇게'입니다. 대명사라고 하면 품사가 대명사로 한정되지만, 대사라고 하면 여러 품사로 사용된다는 폭 넓은 의미를 갖게 됩니다. 영어는 하나의 단어로 여러 품사로 사용되기 때문에 대명사란 용어보다는 대사라는 문법 용어가 영어 학습에는 더 유익해 보이는군요.

대명사 학습의 핵심은 this, that, these, those, one, another, other, some, any, every, each, all, no, none, most, both, either, neither 등을 품사별로 학습하는 것입니다. other, every, no는 대명사에서 학습하지만 대명사가 아니라 형용사로만 사용되는 단어들입니다. 대명사란 용어가 부적절해 보이지요.

■ **대명사 학습의 핵심** ■
① 영어는 주어를 놓고 사용하는 언어이다.
② 대명사는 여러 품사로 사용되기 때문에 단어를 품사별로 익혀야 한다.

UNIT 169 인칭대명사

1 주격 대명사 뒤에는 동사가 오는 것이 영문법의 규칙입니다.

우리말은 인칭과 상관없이 '~이다' 하나뿐입니다. 그러나 영어 1인칭 I는 am, 2인칭 you는 are, 3인칭 단수 she, he, it은 is, 3인칭 복수 they는 are로 주어에 맞는 동사를 사용합니다.

I am	you are	she(he, it) **is**	they(we, you) are
I was	you were	she(he, it) **was**	they(we, you) were
I do	you do	she(he, it) **does**	they(we, you) do
I have	you have	she(he, it) **has**	they(we, you) have

영어는 주어가 3인칭 단수(she, he, it)인 경우 일반동사 끝에 -s또는 -es를 붙입니다. 3인칭 단수에 -s또는 -es를 붙이는 이유는 음을 맞추기 위한 것이라는 것이 일반적인 견해입니다. 3인칭 단수는 he is, he has, he was로 발음이 모두 [z]발음이 납니다. whose(누구의) 또한 3인칭으로 [z]발음이 나지요. 그래서 일반동사에도 he does처럼 -s, -es를 붙여서 같은 발음으로 운을 맞춘 것입니다. am을 들으면 주어를 듣지 않았어도 주어가 I임을 알고, is를 듣거나 발음이 [z]인 동사를 들으면 주어가 3인칭 단수임을 바로 알 수 있지요.

a. He go**es** running every morning. 그는 매일 아침 달리러 나가.
b. Please let me know if she come**s**. 그녀가 오면 내게 알려 줘.
c. School start**s** at 9. 수업은 9시에 시작해.
d. Do**es** my son turn in his homework on time? 아들이 제때 숙제를 제출하나요?

3인칭 단수에 -s나 -es를 붙이지 않고 말하면 원어민은 귀에 거슬린다고 합니다. 중국에 살고 있는 조선족 동포들은 '품질이가 좋지 않다'처럼 '~이'처럼 말해야 할 주격조사를 '~이가'로 사용하는 경우가 많습니다. 계속 들으니 귀에 거슬리고 '~이가'가 아니라 '~이'라고 교정해 주고 싶더군요. 이와 비슷한 경우가 아닐까 생각됩니다. **3인칭 단수에 -s나 -es를 붙이지 않는다고 해서 의사소통에 지장이 있는 것은 아니지만 원어민의 귀에는 계속 거슬리게 된다**는 것을 잊어서는 안 됩니다.

2 my(나의), your(너의), his(그의), her(그녀의), its(그것의), our(우리의), their(그들의) 와 같은 **소유격은 형용사이기 때문에 명사와 함께 사용하고 단독으로 사용하지 못합니다.** it's는 it is 또는 it has의 줄임말입니다. e와 f문장처럼 동명사 앞의 소유격은 의미상의 주어이기 때문에 주어로 해석해야 합니다.

a. We often use gestures in **our** daily life. 우리는 일상 생활에서 종종 몸짓을 사용해.
b. Cheju-do is famous for **its** beaches. 제주도는 그곳의 해변들로 유명해.
c. I like Dokdo. **It's** a beautiful place. 난 독도를 좋아해. 그곳은 아름다운 곳이야.
d. **It's** been almost 10 years since he died. 그가 죽은 이후로 거의 10년이 되어 있어.
e. I am proud of **his** being a professor. 난 그가 교수인 것을 자랑스럽게 생각해.
f. We are sure of **her** passing the exam. 우리는 그녀가 시험에 합격할 것을 확신해.

3 목적격 me(나를), you(너를), him(그를), her(그녀를), it(그것을), us(우리들을), them(그들을, 그것들을)은 목적어 위치에 사용합니다. **목적어 위치란 타동사 뒤와 전치사 뒤입니다.** 문법 용어로 전치사의 목적격이라고 하는데 왜 전치사 뒤에는 목적격을 사용해야 할까요? wait는 'vi.기다리다'는 자동사이기 때문에 '~을'에 해당하는 전치사 for를 붙여 '~을 기다리다'가 됩니다. '자동사+전치사=타동사'이기 때문에 전치사 뒤에는 목적격이 오는 것입니다. I love he처럼 목적어 자리에 주격을 쓸 수 없지요. 목적어 자리엔 I love him처럼 반드시 목적격을 사용해야 합니다. I love his처럼 소유격을 목적어 자리에 사용할 수 없습니다. 소유격은 형용사이기 때문에 뒤에 명사가 와야 합니다. e문장처럼 동명사 앞에, f문장처럼 to부정사 앞에 목적격이 있으면 이는 의미상의 주어입니다. 쓰임에 따라서 목적격에 대한 우리말 해석이 달라진다는 것을 반드시 기억해야 합니다. 의미상 주어에 대한 자세한 설명과 예문은 UNIT 61, UNIT 83에 있습니다.

a. This time we won't abandon **you**. 이번에는 우리가 너를 포기하지 않을 거야.
b. I'm proud of **him**. 나는 그를 자랑스럽게 생각해.
c. I'm proud of **him** being a lawyer. 난 그가 변호사인 것을 자랑스럽게 생각해.
d. I like **you** much better without any make-up. 난 화장 안한 너를 훨씬 더 좋아해.
e. I like **you** singing pop songs. 난 네가 팝송 부르는 것을 좋아해.
f. I didn't expect **her** to be here. 난 그녀가 여기 올 것을 기대하지 않았어.

4 소유대명사는 mine(나의 것), yours(너의 것), his(그의 것), hers(그녀의 것), ours(우리들의 것), yours(너희들의 것), theirs(그들의 것)로 '~의 것'입니다. **소유대명사는 소유격에 s를 붙여서 만듭니다.** 다만, 나의 것은 소중하니까 소유격에 –s를 붙이지 않고 mine입니다. 소유격 his에 –s를 붙이면 hiss가 되어 영어에서 자음 중복은 발음되지 않기 때문에 –s를 붙이지 않습니다. his가 소유격인지 소유대명사인지는 쓰임을 보면 금방 알 수 있지요. 소유격 his는 형용사이기 때문에 반드시 뒤에 명사가 와야 합니다.

우리말은 '이 책은 나의 책이야' 또는 '이 책은 나의 것이야' 모두 자연스럽지만 영어는 This **book** is my **book**처럼 같은 단어를 반복하여 사용하면 어색해 합니다. 그래서 This is my book, This book is mine처럼 사용하여 같은 단어의 반복을 회피하지요.

a. My key is here. Where is **yours**? 내 열쇠는 여기 있어. 너의 것은 어디 있어?
b. It isn't **mine**. It is **hers**. 그것은 나의 것이 아니야. 그것은 그녀의 것이야.
c. It was not my decision, but **theirs**. 그것은 나의 결정이 아니라 그들의 것이었어.
d. That suitcase is **his**. 저 여행 가방은 그의 것이야.

5 **주어인 we, you, they가 '우리, 당신들, 그들'의 뜻이 아닌 일반인 또는 모든 사람을 지칭하거나 특별한 의미 없이 형식상으로 붙이는 경우가 있습니다.** 앞에서 설명한 바와 같이 영어는 명령문 등 일부를 제외하고 '주어+동사' 형태를 취하는 언어이기 때문에 형식상의 주어를 사용합니다. 이 경우 we, you, they는 해석할 필요가 없습니다. a문장을 '**우리는** 지난해 여름 많은 비를 가졌어'라고 옮기면 뭔가 어색하지요. a문장의 we는 해석할 필요가 없습니다. b문장의 you는 말을 하는 상황에 따라 '너희들', '사람들'이 될 수 있습니다. c문장과 d문장의 they는 '사람들'로 역시 해석할 필요가 없습니다.

a. **We** had much rain last summer. 지난해 여름에 비가 많이 왔었어.
b. **You** should obey your parents. 부모님 말씀을 잘 따라야 해.
c. **They** raise a lot of sheep in China. 중국에서는 많은 양을 길러.
d. **We** say that falling in love is wonderful. 사랑에 빠지는 것은 멋진 것이라고들 해.

6 주어가 하는 행동의 대상이 주어 자신일 때 -self를 사용합니다.

myself(나 자신), yourself(너 자신), herself(그녀 자신), himself(그 자신), ourselves(우리들 자신), themselves(그들 자신)로 -self를 재귀대명사라고 합니다. **-self는 타동사의 목적어로 사용되어 주어가 한 행위의 결과가 주어 자신에게 영향을 미치는 것을 말합니다.** She killed herself는 '그녀는 그녀 자신을 죽였어'로 She=herself입니다. 그러나 She killed her는 '그녀는 또 다른 그녀를 죽였어'로 She와 her는 전혀 다른 사람이지요.

a. I cut **myself** while I was shaving this morning.
 나는 오늘 아침에 면도를 하면서 나 자신을 베었어.

b. He is teaching **himself** to play the guitar.
 그는 기타를 치기 위하여 그 자신을 가르치고 있어. (=그는 기타를 독학하고 있어.)

c. She burned **herself** while cooking.
 그녀는 요리하면서 그녀 자신을 데었어.

d. Please seat **yourself**.
 앉아 주세요. (=당신 자신을 앉혀 주세요.)

e. Enjoy **yourself** to your heart's content.
 마음이 만족할 때까지 너 자신을 즐겨.

재귀대명사 -self는 강조용법으로도 사용합니다.

강조용법이기 때문에 -self에 강세를 두고 발음해야 합니다. I **myself** did it, I did it **myself** 에서 myself는 'ad.직접, 스스로, 손수, 그 자체로'란 뜻으로 부사입니다. 강조용법으로 사용하는 -self는 부사이기 때문에 동사 앞이나 문장 끝에 자유롭게 둘 수 있습니다. oneself는 대명사이지만 부사로도 사용된다는 것을 기억해야 합니다.

a. Who repaired your bicycle? I repaired it **myself**.
 누가 너의 자전거를 수리했어? 내가 직접 수리했어.

b. The movie **itself** wasn't good, but I liked the music.
 영화는 자체적으로 좋지 않았지만 그 음악은 좋았어.

c. He **himself** took part in the battle.
 그는 직접 전투에 참가했어.

d. She told me the news **herself**.
 그녀가 직접 그 소식을 나에게 알려 주었어.

아래와 같이 -self가 들어간 관용 표현들은 별도로 기억해야 합니다.

a. I went there **by myself**. 나는 거기 혼자서 갔어.
b. You have to solve the problem **for yourself**. 넌 혼자 힘으로 문제를 해결해야 해.
c. The door opened **of itself**. 문이 저절로 열렸어.
d. That **in itself** is a great innovation. 그것은 그 자체로 위대한 혁신이야.
e. She was **beside herself** at the news. 그녀는 그 소식에 미쳤어.
f. This is **between ourselves**, right? 이것은 우리 둘만의 얘기예요, 아셨죠?
g. I laughed **in spite of myself**. 나는 자신도 모르게(=무의식적으로) 웃었어.
h. He **kept** the secret **to himself**. 그는 그 비밀을 혼자 간직했어.
i. She **said to herself**. 그녀는 혼자 중얼거렸어.
j. He **came to himself** a few minutes ago. 그는 조금 전에 의식이 돌아왔어.
k. **Behave yourself**. 점잖게 행동해.

- by oneself는 '혼자서(alone)', for oneself는 '자기 자신을 위하여, 혼자 힘으로(without other's help)', of itself는 '저절로, 자연발생적으로', in itself는 '그 자체로, 본래'입니다.

- beside oneself는 '미친, 제정신이 아닌'입니다. She was beside herself에서 주격 She는 그녀의 영혼과 육체를 모두 나타내고, 재귀대명사 herself는 그녀의 육체만 나타냅니다. She(그녀의 영혼)+was(있었다)+beside herself(그녀 육체 옆에)의 결합으로 그녀의 영혼이 그녀의 육체를 벗어나 옆에 있었다는 것은 그녀가 미쳤거나 제정신이 아니었다는 것이지요.

- in spite of oneself는 '자신도 모르게'입니다. in(속에)+spite(사악함)+of(~의)+oneself(자신)의 결합으로 사람의 마음속에 있는 사악한 본능이 심술을 부려 무의식중에, 자기 자신도 모르게 행동했다는 것입니다.

- keep A to oneself는 'A를 혼자 간직하다'인데 A를 다른 사람에게 이동시키지 않고 자기 자신에게 이동(to)시켜 유지(keep)하는 것입니다.

- say(talk) to oneself는 '혼잣말을 하다'입니다. 말을 다른 사람에게 이동시키지 않고 자기 자신에게 이동(to)시킨 것이기 때문에 혼잣말을 하는 것이지요.

- come to oneself는 '의식을 찾다'입니다. He came to himself는 He(그의 정신)+came(갔다)+to(~에)+himself(그의 육체)의 결합으로 그의 정신이 그의 육체로 간 것이기 때문에 잃었던 의식을 되찾은 것입니다.

UNIT 170 지시대명사 it

1 it은 '그것'으로 앞에서 또는 뒤에서 언급하는 그것을 말합니다.

a문장의 it은 앞에서 언급한 그 식당이며, b문장의 it은 앞 문장 전체로 '그가 파티에 참석하지 않은 것'을 말합니다. c~d문장은 진주어, 가주어 문장이고, e문장은 진목적어, 가목적어 문장입니다. 이것은 말의 핵심을 빨리 전달하기 위해 사용하는 표현 방식으로 UNIT 82에서 이미 학습했습니다.

a. What's the new restaurant like? Is **it** good? 새 음식점 어때? 좋아?
b. He wasn't at the party. **It** was very rare. 그는 파티에 안 왔어. 그것은 매우 드물어.
c. **It** is dangerous **to go out** at night. 밤에 외출하는 것은 위험해.
d. **It** is true **that** he loves Sarah. 그가 사라를 사랑한다는 것은 사실이야.
e. I think **it** wrong **to deceive** yourself. 너 자신을 속이는 것은 나쁘다고 생각해.

2 it은 '시간, 요일, 날짜, 거리, 날씨, 상황' 등에 사용합니다.

이때 it은 '그것'이란 뜻이 아닙니다. it이 3인칭인데도 3인칭 주어로 사용한 것이 아니기 때문에 비(非)인칭 주어란 용어를 붙인 것인데, 비(非)인칭 주어보다는 무(無)인칭 주어가 더 적합합니다. 우리말은 주어 없이 사용하는 표현이 많습니다. 그러나 영어는 앞에서 설명한 바와 같이 주어를 두고 표현하는 언어이기 때문에 주어가 필요 없음에도 '주어+동사'라는 형식을 맞추기 위하여 주어를 사용합니다. 형식상의 주어이기 때문에 해석할 필요가 없지요. a문장의 it을 굳이 해석한다면 '시간이', b문장의 it은 '요일이', c문장의 it은 '거리가', d문장의 it은 '날씨가', e문장의 it은 '상황이', f문장의 it은 '순서가'가 됩니다.

a. **It**'s time to go home. 집에 갈 시간이야.
b. **It**'s Saturday. 토요일이야.
c. How far is **it** from here to the station? 여기서 역까지 얼마나 멀어?
d. Is **it** snowing outside? 밖에 눈 오고 있어?
e. How is **it** going with your family? 네 가족은 어떻게 지내?
f. **It**'s my turn. 이번은 나의 차례야.

3. it이 들어간 관용 표현이 많습니다.

아래 표현들은 회화에서 자주 사용하는 표현들입니다. it이 어떤 의미인지 파악하면 무작정 암기할 필요가 없습니다.

a. I got **it**. 알았어.
b. Take **it** easy. 쉬엄쉬엄 해. 느긋하게 해. 조급하게 굴지 마.
c. That's **it**. 그게 그거야. 잘 하고 있어.
d. Go for **it**! 힘 내! 도전해 봐!
e. That's the way **it** goes. 사람 사는 것이 다 그렇고 그렇지 뭐.
f. I couldn't help **it**. 어쩔 수 없었어.
g. Give **it** a try. 그냥 한번 해봐. 부담 없이 한번 해봐.

- a문장은 상대방이 하는 말을 알아들었을 때 하는 대답으로 당신이 하는 말의 핵심 내용(it)을 got(받았다)는 것입니다. I see, I understand와 같은 뜻이지요.

- b문장은 현재의 상황(it)을 느긋하게(easy)게 take(가지다, 취하다)하라는 것으로 조급하게 굴지 말고 여유 있게 하라는 것입니다. 힘들어 하는 친구에게 흔히 하는 말로 작별 인사로도 자주 사용합니다.

- c문장은 내가 생각하고 있는 그것(that)이 바로 그것(it)이라는 것으로 자기가 생각한 대로 일을 잘 하고 있거나 일을 잘 해놓은 상태에서 흔히 하는 말입니다.

- d문장은 그것(it-목표)을 향하여(for) go하라는 것으로 힘내라는 뜻입니다. 우리는 fighting을 흔히 사용하는데 fighting은 '싸움, 투쟁, 전투'로 호전적인 의미를 담고 있어 원어민은 fighting을 사용하지 않고 Go! Go!, Way to go!를 흔히 사용합니다.

- e문장의 it은 '삶, 인생'입니다. 그것이 삶이 나아가는 방식이라는 것은 살아가는 게 다 그렇고 그렇다는 것입니다.

- f문장의 it은 '상황'이고 help는 'vt.~을 피하다'입니다. 그 상황을 피할 수 없었다는 것은 어쩔 수 없이 할 수 밖에 없었다는 것이지요.

- g문장은 Try it(그것을 시도해 봐)을 길게 늘려 표현한 것입니다. Look at it(그것을 봐)을 Give it a look(그것에 눈길 한번 줘 봐)처럼 표현하지요. 같은 방식의 표현법입니다.

4 It is~that을 사용하는 강조 방법이 있는데 매우 중요합니다.

It is~that라는 틀 안에 강조어구를 집어넣는 방식입니다. I met the girl on the street this morning이라는 표현으로 강조해 보겠습니다. met을 보면 과거시제 문장이기 때문에 It was+강조어구+that~을 사용합니다.

- a. It was **I** that met the girl on the street this morning.
  오늘 아침에 거리에서 그 여자를 만난 사람은 바로 나였어.
- b. It was **the girl** that I met on the street this morning.
  내가 오늘 아침에 거리에서 만난 사람은 바로 그 여자였어.
- c. It was **on the street** that I met the girl this morning.
  내가 오늘 아침에 그 여자를 만난 곳은 바로 그 거리에서였어.
- d. It was **this morning** that I met the girl on the street.
  내가 거리에서 그 여자를 만난 때는 바로 오늘 아침이었어.

a~d문장에서 It was~that을 없애고 강조했던 어구들을 원래 위치로 보내면 I met the girl on the street this morning이란 한 문장이 됩니다. 즉 It was~ that은 어떤 어구를 강조하기 위한 틀이라는 것이죠.

- a. **It was** I **who** met the girl on the street this morning.
  오늘 아침에 거리에서 그 여자를 만난 사람은 바로 나였어.
- b. **It was** the girl **who** I met on the street this morning.
  내가 오늘 아침에 거리에서 만난 사람은 바로 그 여자였어.
- c. **It was** on the street **where** I met the girl this morning.
  내가 오늘 아침에 그 여자를 만난 곳은 바로 그 거리에서였어.
- d. **It was** this morning **when** I met the girl on the street.
  내가 거리에서 그 여자를 만난 때는 바로 오늘 아침이었어.

시간이 흘러 원어민은 that에 변화를 주기 시작합니다. 강조하는 말이 사람이면 that 대신에 who, 동물 또는 사물이면 which, 장소면 where, 시간이면 when을 사용합니다. 이는 관계사로부터 영향을 받은 것이죠. 위 문장들은 얼핏 보면 관계사 문장이라고 착각하기 쉽습니다. a문장에서 It was~who를 생략하면 완전한 하나의 문장만 남기 때문에 강조용법임을 바로 알 수 있습니다.

   a. **Who was it that** broke my rear view mirror?
      도대체 누가 나의 백미러를 망가뜨렸어?
   b. **What was it that** split them up?
      도대체 무엇이 그들을 완전히 갈라서게 했어?
   c. **Where was it that** you saw Jack?
      네가 잭을 본 장소가 도대체 어디였어?
   d. **When was it that** you saw Jack?
      네가 잭을 본 시간이 도대체 언제였어?

a문장은 의문문 Who broke my rear view mirror?에서 의문사 who를 강조한 표현입니다. '**누가 나의 백미러를 깼어?**'라는 표현을 강조할 때 우리는 '**도대체 누가 나의~**'처럼 '**도대체**'라는 부사를 삽입하여 강조합니다. 영어 역시 우리말 '도대체'에 해당하는 on earth, in the world를 넣어 Who **on earth** broke my rear view mirror?처럼 사용하면 되는데 강조 방법이 한 가지 더 있습니다. 앞에서 설명한 It is~that라는 틀 속에 의문사 who를 집어넣어 강조하는 방법입니다. It was **who** that **broke my rear view mirror**?에서 의문사 who를 문장 앞으로 이동시켜 Who was it that broke~가 되는 것입니다. 의문사가 문장 앞으로 가면 '의문사+동사+주어'라는 의문문 어순을 취하기 때문에 Who was it that이 되는 것이지요.

b문장은 의문문 What split them up?에서 의문사 what을 강조구문 틀 속에 넣어 강조한 것이고, c문장은 의문문 Where did you see Jack?에서 의문사 where를 강조 구문 틀 속에 넣어 강조한 것입니다. Who was it that~, What was it that~, Where was it that~, When was it that~ 은 의문사를 강조하는 강조 표현임을 기억해 두어야 합니다.

UNIT 171 지시대명사 this, that, these, those

1 this를 대명사로 사용하면 '이것, 이 사람, 이곳, 여기, 이번'이고 형용사로 사용하면 '이, 이번의, 지금의'입니다. d문장처럼 전화 통화 시 두 사람은 서로 다른 공간에 있기 때문에 '이곳, 여기'라는 뜻에서 this를 사용합니다. I'm Jack이라고 하지 않습니다. g문장에서 people이 복수이기 때문에 this의 복수형 these입니다. this(단수)+book(단수명사)+is(단수동사)처럼 단수는 단수로 가고, these(복수)+people(복수명사)+are(복수동사)처럼 복수는 복수로 일관성 있게 가야 합니다. 그것이 영어입니다.

a. Is **this** your cell phone? 이것은 너의 휴대폰이야?
b. **This** is my friend, Micky. 이 사람은 내 친구 미키야.
c. **This** is the place where I was born. 이곳(=여기)은 내가 태어난 곳이야.
d. **This** is Jack speaking. 나는 잭인데요.
e. **This** is my first visit to London. 이번이 나의 첫 번째 런던 방문이야.
f. I brought **this** bag to show you. 이 가방을 네게 보여주려고 가져왔어.
g. **These people are** not friendly. 이 사람들은 친절하지 않아.

2 that을 대명사로 사용하면 '저것, 저 사람, 저 곳, 저기'이고 형용사로 사용하면 '저, 그, 그 때의', 부사로 사용하면 '그렇게'입니다. c문장의 that은 앞 문장 전체를 가리킵니다. d문장의 those who는 '~하는 사람들'로 those people who에서 people이 생략된 표현입니다. e문장의 that은 'ad.그렇게(so)'입니다.

a. **That** accident changed my life entirely. 그 사고는 나의 삶을 완전히 바꾸었어.
b. He was much pleased to hear **that**. 그는 그것을 듣고 매우 기뻤어.
c. Let's go shopping. Oh, **that**'s nice. 쇼핑가자. 오, 그것(앞 문장 전체) 좋지.
d. **Those who** understand its merit are less. 그것의 장점을 이해하는 사람들은 적어.
e. There isn't **that** much traffic at this time. 이 시간에 교통량이 그렇게 많지 않아.

3 a문장에서 this는 뒤에 있는 money를 가리키는 후자(後者), that은 앞에 있는 health를 가리키는 전자(前者)입니다. this의 위치에서 앞 문장을 보면 후자인 money는 가까운 곳에 있고 that의 위치에서 앞 문장을 보면 전자인 health는 먼 곳에 있기 때문에 **this가 후자, that이 전자**가 되는 것입니다. the one(전자)과 the other(후자), the former(전자)와 the latter(후자)도 같은 표현입니다. 전자와 후자는 그것으로 정해지기 때문에 정관사 the를 붙이는 것입니다.

- a. Health is above money. **This** can't give so much happiness as **that**.
  건강이 돈보다 우선이야. 후자(돈)는 전자(건강)만큼 많은 행복을 줄 수 없어.
- b. Of the two, **the former** is better than **the latter**.
  두 개 중에서, 전자가 후자보다 더 좋아.

4 '서울의 인구는 대구보다 많아'를 영어로 옮겨 보세요. The population of Seoul is larger than Daegu로 옮기면 틀린 표현이 됩니다. 영문법은 수학적 과학적 논리로 완성되었다고 영어의 역사에서 설명했습니다. 서울 인구와 대구를 직접 비교할 수 없지요. 서울 인구는 대구 인구와 비교하는 것이 논리적입니다. The population of Seoul is larger than **the population of Daegu**처럼 비교 대상을 동일하게 해야 합니다. 영어는 반복을 회피하기 때문에 반복되는 the population을 that으로 바꾸어 The population of Seoul is larger than **that** of Daegu로 표현합니다. '서울 인구는 대구의 **그것(인구)**보다 더 많아'가 되는 것이지요. 단수는 that을, 복수는 those를 사용함으로써 비교 대상을 명확하게 함과 동시에 같은 단어 중복 사용을 피합니다.

- a. **The word order** of Korean is different from **that** of English.
  한국어의 단어 배열 순서는 영어의 그것(배열 순서)과 달라.
- b. His **martial arts skill** is equal to **that** of experts.
  그의 무술 기술은 전문가의 그것(무술 기술)과 똑같아.
- c. **Profits** surpassed **those** of last year.
  이익이 작년의 그것(이익)을 능가했어.
- d. **Prices** in London are higher than **those** in Seoul.
  런던의 물가는 서울의 그것(물가)보다 더 높아.

UNIT 172 one, another, other

1 **'a+명사'가 반복될 때 그 명사를 one으로 대체합니다.**

복수명사가 반복될 때는 ones로 대체합니다. one은 하나(1)를 나타냅니다. one이 일반인을 나타내기도 하는데 주로 문어체에서 사용하고 구어체에서 일반인은 we, you, they를 사용합니다. 한국어는 같은 단어를 반복해도 어색함을 느끼지 않지만, 영어는 반복을 매우 꺼려하는 언어이기 때문에 대명사로 대체하는 것이죠. 그리고 'the+명사'가 사용되면 그 다음은 'the+명사'를 it으로 대체합니다.

a. **One** should keep **one**'s promise. 사람은 약속을 지켜야 해.
b. Is there **a bookstore** near here? / Yes, there's **one** on the corner.
   이 근처에 서점 있나요? / 예, 코너에 하나 있어요.
c. Would you like **a coffee**? / No, thank you. I just had **one**.
   커피 한 잔 하시겠어요? / 아뇨, 고맙습니다. 방금 한 잔 했어요.
d. Those **shoes** are nice. / Which **ones**? / The red **ones**.
   저 신발들은 멋있어. / 어느 것들? / 붉은 것들.
e. I like **the island**. Do you like **it**? 난 그 섬을 좋아해. 너도 그것을 좋아해?
f. Do you still have **the cat**? / Yes. I have **it**.
   너 그 고양이 여전히 갖고 있니? / 응. 그것을 갖고 있어.

2 **another는 an(하나)과 other(다른)가 결합한 단어입니다.**

another는 'n.다른 하나, 또 하나, a.다른 하나의, 또 하나의'입니다. an(하나)이 단수임을 알려 주기 때문에 another다음에는 단수 명사를 사용해야 합니다. 그러나 d문장의 another five minutes처럼 five minutes가 한 묶음의 단위인 경우에는 복수를 사용할 수 있습니다.

a. I don't want this. Show me **another**. 난 이것을 원하지 않아요. 다른 하나를 보여주세요.
b. He has been seeing **another girl**. 그는 또 한 명의 여자를 계속 만나고 있어.
c. Please give me **another chance**. 나에게 또 한 번의 기회를 주세요.
d. Wait **another five minutes**. 5분만 더 기다려 주세요.
e. I'm staying here for **another few days**. 난 여기서 며칠 더 머무를 예정이야.

3 other는 'a.다른'입니다.
other는 형용사이기 때문에 단독으로 사용할 수 없습니다. other는 the를 붙여서 the other, an을 붙여서 another, 복수형 others처럼 사용하고 절대로 other 단독으로 사용하지 않는다는 것 기억해 두세요. others는 'n.다른 것들, 다른 사람들'입니다.

a. Do not add any **other ingredients**.
   어떤 다른 재료들을 첨가하지 마세요.
b. There are lots of **other fish** in the ocean.
   바다에는 다른 많은 물고기가 있어.
c. Don't cut in while **others** are speaking.
   다른 사람들이 말하는 동안에 끼어들지 마.
d. You tend to ignore what **others** say.
   넌 다른 사람들이 말하는 것을 무시하는 경향이 있어.

4 영어 원어민의 조상은 상인으로 상거래의 신속성과 명료성을 위하여 **범위를 명확하게** 알려 주는 것이 습관화 되어 있습니다. 정관사 the는 범위를 명확하게 알려 주지요.

a. 2개	one 하나	the other 나머지 하나	
b. 3개	one 하나	another 또 하나	the other 나머지 하나
c. 5개	one 하나	another 또 하나	the others 나머지 것들
d. 5개	some 몇 개	the others 나머지 것들	
e. 많다	some 몇 개	others 다른 것들	

a. I've two dogs. **One** is small and **the other** is big.
   난 개 두 마리가 있어. 하나는 작고 다른 하나는 커.
b. I've three roses. **One** is white, **another** (**is**) black, and **the other** (**is**) yellow.
   난 장미 세 송이가 있어. 하나는 희고, 또 하나는 검고, 나머지 하나는 노란색이야.
c. I've five roses. **One** is white, **another** (**is**) black, and **the others** (**are**) yellow.
   난 장미 다섯 송이가 있어. 하나는 희고, 또 하나는 검고, 나머지 것들은 노란색이야.
d. Here are ten books. **Some** are mine and **the others** are hers.
   책 열 권이 있어. 몇 권은 내 것이고 나머지 것들은 그녀의 것이야.
e. **Some** boys went on foot, and **others** went by bus.
   몇 명의 소년들은 걸어서 갔고, 다른 소년들은 버스로 갔어.

박스 안에 있는 것을 쉽게 기억하기 위해 먼저 손가락 2개를 펼쳐 보세요. 하나는 one이고 나머지 하나는 the other입니다. 손가락 하나를 접으면 나머지 하나는 정해지기 때문에 정관사 the를 붙입니다. 이제 손가락 3개를 펼쳐 보세요. 하나는 one, 또 하나는 another, 나머지 하나 역시 정해지기 때문에 the other입니다. 이번에는 손가락 5개를 펼쳐 보세요. 하나는 one, 또 하나는 another, 남아 있는 손가락은 3개로 정해지기 때문에 복수형 **the others**입니다. 5개 손가락에서 2개나 3개를 접으면 some(몇 개)이고 나머지 또한 정해지기 때문에 **the others**(그 나머지들)입니다. 이렇게 범위가 정해져 있는 상태에서 지정하면 마지막에 남는 나머지 또한 범위가 정해지기 때문에 정관사 the를 붙여야 합니다. 정관사 the의 유무는 범위가 정해져 있느냐 정해져 있지 않느냐에 있습니다. e문장을 보세요. 소년들이 있었는데 100명인지 30명인지 그 범위를 알 수 없습니다. 그래서 몇 명은 some이고 다른 소년들은 범위를 알 수 없기 때문에 the를 붙이지 않은 others(나머지들)입니다.

5 each other, one another는 '서로'란 뜻인데 each other는 둘, one another는 셋 이상일 때 사용한다고 하지만 현대영어에서는 의미 차이 없이 사용합니다. 과거에는 명확하게 구분하여 사용하던 것들이 현대영어에선 구분 없이 사용되는 경우가 많습니다.

a. They are jealous of **each other**. 그들은 서로 질투해.
=They are jealous of **one another**.
b. They are so devoted to **each other**. 그들은 서로에게 너무 헌신적이야.
=They are so devoted to **one another**.
c. Did they really harm **each other**? 그들은 정말 서로를 다치게 했어?
=Did they really harm **one another**?

UNIT 173   some, any

'some은 긍정문에 쓰고, any는 부정문, 조건문에 쓴다. 예외로 긍정의 답을 기대하는 경우에는 의문문에도 some을 쓴다'는 공식이 있습니다. some도 부정문에 쓰고, any도 긍정문에 사용하기 때문에 위와 같은 엉터리 공식을 암기해서는 안 됩니다. 원어민은 긍정문, 부정문, 조건문을 먼저 생각하고 some과 any를 선택하지 않습니다. some과 any가 갖고 있는 사전적인 뜻을 정확하게 알아야 합니다. some은 'n.조금(수, 량) a.조금의, 어떤(**잘 모르는**) ad.약(about)'이고 any는 'n.어떠한 것(사람) a.어떠한(**묻지도 따지지도 않는**), 아무거나'입니다. some과 any를 '어떤'이란 우리말로 옮기면 동의어로 착각하게 됩니다. some은 '어떤(=**잘 모르는**)'이고 any는 '어**떠한**(=**묻지도 따지지 않는**)'입니다.

a. **Some** of the books are interesting.
   그 책들 중에서 몇 권은 재미있어.

b. We made **some** mistakes.
   우리는 몇 개의 실수를 했어.

c. We didn't make **any** mistakes.
   우리는 어떠한 실수도 하지 않았어.

d. I bought **some** cheese.
   나는 소량의(=조금의) 치즈를 샀어.

e. I didn't buy **any** cheese.
   나는 어떠한 치즈도 사지 않았어.

f. Can you lend me **some** money?
   나에게 조금의 돈을 빌려 줄 수 있어?

g. I just made **some** coffee. Would you like **some**?
   방금 커피를 조금 만들었어. 너 조금 마실래?

h. I went to **some** place in China.
   나는 중국의 어떤(a certain) 곳에 갔어.

i. **Some** thirty people attended the funeral.
   약 30명의 사람들이 장례식에 참석했어.

j. Do you speak **any** foreign languages?
   너는 어떠한(아무거나) 외국어를 구사하니?

k. If **any** of you know it, please call me.
   너희들 중 **아무나(어떠한 사람이라도)** 그것을 알면 전화 줘.

l. **Any** child can solve the problem.
   어떠한 아이도 그 문제를 풀 수 있어.

- **some은 수와 양을 나타냅니다.** some mistakes는 몇 개의 실수들이고, some cheese는 소량(=조금)의 치즈입니다. 그러나 **any는 수와 양을 나타내지 않습니다.** c문장의 any mistakes는 '어떠한 실수들'로 몇 개의 실수를 말하는 것이 아닙니다. 이런 실수, 저런 실수 등 어떠한 종류의 실수도 하지 않았다는 것이지요. e문장의 any cheese는 소량의 치즈를 말하는 것이 아니라 이런 치즈, 저런 치즈 등 어떠한 종류의 치즈도 사지 않았다는 것입니다. e문장에 some를 넣은 I didn't buy **some** cheese는 왜 어색한 표현이 될까요? '나는 **조금(소량)**의 치즈를 사지 않았어'에서 '조금'을 수량으로 바꿔 보세요. '**치즈 5장**을 사지 않았어. **치즈 500그램**을 사지 않았어'는 우리말로도 황당한 표현이 됩니다.

- f문장의 some money는 조금의 돈으로 '몇 천원, 몇 만원'으로 양을 나타냅니다. 누군가에게 조금의 돈을 빌려 달라고 하는 것은 그 정도의 돈을 상대방이 갖고 있을 것이라고 생각하기 때문이지요. f문장에서 some을 any로 바꾼 Can you lend me **any money**?는 어떤 뜻일까요? any money는 '어떠한 돈'으로 네가 빌린 돈을 갖고 있든, 책 살려고 갖고 있든, 어떠한 돈이든지 갖고 있으면 빌려 줄 수 있느냐는 것입니다.

- g문장에서 some 대신에 any를 넣어 Would you like **any**?라고 하면 어떤 뜻이 될까요? 내가 주는 대로 아무거나, 어떠한 것이나 마시겠느냐고 하면 기분 좋을 사람은 없을 것입니다.

somebody, someone 어떤 사람(모르는 어떤 한 사람)   ● body=one 단수 취급
something 어떤 것(모르는 어떤 일, 어떤 것 하나)
somewhere 어떤 곳(모르는 어떤 장소 한 곳)
anyone, anybody 어떠한 사람(이 사람, 저 사람 따지지 않고, 누구나 다) = 아무나
anything 어떠한 것(이것저것 다) = 무엇이든
anywhere 어떠한 곳(여기저기 다) = 어디든지

UNIT 174 every, each

1 every의 정확한 뜻은 '~마다'입니다.

all은 '모든', every는 '~마다'라고 기억해야 합니다. every는 하나하나 개별적으로 결합된 전체이기 때문에 단수취급을 합니다. 또 every는 형용사이기 때문에 반드시 'every+명사'로 사용해야 합니다. everyone, everybody는 우리말로 옮기면 '모든 사람'이지만 한 사람 한 사람 개별적으로 보는 것이기 때문에 단수 취급을 합니다. everything도 마찬가지죠. everywhere는 '장소 하나하나 마다'를 줄여서 표현하면 '어디에나'가 됩니다. every 뒤의 명사는 e문장의 its처럼 단수 대명사로 대신하는 것이 원칙이지만, 구어에서는 f문장의 their처럼 복수 대명사를 사용하기도 합니다.

a. She goes shopping **every** day. 그녀는 날마다 쇼핑 가.
b. There's a bus **every** ten minutes. 10분마다 버스가 있어.
c. **Every** house on the street **is** the same. 거리 위의 모든 집이(=집집마다) 똑같아.
d. **Everybody** need**s** friends. (=All people need friends.)
   모든 사람은(=사람마다) 친구가 필요해.
e. **Every** country has **its** own national flag.
f. **Every** country has **their** own national flag.
   모든 나라는(=나라마다) 자신만의 국기를 갖고 있어.

2 each는 'n.각각(하나하나), a.각각의'입니다.

each는 단독으로 사용하면 'n.각각'이란 명사이고, 명사 앞에 사용하면 'a.각각의'라는 형용사입니다. each는 '하나(one)'를 의미하기 때문에 단수 취급을 합니다. each 뒤의 명사는 d문장의 his처럼 단수 대명사로 대신하는 것이 원칙이지만 구어에서는 e문장의 their처럼 복수 대명사를 사용하기도 합니다.

a. **Each was** a different color. 각각은 다른 색깔이었어.
b. **Each** student **has** his own room. 각각의 학생은 자신의 방을 갖고 있어.
c. You must answer **each question** exactly.
   여러분은 각각의 질문에 정확하게 대답해야 합니다.
d. **Each** boy has **his** own ball. 각각의 소년들은 자신의 공을 갖고 있어.
e. **Each** boy has **their** own ball.

UNIT 175 all, no, none, most

1 **all을 단순히 '모두'라는 뜻으로 기억해서는 안 됩니다.**

a문장처럼 all을 단독으로 사용하면 사람을 나타내지 않고 '모든 것(everything)'이란 뜻입니다. b문장의 all of my friends처럼 all뒤에 수식어가 붙어야 all이 'n.모두(=모든 사람)'란 뜻입니다. all이 형용사로 사용되면 '모든', 부사로 사용되면 '모두 다(=완전히)'입니다. all은 3개 이상일 때 사용하고 2개일 때는 both를 사용하는데 다음 장에서 비교 설명합니다. c문장처럼 all 다음에 셀 수 있는 명사가 오면 'all+복수명사+복수동사', d문장처럼 all 다음에 셀 수 없는 명사가 오면 'all+단수명사+단수동사'가 됩니다. all을 '모두'로 기억하면 뒤에 오는 명사에 -s를 붙이고 복수 동사를 사용해야 하는 것으로 착각하기 쉽지요.

a. **All is** ready. 모든 것이 준비되어 있어.
b. I invited **all** of my friends to my house. 난 친구들 모두를 나의 집으로 초대했어.
c. **All countries have** a national flag. 모든 나라들은 국기를 갖고 있어.
d. **All this baggage is** mine. 이 모든 짐은 내거야.
e. We are late. It's **all** because of you. 우린 늦었어. 그것은 다 너 때문이야.

2 **no는 형용사로 'not+any'와 같습니다.**

no는 형용사이기 때문에 단독으로 사용하지 않고 반드시 'no+명사' 형태로 사용해야 합니다. no는 not(아니다)+any(어떠한)의 결합으로 '어떠한 ~도 아닌'으로 완전부정을 나타냅니다. nobody는 'not+anybody'로 '어떠한 사람도 ~아니다(없다)', nothing은 'not+anything'으로 '어떠한 것도 ~아니다(없다)', nowhere는 'not+anywhere'로 '어떠한 곳도 ~아니다(없다)'입니다.

a. I have **no** money. 나는 돈이 전혀 없어.
b. We have **no** children. 우린 아이가 한 명도 없어.
c. There are **no** stores near here. 이 근처에 어떠한 상점들도 없어.
d. I want **nobody** but you. 난 당신을 제외하고 어떠한 사람도 원하지 않아요.
e. There is **nothing** to be afraid of. 두려워할 어떠한 것도 없어.
f. There is **nowhere** you can hide. 네가 숨을 수 있는 곳은 어디에도 없어.

3 **none은 대명사로 수와 양이 zero라는 뜻입니다.**

none은 'no+명사, not any+명사'와 같습니다. None of my friends came here를 우리말로 옮기면 '내 친구들 중에서 어떠한 사람도 여기 오지 않았어'입니다. None of my friends는 None(0명)+of(~중)+my friends로 위 문장을 직역하면 '친구들 중에서 0명이 여기 왔어'입니다.

a문장의 none은 no money, not any money란 뜻으로 갖고 있는 돈의 양이 zero(0)라는 것입니다. b문장의 none은 no friends, not any friends로 갖고 있는 친구 숫자가 zero라는 것이지요. how many, how much는 숫자(수와 양)를 묻는 말이기 때문에 none으로 대답해야 합니다. no는 반드시 'no+명사'로 사용해야 하기 때문에 형용사 no와 대명사 none은 쓰임이 다릅니다.

a. **How much** money do you have? / **None**.
   너 얼마나 많은 돈을 갖고 있어? / 전혀 없어.

b. **How many** friends do you have? / **None**.
   너 얼마나 많은 친구를 갖고 있어? / 전혀 없어.

c. **None** of us are ready yet.
   우리들 중 아무도 준비가 되어 있지 않아.

4 **none과 nothing**

none은 수와 양이 전혀 없다(zero)는 것이고, nothing은 어떠한 종류의 물건도 없다, 아무것도 없다는 것입니다. d문장을 보세요. 눈에 뭔가 있는지 없는지 보라고 했을 때 아무것도 없으면 Nothing이라고 대답해야 합니다. None으로 대답하면 눈 안에 티끌이 0개가 있다는 황당한 대답이 됩니다.

a. **How many** apples in the box? / **None**.
   박스 안에 얼마나 많은 사과가 있어? / 전혀 없어. (=남은 사과 개수가 0개야.)

b. **How much** coffee in the bottle? / **None**.
   병 안에 얼마나 많은 커피가 있어? / 전혀 없어요. (=남은 커피양이 0이야.)

c. What is in the parking lot? / **Nothing**.
   주차장에 무엇이 있어? / 어떠한 것도(=아무것도) 없어.

d. Look! I have something in my eye. / **Nothing**.
   봐! 내 눈 안에 무엇인가 있어. / 어떠한 것도(=아무것도) 없어.

5 none과 no one

'no one=nobody'입니다. some+one과 some+body의 결합에서 보는 바와 같이 one과 body는 같은 뜻입니다. no+body를 결합하면 nobody가 되는데 no+one을 결합하면 noone이 되어 단어 형태가 조금 이상하지요. 그래서 no와 one을 붙이지 않고 no one으로 띄어 쓴 것입니다. no one의 동의어가 nobody임을 기억하면 no one과 none을 혼동하지 않겠지요.

a. **How many** people are there in the square? / **None**.
광장에 얼마나 많은 사람들이 있어? / 전혀 없어. (=0명이 있어)

b. Who did you meet on your way home? / **No one**. (=**Nobody**)
집에 오는 길에 누구를 만났어? / 아무도(=어떠한 사람도) 안 만났어.

6 most는 'n.대부분, a.대부분의'입니다.

a~b문장에서 most people과 most of the people은 상당한 차이가 있습니다. a문장의 most people은 지구상에 살고 있는 보통 사람들로 범위를 알 수 없지요. 그러나 b문장의 most of the people은 내가 초대했던 사람들 중의 대부분으로 범위가 명확합니다. 정관사 the는 명확한 범위를 알려 주지요. c문장의 the most children은 틀린 표현으로 the를 붙여서는 안 됩니다. '대부분'은 '거의 다'라는 뜻으로 most라는 단어 자체가 범위를 알 수 없는 불명확한 단어이기 때문에 명확한 범위를 알려 주는 정관사 the와 결합하여 사용할 수 없지요. 그럼 d문장의 the most는 뭘까요? most는 many(much)-more-most에서 최상급 most(a.가장 많은, ad.가장 많이)입니다. most가 '대부분'이란 뜻일 때는 the를 붙일 수 없지만, most가 '가장 많은, 가장 많이'라는 최상급으로 사용될 때는 'the+최상급'으로 사용합니다. 최상급은 하나로 정해지기 때문에 the를 붙이는 것이죠. f문장의 almost는 부사로 'ad.거의'란 뜻입니다.

a. **Most people** do not like change. 대부분의 사람들은 변화를 좋아하지 않아.
b. **Most of the people** I had invited turned up. 초대해 두었던 사람들 중 대부분이 왔어.
c. **The most children**(X) like candy. 대부분의 아이들은 사탕을 좋아해.
d. **The most** important thing is your health. 가장 중요한 것은 너의 건강이야.
e. War is **the most** barbarous thing. 전쟁은 가장 야만적인 것이야.
f. The world's population is **almost** 6 billion. 세계 인구는 거의 60억이야.

UNIT 176 both, either, neither

1 기준이 2개일 때 반드시 both, either, neither를 사용해야 합니다.

both는 'pro.둘, a.둘의, ad.모두'입니다. both를 단독으로 사용하면 'pro.두 개, 두 명'이라는 대명사, both를 명사 앞에 사용하면 'a.두 명의, 두 개의'라는 형용사, both를 형용사 앞에 사용하면 'ad.모두'라는 부사입니다. both는 둘(two-복수)이기 때문에 'both+복수명사+복수동사'로 사용합니다.

a. I have two children. **Both** are married. 난 아이가 둘 있어. 둘 모두 기혼자야.
b. **Both** his parents live in the country. 두 명의 그의 부모님은 시골에서 살아.
c. **Both** Ann **and** Tom were late. 앤과 톰 둘 다 늦었어.
d. I was **both** tired **and** hungry when I got home. 나는 집에 도착했을 때 피곤하고 배고팠어.
e. These apples are **both** bad. 이 사과들 두 개 다 상했어.

2 either는 'pro.둘 중 하나, a.둘 중 하나의, ad.또한'입니다.

either는 하나(one)이기 때문에 a문장의 has처럼 단수동사를 사용하고, b문장의 either boy처럼 'either+단수명사'로 사용합니다. either boy**s**처럼 사용하지 않는다는 것이죠. c문장처럼 either가 문장 끝에 사용되면 'ad.또한'이란 뜻입니다. d문장을 보세요. either A or B에서 동사는 동사에 가까운 주어 B에 맞추기 때문에 you have가 아니라 he has입니다.

a. **Either** of you **has** to go there.
   너희들 중 한 명이 거기 가야 해.
b. Have you seen **either boy** between the two?
   저 두 사람 중에서 한 명의 소년을 본 적 있니?
c. She can't do it, and I can't, **either**.
   그녀는 그것을 할 수 없고, 나 또한 할 수 없어.
d. **Either** you **or** he **has** to stay at home.
   너 또는 그가 집에 남아 있어야 해.

3 neither는 'pro.둘 모두(zero), a.둘 다 아닌, ad.(부정문)~도 그렇다'입니다.

neither는 **not**+either, **no**+either가 결합된 단어입니다. neither는 zero를 뜻하기 때문에 단수 취급을 합니다. 그러나 'neither of+복수명사'인 경우에는 단수동사, 복수동사 모두 사용합니다. a~b문장의 neither는 대명사, c문장의 neither는 형용사, d문장의 neither는 부사입니다.

neither A nor B는 둘 다 아니라는 것입니다. either A or B에 not의 n을 넣어서 **n**either A **n**or B가 된 것이지요. e문장의 **Neither** am I는 I'm not, either와 같습니다. not~either를 줄여서 표현하면 neither가 되는 것이죠. both, either, neither는 기준이 둘일 때 사용하는 단어입니다. 너도 그렇지 않고 나도 그렇지 않은 경우 2명이기 때문에 Neither am I, Neither can I처럼 neither(~도 그렇다)를 사용하는 것입니다. I'm not, either에서 부정어 not과 either를 결합한 neither를 문두로 보내면 주어와 동사의 도치가 일어나기 때문에 Neither am I, Neither can I 어순이 되는 것입니다. 도치는 UNIT 196에서 학습하게 됩니다.

a. I invited both of them, but **neither** can come.
  난 그들 둘 모두 초대했는데, 둘 다 올 수 없어.
b. **Neither** of them cared about his health.
  그들 중 두 명 다 그의 건강에 관해 신경 쓰지 않았어.
c. **Neither** team played well.
  두 팀 모두 경기를 잘 못했어.
d. I can **neither** confirm **nor** deny this.
  난 이것을 긍정도 부인도 할 수 없어.
e. I'm not hungry. / **Neither** am I. (=I'm not, either.)
  난 배가 안 고파. / 나도 그래.
f. I can't play the piano. / **Neither** can I. (=I can't, either.)
  난 피아노 칠 수 없어. / 나도 그래.

4 원어민은 셋 이상일 때는 all(모두), none(zero)를, **두 개일 때는 all과 none을 사용하지 않고 both(모두)와 neither(zero)를 사용합니다.** c~d문장처럼 부모님은 2명이기 때문에 all과 none을 사용하지 않고 both와 neither를 사용해야 합니다. e문장 all of them에서 them(그들)은 3명 이상이고, f문장 both of them에서 them(그들)은 2명임을 바로 알 수 있지요. all이 셋 이상을, both가 둘이란 숫자를 알려 주기 때문입니다.

a. **All of his parents** are alive. (X)
b. **None of his parents** are alive. (X)
c. **Both of his parents** are alive. (O) 그의 부모님은 모두 살아계셔.
d. **Neither of his parents** are(is) alive. (O) 그의 부모님은 모두 살아계시지 않아.
e. **All of them** are to blame. 그들 모두 비난받아야 해.
f. **Both of them** are to blame. 두 사람 모두 비난받아야 해.

그럼 왜 영어 원어민은 2개일 때와 3개 이상일 때를 구분하여 사용할까요?

영국인(앵글로 색슨족)들이 처음부터 all과 both로 구분하여 사용한 것이 아니라 바이킹족(=덴마크, 노르웨이)들이 사용하던 both란 단어가 영어에 추가된 것입니다. 바이킹족들은 뱃사람으로 어업, 상업, 약탈이 생활의 기본 바탕이었습니다. 물건을 사고팔고 교환하는 시장에서 둘의 개념은 자연적으로 발생하지요. **둘이란 both 개념은 물건을 사고팔고 교환하는 것이 일상 생활인 상인의 사고에서 나온 것입니다.** 사람들이 매장에서 옷을 사는 구매 행동을 지켜보면 마음에 드는 두 개(both)를 골라 그 중에 하나(either)를 사는 것이 보통이지요. both개념은 현대인의 사고에도 그대로 남아 있습니다.

both를 포함해서 바이킹족들이 사용하던 많은 단어들이 영어에 유입되어 영어 단어가 되었습니다. get, take, same, gap, want, weak, dirt, birth, cake, call, egg, guess, happy, law, scare, sister, skill, smile, trust, score, skin, sky, knife, hit, husband, root, wrong, ill 등은 모두 바이킹어가 영어에 유입된 단어지요. 모두 일상 생활에서 빈번하게 사용하는 기초 단어들이라 순수 영어단어처럼 보일 것입니다. 하나 더 추가하면 they, their, them도 원래 바이킹들이 사용하던 단어들로 영어 단어를 대체한 것입니다.

UNIT 177 부분 부정과 전체 부정

'모두~아니다'처럼 전체를 부정하는 것이 전체 부정이고, '모두~인 것은 아니다'처럼 일부분을 부정하는 것이 부분 부정입니다. 부분 부정이란 일부는 그렇고 일부는 그렇지 않다는 것이지요. 전체 부정을 나타내는 단어는 **n**one, **n**othing, **n**obody, **n**either, **n**ever입니다. 모두 단어 속에 no가 들어가 있습니다. no는 not~any의 축약으로 '어**떠**한 ~도 아닌'이기 때문에 전체 부정입니다. neither는 not+either나 no+either의 결합으로 두 개 중에서 어**떠**한 하나도 아니라는 것이기 때문에 전체 부정입니다. **no가 들어간 단어들은 전체 부정이고 나머지는 부분 부정이기 때문에 전체 부정과 부분 부정을 쉽게 구분할 수 있습니다.** a~e문장은 전체 부정, f~k문장은 부분 부정입니다.

a. **None** of them were genuine supporters.
   그들 중 어떠한 사람도 진짜 서포터가 아니었어. (그들 전체가 진짜 서포터가 아니었어.)

b. I know **nothing** about it. (=I do**n't** know **anything** about it.)
   난 그것에 대해 어떠한 것도 몰라. (난 그것에 대해 전부 다 몰라.)

c. **Nobody** will ask me out now.
   이제 어떠한 사람도 나에게 데이트 신청하지 않을 거야. (모두가 나에게 데이트를 신청하지 않을 거야.)

d. **Neither** of his parents is alive.
   그의 부모님 중 어떠한 한 분도 살아계시지 않아. (그의 부모님은 두 분 다 돌아가셨어.)

e. I do**n't** like **either** of them.
   나는 그들 둘 중에서 어느 한 사람도 좋아하지 않아. (나는 그들 둘 모두를 싫어해.)

f. I **don't** like **both** of them. (=I like one of them.)
   나는 그들 둘 모두를 좋아하는 것은 아니야. (하나는 좋아하고 하나는 싫어해.)

g. He does**n't** know **all** of them. (=He knows some of them.)
   그가 그들 모두를 아는 것은 아니야. (일부는 알고 일부는 몰라.)

h. **All** is **not** gold that glitters.
   반짝이는 모든 것이 금은 아니야. (반짝이는 것 중에서 일부는 금이고 일부는 금이 아니야.)

i. I do **not** know **every**thing about it.
   내가 그것에 대해 모든 것을 알고 있는 것은 아니야. (일부는 알고 일부는 몰라.)

j. The poor are **not always** unhappy.
   가난한 사람들이 항상 불행한 것은 아니야. (일부는 행복하고 일부는 불행해.)

k. Learned men are **not necessarily** wise.
   지식인이 반드시 현명한 것은 아니야. (일부는 현명하고 일부는 현명하지 않아.)

CHAPTER 15

Conjunctions
접속사

UNIT 178   접속사
UNIT 179   and, but, or, so
UNIT 180   접속사 that과 간접의문문
UNIT 181   접속사 that과 관계대명사 that
UNIT 182   if, whether, though
UNIT 183   when, while
UNIT 184   for, during, while
UNIT 185   as
UNIT 186   because, since, as
UNIT 187   since
UNIT 188   so that과 so~that
UNIT 189   until과 by, by the time
UNIT 190   접속사와 전치사
UNIT 191   접속부사

UNIT 178 접속사

접속사는 conjunction으로 con(함께)+junct(접합)의 결합입니다. 접속사(接續詞)는 '이을 접, 이을 속, 말 사'로 단어와 단어, 구와 구, 절과 절을 이어주는 말임을 단어를 통해서 알 수 있습니다. 엄밀하게 말하면 접속사는 문장(절)과 문장(절)을 연결해 주는 말입니다. I have **a son and a daughter**는 단어와 단어의 결합이지만 I have a son and (**I have**) a daughter라는 두 문장의 결합에서 공통으로 사용된 I have가 생략된 것입니다.

접속사는 등위접속사와 종속접속사가 있는데, 일반적으로 사용하는 문법 용어이기 때문에 알고 있어야 합니다. and, but, or, so를 등위접속사라고 하는데 **등위(等位)란** '같을 등, 자리 위'로 **접속사 앞과 접속사 뒤가 대등한 자격으로 연결된다는 것입니다.**

a. My hobby is **playing tennis** and **to see a movie**. (X)
  나의 취미는 테니스 치는 것과 영화 보는 거야.
b. Light colors not only **make you feel good** but also **feel warm**. (X)
  밝은 색은 너를 기분 좋게 만들 뿐만 아니라 따뜻하게 느끼게 만들어.

a와 b문장은 문법적으로 틀린 표현입니다. a문장에서 and 앞에 동명사 playing tennis를 사용했기 때문에 등위접속사 and 뒤엔 seeing a movie처럼 동명사를 사용해야 합니다. b문장에서 but 앞이 make you feel good이면 등위접속사 but 뒤 또한 make you feel warm처럼 but 앞과 똑같은 구조로 사용해야 합니다. 그것이 바로 등위 개념입니다. 영문법은 수학적, 과학적 논리를 바탕으로 완성된 것이지요. 등위란 수학의 등호(equal, =) 개념을 말하는 것입니다. 위의 a와 b문장에서 밑줄 친 부분을 동일하게 만들어 주는 것이 등위입니다.

a. **When I was young**, this area was developed.
  내가 어렸을 때, 이 지역이 개발되었어.
b. **If it is fine tomorrow**, we'll go on a picnic.
  내일 날씨가 좋으면, 우리는 소풍을 갈 거야.

a문장에서 When I was young, b문장의 If it is fine tomorrow처럼 접속사가 붙어 있는 절을 종속절, 접속사가 붙어 있지 않은 절을 주절이라고 합니다. 종속절(從屬節)은 주절에 종(=하인)처럼 속해 있는 절을 말하고, 주절(主節)은 말의 핵심 의미를 전달하는 절입니다. if, when, that, as, because, though, as soon as... 등을 종속접속사라고 합니다.

> ■ 접속사의 종류 ■
> ① and, but, or, so를 등위접속사라고 한다.
>   등위접속사는 형태 및 문법적으로 대등하게 연결해야 한다.
> ② as, since, when, after, if, though, that...을 종속접속사라고 한다.
>   종속절은 단독으로 사용할 수 없고 반드시 주절이 수반되어야 한다.

종속접속사에 대해 꼭 알아야 할 역사가 있습니다. 17C 후반까지 종속접속사는 명사절을 만드는 접속사 that을 붙여 after that, when that, if that, because that, for that, though that처럼 '접속사+that' 구조로 사용했습니다. 18C경부터 that이 생략되어 오늘날과 같은 접속사 형태가 된 것입니다.

a. After **that he left**, she became blue. 그가 떠난 것 후에, 그녀는 우울해 졌어.
b. Because **that she is pretty**, I like her. 그녀가 예쁜 것 때문에, 나는 그녀를 좋아해.
c. If **that you can't attend**, give me a call. 네가 참석할 수 없는 것이면, 나에게 전화해 줘.

a문장은 After(~후에)+**that** he left(그가 떠난 것), b문장은 Because(~때문에)+**that** she is pretty(그녀가 예쁜 것), c문장은 If(~이면)+**that** you can't attend(네가 참석할 수 없는 것)의 결합입니다. 과거 영국인은 종속접속사를 명사절과 결합하여 사용했습니다. 명사절을 만드는 접속사 that 앞에 있는 after, because, if는 접속사이지만 전치사의 역할을 하고 있지요. 이는 분사구문이 아니라 동명사구문이라는 역사적인 증거가 됩니다. UNIT 203에서 자세히 보충 설명합니다.

UNIT 179 and, but, or, so

1 and의 뜻은 '~와, 그리고, ~하고 나서, ~와 동시에'입니다.

등위접속사 and는 앞과 뒤를 대등하게 연결해야 합니다. 그리고 and에 '~와 동시에'라는 뜻도 있음을 기억해 두세요.

a. **He and I** passed the exam. 그와 나는 시험에 합격했어.
b. She **speaks**, **reads**, **and writes** English well.
   그녀는 영어를 말하고, 읽고, 쓰기도 잘 해.
c. In the room, there was a chair, a table(,) and a bed.
   방안에는 의자 하나, 책상 하나, 침대 하나가 있었어.
d. I went to a bar, and (**I**) had a drink last night.
   난 어젯밤에 술집에 가서 술 한잔 했어.
e. We walked **and** talked. 우리는 걸으면서 대화했어.
f. Take out a pen **and** write down my phone number.
   펜을 꺼내서 나의 전화번호를 받아 적어.
g. **Believe** in yourself, **and** you'll succeed. 너 자신을 믿어. 그럼 성공할 거야.
   =If you believe in yourself, you'll succeed.

- a문장처럼 2인칭, 3인칭을 앞에 두고 마지막에 1인칭을 사용합니다. 이는 타인을 존중하는 의미죠. He and I 앞에 both를 넣어 Both he and I로 표현하면 두 사람 모두를 강조하는 표현이 됩니다. 이 때 both는 접속사가 아니라 부사 'ad.둘 모두'입니다.
- b문장처럼 동일한 어구가 셋 이상일 때는 콤마(,)로 연결하고 마지막 어구 앞에 and를 붙입니다. c문장의 괄호처럼 and 앞의 콤마는 생략해도 되지만 원칙은 and 앞에 콤마를 찍는 것입니다.
- d문장처럼 and와 but은 앞 문장과 뒤 문장의 주어가 같은 경우 뒤 문장의 주어를 생략합니다. 주어를 남겨 두어도 상관없지만 영어는 반복을 싫어하고 짧은 문장으로 정확한 뜻을 전달하면 그것이 가장 아름다운 언어라고 생각하기 때문에 생략하는 것이 좋습니다. d문장의 and는 걷는 것과 말하는 것을 동시에 한다는 것으로 '~와 동시에'를 줄여서 표현하면 '~하면서'가 됩니다.
- f문장의 and는 '~하고 나서'로 동작이 순차적으로 일어나는 것입니다. g문장에서 '명령문+and'는 '~해라, 그러면~'입니다.

2 but은 '하지만, 그러나'로 앞뒤에 상반되는 내용을 연결합니다.

등위접속사 but의 동의어로는 yet, still, while이 있습니다. yet은 'ad.아직', still은 'ad. 여전히', while은 'con.~동안, ~하면서'라는 뜻으로 자주 사용되지만 but의 동의어로도 자주 사용됩니다.

a. He did his best, but (**he**) lost the game again.
그는 최선을 다했어. 하지만(=그러나, 그렇지만) 그는 또 다시 게임에 패했어.

b. My brother is **not** in London **but** in Shanghai.
내 남동생은 런던에 있는 것이 아니라 상해에 있어.

c. **Not only** the students **but** (**also**) the teachers were shocked.
학생들뿐만 아니라 선생님들 또한 충격을 받았어.

d. He was tired, **yet** he had to go on.
그는 피곤했어. 하지만(=그러나, 그렇지만) 계속 가야만 했어.

e. I am sleepy, **still** I'll work.
난 졸려. 하지만(=그러나, 그렇지만) 일할 거야.

f. Some people like juice, **while** others don't.
어떤 사람들은 주스를 좋아해. 반면에(=그렇지만, 그러나, 하지만) 다른 사람들은 좋아하지 않아.

g. I had no choice **but** to sign the contract.
나는 계약서에 서명하는 것을 제외하고 어떠한 선택도 없었어. (=계약서에 서명할 수밖에 없었어.)

h. He is **but** a child. Don't you know that?
그는 단지 어린아이일 뿐이야. 그것을 모르는 거니?

a문장을 보면 앞뒤 절의 주어가 같기 때문에 접속사 but뒤의 주어 he는 생략해도 됩니다. b문장의 not A but B는 'A가 아니라 B'라는 뜻으로 자주 사용되는 표현입니다. c문장의 not only A but also B는 not A but B에 only와 also가 추가된 표현입니다. not only A는 'A뿐만이 아니다', but also B는 '그런데 B 또한 그렇다'로 결합하면 'A뿐만 아니라 B도 그렇다'입니다. c문장은 학생들(A)이 놀라는 것은 당연하고 선생님(B)도 놀랐다는 것으로 A보다 B를 강조하는 표현입니다. e문장에서 접속사 still은 but이나 however보다 더 센 뜻을 나타냅니다. f문장의 while을 우리는 흔히 '반면에'로 암기하는데 반면(反面)의 '반'은 반대를 뜻하기 때문에 '반대로, 반면에, 그러나, 하지만, 그렇지만'은 모두 동의어가 됩니다. g문장의 but은 전치사로 '~을 제외하고(except)'입니다. h문장의 but은 부사로 '단지(only)'입니다. 이렇게 but은 접속사, 전치사, 부사로 다양한 품사로 사용됩니다.

3 **등위접속사 or는 '또는, 아니면'으로 선택을 나타냅니다.**

A or B는 'A이거나 B'입니다. 앞에 either를 붙인 either A or B는 'A와 B 둘 중에 하나'입니다. 또 either A or B의 either와 or에 not을 의미하는 n을 붙여 **n**either A **n**or B로 만들면 'A와 B 둘 모두 아닌'이 됩니다. either와 neither는 범위가 둘일 때 사용합니다. b문장의 '명령문+or'는 '~해라, 그렇지 않으면~'입니다. c문장의 I have처럼 either A or B, neither A nor B는 동사를 B에 일치시킵니다. 동사를 가까운 곳에 있는 주어에 일치시키는 것이죠. either와 neither는 UNIT 176에 자세히 설명되어 있습니다.

a. He must be joking, **or** he is mad.
   그가 농담하고 있음에 틀림없거나, 아니면 그는 미쳤어.

b. Be quiet, **or** the baby will wake up and cry.
   조용히 해. 그렇지 않으면 아기가 깨어나 울 거야.

c. **Either** he **or** I have to answer the question.
   그와 나 둘 중에 하나는 그 질문에 대답해야 해.

d. He is **neither** a scholar **nor** a politician.
   그는 학자도 아니고 정치인도 아니야.

4 **등위접속사 so는 '그래서'로 일의 결과를 나타냅니다.**

so는 therefore(그러므로)와 같은 뜻입니다. so는 접속사이기 때문에 so 뒤에는 콤마 없이 '주어+동사'가 옵니다. 그러나 therefore는 접속부사이기 때문에 뒤에 콤마(,)를 찍어야 합니다.

a. It was cold, **so** I put on a sweater.
   날씨가 추웠어. 그래서 난 스웨터를 입었어.

b. I was free yesterday, **so** I went for a drive.
   어제 나는 한가했어. 그래서 나는 드라이브 나갔어.

c. **Therefore**, we believe that it is inappropriate.
   그러므로(=그래서), 우리는 그것이 부적합하다고 생각해.

d. We have a growing population. **Therefore**, we need more food.
   우리는 증가하는 인구를 갖고 있어. 그러므로(=그래서), 우리는 더 많은 식량이 필요해.

UNIT 180 접속사 that과 간접의문문

1 **접속사 that은 명사절을 만드는 접속사 that과 동격의 접속사 that이 있습니다.** 동격의 접속사 that은 다음 장에서 설명하고, 먼저 명사절을 만드는 접속사 that을 설명합니다. 우리말 '나는 그녀를 사랑한다'라는 문장을 명사로 만들어 보세요. '나는 그녀를 사랑한다+**는 것**'처럼 문장 끝에 '~는 것'을 붙이면 명사가 됩니다. 영어는 우리말과 반대로 that을 문장 앞에 붙여야 합니다. **that** I love her(내가 그녀를 사랑한다**는 것**)가 되지요. **명사절을 만드는 접속사 that을 우리말로 옮기면 '~는 것'입니다.**

a. It is interesting **that** he didn't say a word.
　그가 한 마디도 하지 않았다는 것이 흥미로워.
b. We know **that** she is an ex-convict.
　우리는 그녀가 전과자라는 것을 알고 있어.
c. The important thing is **that** you should do your best.
　중요한 것은 네가 최선을 다해야 한다는 것이야.

- a문장은 He didn't say a word+is interesting의 결합입니다. '그가 한 마디도 하지 <u>않았다는</u> 흥미로워'처럼 말하면 밑줄 친 부분이 어색하지요. 주어 자리엔 명사가 와야 합니다. 그래서 명사를 만드는 접속사 that을 붙여 **that** he didn't say a word(그가 한 마디도 말하지 않았다**는 것**)으로 만든 것이지요. <u>That he didn't say a word</u> is interesting은 주어가 길기 때문에 a문장처럼 표현한 것입니다. 진주어 가주어 구문은 UNIT 82에서 학습했습니다.
- b문장은 We know+she is an ex-convict의 결합입니다. '그녀가 <u>전과자다</u>를 알고 있어'처럼 말하면 밑줄 친 부분이 어색하지요. 목적어 자리엔 명사가 와야 합니다. 그래서 명사를 만드는 접속사 that을 붙여 **that** she is an ex-convict(그녀가 전과자라**는 것**)로 만든 것입니다.
- c문장은 The important thing is+you should do your best의 결합입니다. '중요한 것은 네가 최선을 <u>다해야 한다이야</u>'처럼 말하면 밑줄 친 부분이 어색하지요. 보어 자리에는 명사가 와야 합니다. 그래서 명사를 만드는 접속사 that을 붙여 **that** you should do your best(네가 최선을 다해야 한다**는 것**)로 만든 것입니다.

2 간접의문문은 문장 그 자체로 명사절 역할을 합니다.

간접의문문이란 의문문이 다른 문장의 일부로 사용되는 것을 말하며, 간접의문문은 '의문사+주어+동사'로 평서문 어순입니다. '의문사+동사+주어'로 사용하면 직접의문문과 혼동될 수 있기 때문에 간접의문문은 평서문의 어순을 취하는 것이지요.

a. It doesn't matter **who he is**. 그가 누구인지는 중요하지 않아.
b. I don't know **who he is**. 나는 그가 누구인지를 몰라.
c. The important thing is **who he is**. 중요한 것은 그가 누구인지야.

a문장은 Who he is doesn't matter가 원래 문장인데 주어가 길기 때문에 가주어 it을 놓고 긴 주어를 문장 뒤로 돌린 것입니다. '그가 누구인지+는 중요하지 않아'의 밑줄을 보면 간접의문문은 주격조사와 자연스럽게 결합합니다. b문장의 '그가 누구인지+를 몰라'에서 간접의문문이 목적격조사와 자연스럽게 결합함을 알 수 있고, c문장의 '중요한 것은 그가 누구인지+야'에서 간접의문문은 보충어 '~이다'에도 자연스럽게 결합됩니다. **간접의문문은 그 자체로 명사 기능을 하기 때문에 명사를 만드는 접속사를 붙일 필요가 없습니다.** 간접의문문에 관해 반드시 알고 있어야 하는 부분이 있어 보충합니다.

a. What **do you think** are the most urgent? 너는 가장 시급한 것이 무엇이라고 생각해?
b. What **do you suppose** they're thinking? 너는 그들이 무엇을 생각하고 있다고 생각해?
c. What **do you believe** is right? 너는 무엇이 옳다고 생각해?

a문장은 Do you think **what** are the most urgent?가 정상 어순입니다. 그런데 원어민은 의문사를 문장 앞으로 이동시켜 **What do you think** are the most urgent?처럼 사용합니다. do you think, do you suppose, do you believe, do you guess처럼 생각을 묻는 문장 속에 간접의문문이 들어가면 위 문장들처럼 문장 중간에 있는 의문사를 문장 앞으로 도치시켜 사용합니다. 원어민이 습관적으로 사용하는 표현 방식으로 별도로 기억해 두어야 합니다.

UNIT 181 접속사 that과 관계대명사 that

1 '접속사 that+완전한 문장', '관계대명사 that+불완전한 문장'으로 공식화하고 있지요. 완전한 문장이란 말을 전달함에 있어서 꼭 있어야 할 핵심 정보인 주어, 목적어, 보어가 모두 들어 있는 문장을 말하고, 불완전한 문장이란 그 중에서 하나가 빠져 있는 문장을 말합니다. '(나)는 (도서관)에서 (철수)를 만났어', '(그)는 (의사)야'에서 괄호 중 하나를 생략하고 말하면 말을 듣는 사람은 생략된 괄호 부분에서 궁금증을 느끼게 되고 괄호가 무엇인지 되묻게 됩니다. (나)와 (그)는 주어, (도서관)과 (철수)는 목적어입니다. (도서관)은 전치사의 목적어로 '~에서'는 in the library에서 전치사 in에 해당합니다. 그리고 (의사)는 보어입니다. 완전한 문장과 불완전한 문장이 무엇인지 알아야 하고 왜 접속사 뒤에는 완전한 문장이 오고 왜 관계대명사 뒤에는 불완전한 문장이 오는지 이해해야 합니다.

a. He invented the machine **that** was useful for everyone.
   그는 모든 사람에게 유용한 기계를 발명했어.
b. I'm reading the book **that** I bought yesterday.
   나는 어제 구입한 책을 읽고 있는 중이야.

관계대명사 that은 한 문장 속에 있는 명사를 수식하는 'ㄴ'입니다.

a문장은 **The machine** was useful for everyone이라는 문장에서 주어 the machine을 수식하여 **the machine that**(ㄴ) was useful for everyone이 되었습니다. 주어를 수식하기 위하여 주어 the machine을 that 앞으로 이동시키면 that 뒤에는 (**the machine**) was useful for everyone처럼 주어가 없는 불완전한 문장이 됩니다. 이제 a문장에서 선행사 the machine을 that 뒤로 이동시켜 보세요. 그럼 원래 있던 자기 자리인 주어 자리로 찾아갈 수 있습니다.

b문장은 I bought **the book** yesterday에서 목적어 the book을 수식하여 **the book that** I bought yesterday가 되었습니다. 한 문장 속의 목적어를 수식하기 위하여 목적어 the book을 that 앞으로 이동시키면 that 뒤에는 I bought (**the book**) yesterday처럼 목적어가 없는 불완전한 문장이 됩니다. 이와 같이 **관계대명사 문장은 주어, 목적어, 보어를 수식하기 위해 that 앞으로 주어, 목적어, 보어를 이동시키기 때문에 that 뒤에는 주어, 목적어, 보어 중 하나가 빠진 불완전한 문장이 됩니다.**

a. Everyone knows **that he likes music**.
   모든 사람들은 그가 음악을 좋아한다는 것을 알아.
b. The news **that** she is married to Jack is not true.
   그녀가 잭과 결혼했다는 소식은 사실이 아니야.
c. There is a rumor **that** he is gay.
   그가 게이라는 소문이 있어.

a문장의 that은 명사절을 만드는 접속사 that으로 that he likes music은 **that(~는 것)**+he likes music(그가 음악을 좋아한다)의 결합입니다. He likes music이라는 완전한 문장에 접속사 that(~는 것)을 결합시켰을 뿐 문장 속의 명사를 수식하기 위하여 문장 안에 있던 명사를 that 앞으로 이동시킨 구조가 아닙니다. 그래서 명사절을 만드는 접속사 that 앞에는 수식 받는 명사가 없고 that 뒤에는 완전한 문장이 오는 것입니다. 관계대명사 that을 우리말로 옮기면 'ㄴ', 명사절을 만드는 접속사 that은 '~는 것'이기 때문에 쉽게 구분할 수 있습니다.

b~c문장의 that은 동격의 접속사 that입니다. b문장 **The news** that **she is married to Jack**에서 that 앞에 있는 the news와 that 뒤의 문장 she is married to Jack이 똑같은 내용이기 때문에 동격(同格)이라고 합니다. **동격의 that은 우리말로 '~이라는, ~라는'으로 해석**되며 앞에 있는 명사를 수식하는 것은 관계대명사와 같습니다. 그러나 관계대명사와는 쓰임이 전혀 다릅니다. 관계대명사의 선행사는 that 뒤로 이동시키면 원래 자기 자리인 주어, 목적어, 보어 자리로 되돌아갈 수 있습니다. 그러나 **the news** that she is married to Jack의 the news를 that 뒤로 이동시키면 되돌아갈 자기 자리가 없지요. 왜냐하면 she is married to Jack+**that(~라는)**+**the news**의 결합으로 the news는 she is married to Jack이라는 문장 속에 있던 주어, 목적어, 보어가 아니라 **별도로 추가된 단어**이기 때문입니다. c문장은 He is gay(그는 게이다)+**that(~라는)**+**a rumor(소문)**의 결합으로 a rumor는 He is gay라는 문장 속에 있던 단어가 아니라 별도로 추가된 단어입니다. 이렇게 관계대명사 that과 동격의 접속사 that은 that 앞에 있는 명사를 that 뒤의 문장 속으로 이동시켜 보면 바로 알 수 있습니다.

belief(믿음), doubt(의심), fear(두려움), hope(희망), claim(주장), conclusion(결론), confidence(자신감), decision(결정), evidence(증거), fact(사실), idea(생각), opinion(의견), possibility(가능성), promise(약속), rumor(소문), warning(경고)은 동격의 접속사 that(~라는)과 결합하여 자주 사용되는 단어들입니다.

UNIT 182   if, whether, though

1   **if의 뜻은 '~면, ~일지라도(though), ~인지 아닌지(whether)'입니다.**

if가 '~면'의 뜻인 경우 조건문과 가정문으로 나누어 사용해야 함을 가정법에서 학습했습니다. c문장은 앞 문장과 뒷 문장의 뜻이 상반되기 때문에 '~일지라도'입니다. 그가 성실하고 정직할지라도 업무 능력이 부족하거나 다른 이유가 있기 때문에 채용하지 않겠다는 것이죠.

a. If you **drive** carefully, I **can** lend you my car. 조건문
   네가 조심해서 운전하면, 내 차를 너에게 빌려 줄 수 있어.

b. If you **drove** carefully, I **could** lend you my car. 가정문
   네가 조심해서 운전하면, 내 차를 너에게 빌려 줄 수 있을 텐데.

c. We won't employ him if he is sincere and honest.
   우리는 그가 성실하고 정직할지라도 그를 채용하지 않을 거야.

d. I don't know if your shirts are dry.
   너의 셔츠가 말랐는지 안 말랐는지 나는 몰라.

2   **whether는 '~인지 아닌지'입니다.**

if와 whether는 동의어지만 사용에 있어서는 주의해야 합니다. a~c문장의 Whether he will come은 a문장에서는 주어로, b문장에서는 보어로, c문장에서는 목적어로 사용되었습니다. a와 b문장의 whether를 if로 바꾸면 틀린 표현이 됩니다. **if절이 '~인지 아닌지'인 경우에는 주어 자리, 보어 자리에는 사용하지 않고 반드시 목적어 자리에만 사용해야 합니다.**

a. **Whether he will come** is uncertain. 그가 올지 안 올지는 불확실해.
   =It is uncertain **whether he will come**.

b. The question is **whether he will come**. 문제는 그가 올지 안 올지 야.

c. I don't know **whether he will come**. 나는 그가 올지 안 올지를 몰라.

d. Whether it is true doesn't matter. 그것이 사실인지 아닌지는 중요하지 않아.

e. I don't care if you go or not. 나는 네가 가든지 안 가든지 상관없어.

3 though, although는 '~이지만, ~이더라도'입니다.

if와 though는 같은 뜻이지만 even이 붙은 even if와 even though는 의미 차이가 있어 구분하여 사용해야 합니다. even if는 '~하더라도, ~이더라도'로 확실하지 않은 일을 가정할 때 사용하고, even though는 '~이지만'으로 사실이나 실제로 일어난 일에 사용합니다. even though는 though, although와 같은 뜻으로 even은 강조의 의미를 갖습니다.

a. **Even though** they are poor, they seem so happy.
  그들은 가난하지만, 그들은 너무 행복해 보여.

b. **Even though** his life was short, he changed the world's history.
  그의 삶은 짧았지만, 그는 세계 역사를 바꾸었어.

c. **Even though** he was so fat, he won the race.
  그는 너무 뚱뚱했지만, 그는 경주에서 이겼어.

d. **Even if** you do not like it, you must do it.
  네가 그것을 좋아하지 않더라도, 넌 그것을 해야 해.

e. **Even if** this is true, many won't believe it.
  이것이 사실이더라도, 많은 사람들은 그것을 믿지 않을 거야.

f. I won't mind **even if** she doesn't come.
  그녀가 오지 않더라도 난 신경 쓰지 않을 거야.

a문장은 '그들은 가난해. **그렇지만** 그들은 행복해 보여'로 even though 뒤에 있는 they are poor(그들은 가난해)는 사실입니다. a~c문장에서 'even though+확실한 사실'임을 확인하세요. even though에서 even은 생략해도 같은 뜻입니다.

f문장은 그녀가 올지 안 올지 알 수 없지만 오지 않는다고 하더라도 신경 쓰지 않겠다는 것입니다. even if 뒤에 있는 she doesn't come(그녀가 오지 않는다)은 사실을 말하는 것이 아니라 그녀가 오지 않는 경우를 가정하는 것입니다. d~f문장에서 'even if+불확실한 내용'임을 확인하세요.

영어 원어민은 같은 뜻의 단어나 표현이 생기면 하나를 버리지 않고 뜻을 세분화하여 사용합니다. 뜻을 세분화하여 사용하면 의사 전달을 분명하게, 신속하고 정확하게 할 수 있는 장점이 있습니다.

4 조건을 나타내는 if(~면)의 동의어는 아래와 같이 많습니다.
단순 암기에는 한계가 있기 때문에 아래의 표현들이 왜 if의 동의어인지 자세히 설명하겠습니다.

> a. on condition that S V
> b. as long as, so long as S V
> c. providing (that) / provided (that) S V
> d. supposing (that) / suppose (that) S V
> e. unless=if not ~않으면

a. I will do it **on condition that** I am paid by the week.
   주 단위로 임금을 지불 받는 조건으로 그것을 하겠습니다.

b. **As long as** you drive carefully, I can lend you my car.
   네가 조심스럽게 운전하면, 난 내 차를 빌려 줄 수 있어.

c. **Provided** (**that**) she studies hard, she'll pass the test.
   그녀가 열심히 공부하면, 그녀는 시험에 통과할 거야.

d. **Supposing** (**that**) you are wrong, what will you do then?
   만약 당신이 틀린다면, 그 때 당신은 어떻게 하겠어요?

e. You will be late **unless** you are hurry.
   =You will be late **if** you are **not** hurry.
   서두르지 않으면 넌 지각할 거야.

- a문장의 on condition that은 on(의존, 근거)+condition(조건)+that(~라는-접속사)의 결합으로 '~라는 조건을 근거로, ~라는 조건에 의존해서'입니다. 조건이란 단어가 들어 있어 조건문의 if와 같은 뜻임을 알 수 있습니다. condition은 'n.**조건**, 상태, 건강상태'라는 뜻이죠. a fly on the wall은 '벽 위의 파리'가 아니라 '벽에 붙어 있는 파리'입니다. on의 기본 개념은 접촉이지요. on은 접촉 개념에서 '계속, 의존, 근거'라는 개념이 파생되어 나옵니다. on에 대한 더 자세한 개념은 『전치사 쇼크』를 참고하세요.

- b문장의 as long as, so long as는 '~하는 한'입니다.

  b문장 '네가 조심스럽게 **운전하는 한**, 내 차를 빌려 줄 수 있어'는 '네가 조심스럽게 **운전하면**, 내 차를~'과 같은 뜻입니다. as long as가 '~하는 한'의 의미일 때 if의 동의어가 됩니다. This is as long as that는 '이것은 저것만큼 (그만큼) 길어'로 여기서 as long as는 as(그 만큼)+long(긴)+as(만큼)의 결합입니다.

- c문장의 providing that, provided that 또한 if의 동의어입니다.

  접속사 that은 흔히 생략합니다. providing, provided를 사전에서 찾으면 'conj.~면, ~을 조건으로'로 되어 있습니다. providing, provided를 if의 동의어로 암기해도 되지만 분해해 보면 더 쉽게 기억할 수 있습니다. provide는 'vt.주다, 제공하다'인데 '(어떤 조건)을 제공하다'는 뜻에서 provide는 'vt.전제하다'는 뜻을 갖고 있습니다. provide에 조건 제공(if)의 의미가 있는 것이죠. **Providing that** she studies hard, she'll pass the test는 '그녀가 열심히 하는 것을 **전제**, 그녀는 시험에 합격할 거야'입니다. '그녀가 열심히 **하면**, 그녀는~'과 같은 뜻이 되지요. provided that에서 provided는 과거분사입니다. **Provided that** she studies hard, she'll~ 은 '그녀가 열심히 하는 것이 **전제된 상태**, 그녀는~'으로 역시 if와 같은 뜻을 갖게 됩니다.

- d문장의 suppose that, supposing that 또한 if의 동의어입니다.

  suppose는 'vt.**전제하다**, 생각하다, 추측하다'입니다. suppose는 provide와 같은 뜻을 갖고 있는데 하나 주의할 것이 있습니다. providing that처럼 supposing that은 사용합니다. 그러나 provided that은 사용하지만 supposed that은 사용하지 않습니다. **supposed that은 사용하지 않고 suppose that으로 사용합니다.** d문장을 suppose that으로 바꾸면 **Suppose that** you are wrong, what~이 됩니다. '네가 틀렸다는 것을 **전제로 해봐(=가정해 봐)**'로 Suppose that은 명령문 형태입니다.

- e문장의 unless는 '~않으면'이란 뜻으로 if+not의 결합입니다.

  unless는 단어 자체가 부정의 뜻을 포함하고 있는 부정어입니다. lest~should의 lest 또한 '~않도록 하기 위하여'로 부정의 뜻을 포함하고 있지요. 부정의 뜻을 포함하고 있는 단어들은 별도로 기억해야 합니다.

UNIT 183   when, while

1   **when은 '언제(what time), ~때, ~동안(while, as), ~직후(after)'입니다.**

when이 '언제'라는 뜻일 때는 have+p.p.와 함께 사용할 수 없습니다. '언제'는 '몇 시에'와 같은 뜻으로 특정 시점을 묻는 것이고 have+p.p.는 특정 시점부터 현재까지 계속(=지속)되는 것이기 때문에 함께 쓸 수 없지요. 그러나 when이 '~때'라는 뜻으로 사용될 때는 e문장처럼 현재완료와 함께 사용할 수 있습니다. 한 가지 일이 일어난 **직후에** 또 다른 일이 일어날 때는 when을 사용합니다.

a. **When** did the traffic accident happen? 언제 그 교통사고가 일어났나요?
b. I was taking a shower **when** the phone rang. 전화가 울렸을 때 난 샤워를 하고 있었어.
c. **When** I was in London, I made a lot of friends. 런던에 있을 때(=동안에), 나는 많은 친구를 사귀었어.
d. **When** I get home, I'll give you a call. 집에 도착한 후에, 너에게 전화할게.
e. **When** you **have finished** your homework, you can go out.
　　숙제를 끝마쳐 놓았을 때(=놓은 후에), 넌 외출할 수 있어.

2   **when과 if의 차이**

when에 '~면(if)'의 뜻이 있다고 사전에도 설명되어 있고 또 when을 '~면'으로 해석하는 경우가 가끔 있어 when과 if의 분명한 차이를 알아야 합니다. when은 확실히 일어나는 일을 말할 때 사용합니다. a문장의 when은 '내가 쇼핑 간다+**그 때(when)**'의 결합으로 내가 쇼핑가는 것은 확실히 일어나는 일입니다. if는 일어날 가능성이 있는 일을 말할 때 사용합니다. b문장의 if는 '내가 쇼핑 간다+**if(그러면)**'의 결합으로 내가 쇼핑을 갈지 안 갈지 불확실하지만 간다면 등산화를 사겠다는 것이지요. when은 확실, if는 불확실입니다. when을 '~면'으로 옮기는 것은 바람직하지 않습니다.

a. **When** I go shopping, I'll buy hiking boots. 쇼핑을 가면(=갈 때), 등산화 살 거야.
b. **If** I go shopping, I'll buy hiking boots. 쇼핑을 가면, 등산화 살 거야.
c. **When** it rains, I usually stay at home. 비가 올 때(=오면) 나는 보통 집에 있어.
d. She blushes **when** you praise her. 네가 그녀를 칭찬할 때(=하면) 그녀는 얼굴을 붉혀.

3 while은 접속사로 '~동안에(as, when), ~하면서(as), 반면에(but)'입니다.

while을 명사로 사용하면 'n.잠시'입니다. 앞에서 학습한 바와 같이 while은 '반대로, 반면에, 그러나, 하지만, 그렇지만'의 뜻으로 자주 사용됩니다.

a. Watch this bag while I am away.
   내가 없는 동안에 이 가방 좀 봐줘.
b. He's eating **while** he uses a computer.
   그는 컴퓨터를 하면서 식사를 하고 있어.
c. My father is rich, **while** I am poor.
   아버지는 부자야. 반면에(=그렇지만, 하지만) 나는 가난해.
d. **While** the husband is an introvert, his wife is an extrovert.
   남편이 내성적인 사람인 반면에(=사람이지만), 아내는 외향적인 사람이야.
e. Would you mind looking after the baby for a **while**?
   잠시 동안 아이 좀 돌봐주시겠어요?

while은 '~반면에'라는 뜻으로 자주 사용 되는데 '~반면에'라는 뜻의 while은 c문장처럼 문장 중간에만 사용하는 것이 아니라 d문장처럼 문장의 앞에도 사용합니다. '~반면에'는 앞뒤 내용이 대조적이고 상반된다는 것으로 but, though와 같은 뉘앙스입니다. 그런데 어떻게 while에 '~반면에'라는 뜻이 발생했을까요? 아래 문장을 보세요.

a. **While** I was writing a book, my son was playing computer games.
b. 내가 책을 집필하고 있는 동안에, 아들은 컴퓨터 게임을 하고 있었어.
c. 나는 책을 집필하고 있는 반면에, 아들은 컴퓨터 게임을 하고 있었어.

a문장을 우리말로 옮기면 b문장뿐만 아니라 c문장도 매끄러운 번역이 됩니다. 내가 열심히 책을 집필하고 있는 동안에 아들이 컴퓨터 게임을 하고 있는 상황은 서로 대조되고 상반되는 것이지요. while은 동작 중임을 나타내는 접속사로 두 동작이 상반되고 대조될 때 '~반면에'라는 뜻이 파생됩니다. 대부분의 단어 뜻은 본래의 의미에서 파생되어 의미 확장이 되는 것이지요.

a. **While** watching TV, I fell asleep.
   TV를 보면서, 나는 잠이 들었다.

b. **While** in China, he talked with many people.
   중국에 있는 동안에, 그는 많은 사람들과 대화를 나눴다.

c. **While** listening to music, I did the dishes.
   음악을 들으면서, 난 설거지를 했다.

While은 접속사이기 때문에 뒤에 '주어+동사'가 와야 합니다. 그러나 위의 a~c문장처럼 절이 오지 않는 경우를 자주 볼 수 있습니다. a문장은 While **(I was)** watching~에서 괄호가 생략된 것이고, b문장은 While **(he was)** in China에서 괄호가 생략된 것입니다. while, when, if, though 다음의 '주어+be동사'는 생략해도 의미를 전달함에 있어서 혼동의 여지가 없기 때문에 흔히 생략합니다.

a문장의 **While** watching TV는 While I watched~를 동명사구문(=분사구문)으로 만들면 Watching TV~가 되는데, 의미를 명확하게 전달하기 위해서 생략한 접속사 while을 watching 앞에 다시 붙여 놓은 표현과 같습니다. 더 자세한 설명은 UNIT 74를 읽어 보세요.

UNIT 184　for, during, while

'~동안'이란 뜻에는 for, during, while이 있습니다.

for와 during은 전치사이고 while은 접속사입니다. during과 while은 같은 뜻으로 for와는 쓰임이 다릅니다. for는 순수 영어 단어이고 during은 14C에 프랑스어에서 유입된 단어로 단어 뜻이 중복되어 세분화하여 사용하는 것입니다. for는 '수치로 표시되는 기간'에 사용하고 during은 '특정 기간'에 사용한다고 공식화 해놓았는데 일반적으로 그렇다는 것입니다. 수치로 표시되는 기간에 during을 사용하는 경우가 있고 특정 기간에 for를 사용하는 경우도 있기 때문이지요. 영영사전에 'During is used to say when something **happens**; for is used to say how long it **lasts**'로 되어 있습니다. during은 무엇이 발생할 때 사용하고 for는 무엇이 계속(=지속)될 때 사용합니다. for는 last개념이기 때문에 '계속'을 넣어 해석하면 자연스럽지만 during에 '계속'을 넣어 해석하면 어색합니다. during은 happen개념이기 때문에 '~중에(발생했다)'로 옮길 수 있지만 for는 계속 개념이기 때문에 '~중에'로 옮길 수 없지요. 우리말 어감으로도 구분할 수 있습니다.

a. I watched TV **for five hours** yesterday.
　나는 어제 5시간 동안 (계속) TV를 봤어. (TV시청 상태 지속)

b. He fell asleep **during the movie**.
　그는 영화 보는 중에 잠들었어. (잠드는 행위가 발생)

c. I was asleep **for an hour**.
　나는 한 시간 동안 (계속) 잠들어 있었어. (잠든 상태로 지속)

d. The doctor told me that I should rest **for a week**.
　의사는 내가 1주일 동안 (계속) 쉬는 것이 좋다고 말했어. (쉬는 상태로 지속)

e. I only met two British people **during a week**.
　나는 1주일 동안(=주중에) 단 두 명의 영국인을 만났어. (만나는 행위 발생)

f. I'm going away **for the weekend**.
　나는 주말 동안 (계속) 떠나 있을 계획이야. (자리를 비우는 상태 지속)

g. I'm visiting her **during the weekend**.
　나는 주말 동안(=주말 중에) 그녀를 방문할 계획이야. (방문하는 행위 발생)

h. It had been raining **for the last three days**.
　지난 3일 동안 (계속) 비가 내렸었어. (비 내리는 상태 지속)

i. The intensity of the attacks peaked **during the last three days**.
　지난 3일 동안(=3일이란 기간 중에) 공격의 강도가 절정에 달했어. (공격 행위 발생)

UNIT 185   as

as는 접속사로 사용하면 '~하면서(while), ~하는 동안에(while), ~때(when), ~때문에(since), ~만큼, ~대로, ~함에 따라'이고 전치사로 사용하면 '~처럼, ~로서(자격)', 부사로 사용하면 '~만큼'입니다. as는 다양한 품사로 사용되고 빈번하게 사용하는 핵심 필수 기초 단어이기 때문에 자세히 학습해야 합니다.

a. They sang **as** dancing cheerfully. 그들은 즐겁게 춤추면서 노래를 불렀어.
b. **As** she cooked dinner, I cleaned the room. 그녀가 저녁을 요리하는 동안에, 나는 방 청소를 했어.
c. He came up **as** I was speaking to her. 내가 그녀와 이야기하고 있을 때 그가 다가왔어.
d. We didn't go **as** it rained hard. 비가 심하게 내렸기 때문에 우리는 가지 않았어.
e. Do **as** I told you. 내가 너에게 말한 (그)대로 해.
f. Just say **as** you heard. 그냥 네가 들은 (그)대로 말해.
g. **As** we get older, we'll gain lots of experiences. 늙어감에 따라, 우리는 많은 경험을 얻을 거야.
h. **As** it grew darker, it became colder. 더 어두워짐에 따라, 더 추워졌어.
i. She is **as** tall **as** I am. 그녀는 나만큼 (그 만큼) 키가 커. (앞의 as는 부사, 뒤의 as는 접속사)
j. He is famous **as** a composer. 그는 작곡가로 유명해.
k. For a long time, I worked **as** a truck driver. 오랫동안 나는 트럭 운전수로 일했었어.

as는 두 가지 일이 동시에 일어날 때만 사용합니다. 어떤 일이 일어난 직후에 또 다른 일이 순차적으로 일어날 때는 as를 사용해서는 안 됩니다. 어떤 일이 일어난 직후에 또 다른 일이 순차적으로 일어날 때는 when이나 after를 사용해야 합니다. When I got home, I took a bath는 내가 집에 도착한 후에 목욕을 했다는 것이죠. when 대신에 as를 사용하면 집에 도착하면서 목욕을 했다는 황당한 표현이 됩니다. As I got into the theater, the phone rang은 내가 극장에 들어감과 동시에 벨이 울렸다는 것이지, 내가 극장에 들어간 후에 벨이 울렸다는 것이 아닙니다. as에는 when이 갖고 있는 after의 뜻이 없음을 반드시 기억해야 합니다.

UNIT 186 because, since, as

1 **because, since, as는 동의어로 '~때문에'입니다.**

since, as는 어감에 있어서 because와 차이가 있습니다. because는 a문장처럼 why(왜)라는 질문에 대답할 때 사용합니다. **왜** 늦었냐고 물으니 교통 체증 **때문**이라고 대답하지요. 교통 체증은 지각의 직접적인 이유가 됩니다. because는 직접적인 이유를 설명하거나 논리적으로 설명할 때 사용합니다. because는 접속사이기 때문에 뒤에 '주어+동사'가 와야 하고, because of는 전치사이기 때문에 뒤에 (동)명사가 와야 합니다. because는 직접적인 이유를 설명할 때 사용하기 때문에 우리말로 옮기면 '왜냐하면, ~이유로, ~때문에'에 해당합니다. since, as는 직접적인 이유보다는 부수적인 이유를 설명하는 것으로 '~해서, ~이어서, ~때문에'입니다. because와 as, since는 모두 '~때문에'이지만 강도에 있어서는 상당한 차이가 있기 때문에 상황에 맞게 사용해야 합니다. because of의 동의어로는 owing to, due to, on account of가 있습니다.

a. **Why** are you late? / **Because of** a traffic jam.
   왜 늦었어? / 교통 체증 때문에.

b. Don't say that just **because** she isn't here.
   그녀가 단지 여기에 없기 때문에 그렇게 말하지 마.

c. **As** I was tired, I went to bed early.
   피곤해서, 나는 일찍 잠자리에 들었어.

d. **As** it was a holiday, we went on a camping trip.
   휴일이어서, 우리는 캠핑 여행 떠났어.

e. I was here a bit early **since** my watch gained time.
   나의 시계가 빨라서 조금 일찍 여기 도착했어.

f. We ate out **since** we had no food at home.
   우리는 집에 음식이 없어서 외식했어.

g. **Owing to** the rain, the game was postponed.
   비 때문에, 그 경기는 연기 되었어.

h. Your failure is mainly **due to** your negligence.
   너의 실패는 주로 나태함 때문이야.

i. He retired **on account of** illness.
   그는 병 때문에 은퇴했어.

2 now that은 since, as, because와 같은 뜻입니다.

'now that+주어+동사'는 어떤 공식에 의해 since, as의 동의어가 되는 것이 아닙니다. now는 '이제'라는 뜻을 갖고 있는 부사이자 접속사입니다. 영어 단어는 하나의 단어로 여러 품사로 사용되는 언어지요. a문장은 '**이제** 넌 10대를 넘어가 있어. 좀 더 성숙해 져'를 문맥에 맞게 옮겨 보면 '넌 10대를 넘어가 있**으니까**, 좀 더 성숙해 져'가 됩니다. b문장은 '**이제** 너도 나이가 더 들어 있어. 너도 바뀌어야 해'를 문맥에 맞게 옮겨보면 '너도 나이가 더 들어 있**으니까**, 너도 바뀌어야 해'가 됩니다. c문장과 d문장도 직접 해보세요. now that이 since, as와 같은 뜻이 되는 것은 문맥상의 해석에 의한 것입니다. now that에서 that은 생략하는 경우가 많기 때문에 'now+주어+동사'를 만났을 때 now that에서 that이 생략되었음을 알아야 합니다. now는 'ad.지금, 현재, 지금부터, 지금까지, 방금, 오늘날', 'a.지금의, 현재의', '**conj.~이니까**', 'n.지금, 현재'입니다. 어떤 외국어든 외국어를 쉽고 빠르게 배우기 위해서는 빈번하게 사용되는 기초 단어를 자세히 알아야 합니다.

a. **Now** (**that**) you have passed your teens, be more mature.
   네가 10대를 넘어가 있으니까, 좀 더 성숙해 져.
b. **Now** (**that**) you are older, you must be changed.
   너도 나이가 더 들었으니까, 바뀌어야 해.
c. **Now** (**that**) the weather was much warmer, we went outside.
   날씨가 훨씬 더 따뜻해져서, 우리는 밖으로 나갔어.
d. **Now** (**that**) you have finished your homework, you may go out.
   네가 숙제를 끝마쳐 놓았으니, 넌 외출해도 좋아.

UNIT 187 since

since는 as, because의 동의어임을 앞 장에서 배웠습니다. since가 갖고 있는 또 하나의 중요한 뜻은 '~부터'입니다. since 1997과 같은 문구를 길거리에 있는 간판에서 흔히 보게 되지요. 1997년에 시작해서 지금까지 계속 운영하고 있다는 것입니다. **since는** 과거의 어느 시점부터 시작하여 **현재까지 계속**되고 있음을 알려 줍니다. since는 현재의 정보까지 알려 주는 단어입니다. from도 우리말로 옮기면 '~부터'이지만 **from은** 언제부터 시작했는지 **과거 시점만 알 수 있을 뿐** 현재의 정보는 알 수 없습니다. 그래서 from은 from A to B, from A till B처럼 사용하는 것이지요.

a. I have been sick **since** the day before yesterday.
   난 그저께 이후로 계속 아파.

b. It has been raining **since** last week.
   지난주 이후로 계속 비가 오고 있어.

c. It **is** two years **since** she **went** to France.
   그녀가 프랑스에 간 지 2년이야.

d. It **has been** two years **since** she **went** to France.
   그녀가 프랑스에 간 지 2년이 되어(=지나가, 흘러가) 있어.

e. It's twenty years **since** I **saw** her.
   내가 그녀를 본 이후로 20년이야.

a와 b문장의 'since+명사'에서 since는 전치사로 사용되었습니다. since는 과거의 어느 시점부터 현재까지 계속되고 있음을 알려 주는 단어이기 때문에 현재의 정보를 알려 주는 have +p.p.와 잘 어울립니다. c~e문장은 'since+주어+동사'로 since는 접속사로 사용되었습니다. c문장과 d문장은 같은 뜻입니다. c문장의 It **is** two years는 '2년이야'이고 d문장의 It **has been** two years는 '2년이 되어 있어'로 2년이란 시간이 되어(=지나가, 흘러가) 있다는 것이지요. e문장의 It's는 It is, It has의 줄임말입니다. since는 '주어+현재완료+since+과거시제'가 가장 일반적인 형태입니다. c~e문장에서 보는 바와 같이 since 뒤에는 보통 과거시제가 사용되지요. 그러나 'since+과거시제'처럼 since 뒤에 반드시 과거시제가 사용된다고 공식으로 암기해서는 안 됩니다. since 뒤에는 현재완료도 올 수 있고 과거완료도 올 수 있기 때문이지요. 다음 문장들을 보세요.

a. It **has been** two years **since** she **went** to France.
   그녀가 프랑스에 간 지 2년이 되어 있어.

b. It **has been** two years **since** she **has gone** to France.
   그녀가 프랑스에 간 지 2년이 되어 있어. (+그녀는 지금도 프랑스에 있어.)

c. It is twenty years **since** I **saw** her.
   내가 그녀를 본 이후로 20년이야.

d. It is twenty years **since** I **have seen** her.
   내가 그녀를 본 이후로 20년이야. (+그녀와 만났던 것을 지금도 기억하고 있어.)

e. They have spent lots of time together **since they have moved there**.
   거기 이사 간 이후로 그들은 많은 시간을 함께 보내고 있어. (+그들은 지금도 이사 간 그곳에 살고 있어.)

f. He has learned a lot since he **has been** here.
   그는 여기 온 이후로 많은 것을 배워 놓았어. (+그는 지금도 여기에 살고 있어.)

a문장과 b문장의 차이는 뭘까요? a문장은 그녀가 2년 전에 프랑스에 갔다는 단순한 과거 사실만 알 수 있을 뿐 그녀가 지금 프랑스에 있는지 아니면 영국으로 갔는지 아니면 미국으로 갔는지 그녀가 지금 어디에 있는지 알 수 없습니다. a문장의 과거시제 she **went** to France는 그녀가 지금 어디에 있는지 알 수 없지요. 그러나 b문장은 그녀가 2년 전에 프랑스에 가서 지금도 프랑스에 있다는 현재의 정보까지 알려줍니다. a문장에 She lives in France now라는 한 문장을 더 추가하면 b문장과 같은 뜻이 되지요. went를 has gone으로 바꾸니 She lives in France now라는 한 문장을 통째로 생략하여 간략하게 표현할 수 있습니다. 영어 원어민은 적은 단어수로 정확하게 의사 전달하면 그것이 가장 효과적이고 아름다운 표현이라고 생각합니다.

c문장의 I **saw** her는 '나는 그녀를 봤어'로 saw는 봤다는 과거사실만 알 수 있을 뿐 본 내용을 지금까지 기억하고 있는지 아닌지는 알 수 없지요. d문장의 I **have seen** her는 '그녀를 봤어+지금까지 그대로 기억하고 있어'입니다. d문장은 20년 전에 그녀를 봤고 그 때 본 것을 지금도 생생하게 기억하고 있다는 현재의 정보까지 알려 줍니다.

since뒤에 과거완료도 사용할 수 있을까요? 위의 b, d, f문장에서 시제를 하나씩 뒤로 후퇴시키면 됩니다. since뒤에 과거완료가 오는 경우는 보기 힘든 표현이기 때문에 별도로 학습할 필요는 없습니다.

UNIT 188 so that과 so~that

1 **so that은 '~하기 위하여'로 목적을 나타냅니다.**

so that과 같은 표현으로 in order that, so as to, in order to가 있습니다. 접속사 that 앞에 so가 붙었을 뿐인데 왜 so that이 목적의 의미를 갖게 되었는지 같은 표현인 in order that에서 유추해 봤습니다. 먼저 in order that을 살펴보겠습니다.

a. He saves money **in order that** he **may** buy a house.
b. He saves money **in order to** buy a house. 그는 집을 사기 위하여 돈을 저축해.

'in order that 주어+동사'는 '~하기 위하여'로 목적을 나타냅니다. order는 'n.순서, 질서, 명령, 정돈, vt.명령하다, 주문하다, 정돈하다'입니다. in order that은 in(안에)+order(n.순서)+that(~라는-접속사)의 결합으로 '~라는 순서 안에서'입니다. a문장은 '집을 사려는 순서(=계획) 안에서 돈을 저축해'인데 '집을 사기 위하여 돈을 저축해.'와 같은 뜻이죠. in order that이 왜 목적을 나타내는지 단어를 결합해 보면 바로 알 수 있습니다.

b문장의 in order to buy~는 '집을 사려는 순서 안에서'입니다. to buy는 명사 order를 수식하는 형용사적 용법이죠. in order to V에서 in order가 생략되어 현대영어는 to V만 사용합니다. in order가 생략된 이유는 '전치사+명사'인 in order가 부사구이기 때문에 생략할 수 있고, 또 in order to에서 in(=into)과 to의 의미가 중복되기 때문에 생략할 수 있는 것입니다.

c. He saves money **so that** he **may** buy a house.
d. He saves money **so as to** buy a house. 그는 집을 사기 위하여 돈을 저축해.

c문장은 in order that에서 부사구 in order 대신에 부사 so가 들어간 것이고 d문장은 in order 대신에 so as가 들어간 표현이라고 판단됩니다. in order that, so as to, in order to는 문어체 표현입니다. 구어체는 so that과 to V를 사용합니다. 참고로 in order that은 있지만 so as that이란 표현은 없습니다.

a. I'll give you a key **so that** you **can** let yourself in.
   네가 들어갈 수 있도록 열쇠 하나를 줄게.

b. She runs every day **so that** she **can** stay healthy.
   그녀는 건강을 유지할 수 있도록 하기 위해 매일 달려.

c. Speak loudly **that** everyone **can** hear.
   모든 사람들이 들을 수 있도록 크게 말해.

d. He ran away **so** no one **might** find him.
   그는 아무도 그를 찾을 수 없도록 도망갔어.

e. I worked hard **lest** I (**should**) fail.
   나는 실패하지 않도록 하기 위해 열심히 일(=연구, 공부)했어.

c~d문장처럼 so that~can(may)에서 so 또는 that은 생략할 수 있습니다. 현대영어에서 may는 주로 추측과 허락의 뜻으로 사용되지만 원래 may와 can은 동의어입니다. may와 might는 주로 격식을 요구하는 글에서 사용됩니다. e문장의 lest~should는 '~않도록 하기 위하여'입니다. lest는 부정의 의미를 담고 있는 부정어이고 should는 흔히 생략합니다.

a. Put it down carefully **so that** it doesn't break.
   그것이 깨지지 않도록 조심스럽게 내려놔.

b. I keep a budget **so that** I don't live beyond my income.
   나는 수입을 초과하여 살지 않도록 예산을 유지해.

c. Stir constantly **so that** it does not stick to the pan.
   그것이 냄비에 달라붙지 않도록 계속 저어줘.

a~c문장에는 can이나 may가 없습니다. so that~can(may)을 하나의 공식처럼 암기하고 있으면 so that 뒤에 반드시 can과 may가 있어야 하는 것으로 착각하기 쉽습니다. that 뒤에 can과 may를 사용하는 것은 공식이어서가 아니라 '~할 수 있도록 하기 위하여'라는 의미가 자연스러울 때 사용합니다. a문장에 가능의 can과 may를 넣으면 '그것이 깨지지 **않을 수 있도록 하기 위하여** 조심스럽게 내려놔'처럼 어색한 표현이 되지요. 그래서 가능의 can과 may가 필요 없는 것입니다. 위의 a~c문장처럼 so that만 사용하는 문장에서는 so 또는 that을 생략할 수 없습니다. so를 생략하면 접속사 that만 남아 that만으로 목적의 뜻을 나타낼 수 없지요. that을 생략하면 접속사 so(그래서)만 남아 목적을 나타내지 않고 결과를 나타내게 되지요.

2 **so that 앞에 콤마가 있는 경우 so that은 접속사 so와 같습니다.**
so that에서 that이 생략되면 접속사 so만 남지요. so는 '그래서, 그 결과, 그러면'으로 문맥에 맞게 옮기면 됩니다.

  a. The company went bankrupt**,** **so** (**that**) he lost his job.
   회사가 파산했어. 그래서(=그 결과) 그는 실직했어.

  b. His father died suddenly**,** **so** (**that**) he had to drop out of school.
   그의 아버지가 갑자기 돌아가셨어. 그래서(=그 결과) 그는 학교를 중퇴해야만 했어.

  c. Speak loudly**,** **so** (**that**) we can hear you.
   크게 말해. 그러면 우리가 너의 말을 들을 수 있어.

3 **so와 that이 떨어져 있는 so~that은 so that과 뜻이 다릅니다.**
so~that은 '너무 so해서 그 결과 that하다'는 뜻입니다. She was **so** angry **that** she didn't say a word는 She was **so** angry(그녀는 **너무** 화가 났어)와 **that** she didn't say a word는 '**그 결과**(=그래서) 그녀는 한마디도 하지 않았어'의 결합입니다. 앞 문장은 너무 so했다는 원인을 알려 주는 문장이고 that이하는 그 결과를 알려 주는 문장이지요. that은 생략할 수 있기 때문에 that을 생략했을 때 so~that 구조임을 알 수 있어야 합니다.

  a. I was **so** shocked **that** I was incapable of answering.
   나는 너무 충격 받아서 (그 결과) 대답할 수 없었어.

  b. He was **so** busy **that** he didn't have time to shave.
   그는 너무 바빠서 (그 결과) 면도할 시간도 없었어.

  c. She is **so** beautiful **that** she stands out in the room.
   그녀는 너무 예뻐서 (그 결과) 방안에서 두드러져.

  d. He is **so** fat **that** he can hardly walk.
   그는 너무 뚱뚱해서 (그 결과) 거의 걸을 수 없어.

  e. My hand trembled **so** much **that** I could not write.
   내 손이 너무 많이 떨려서 (그 결과) 나는 쓸 수 없었어.

  f. I was **so** sorry **that** I couldn't meet him.
   나는 너무 미안해서 (그 결과) 그를 만날 수 없었어.

  g. The room is **so** narrow **that** I can't even move.
   그 방은 너무 좁아서 (그 결과) 나는 움직일 수조차 없어.

so~that 구조를 '너무도 so해서 that 이하 하다'는 공식으로 암기하고 있으면 다음 문장들을 만나면 어떻게 할까요?

a. I'm **so** happy **that** I chose this. 나는 이것을 골라서 너무 행복해.
b. I'm **so** glad **that** you have returned. 당신이 돌아와 있어서 너무 기뻐요.
c. I'm **so** proud **that** you became a lawyer. 난 네가 변호가가 되어 너무 자랑스러워.
d. I'm **so** sorry **that** my call is late. 전화가 늦어서 너무 미안해요.

위 문장들은 얼핏 보면 앞에서 배운 so~that처럼 보이지만 '너무도 so해서 that이하 하다'로 옮기면 황당한 해석이 됩니다. a문장은 be happy that~, b문장은 be glad that~, c문장은 be proud that~, d문장은 be sorry that~이라는 표현에서 형용사를 강조하기 위해 so(=very)를 넣은 것입니다. so대신에 very를 넣어 보면 so~that 구조가 아님을 바로 알 수 있지요. 또 so(=very)는 생략해도 상관없기 때문에 so를 생략해 보면 so~that 구조가 아님을 알 수 있습니다. 위와 같은 표현들은 UNIT 63에 있는 'be+형용사+that' 구조에 so(=very)를 넣은 것입니다. 이제 아래 문장들을 보세요.

a. He studied **so** hard **that** he **could** enter Seoul University.
그는 서울대에 입학하기 위하여 매우(very) 열심히 공부했어.
b. She ran **so** fast **that** she **could** catch the train.
그녀는 기차를 잡을 수 있도록 매우(very) 빨리 뛰었어.
c. I spoke **so** slowly **that** they **could** write down what I was saying.
나는 그들이 내가 말하는 것을 받아 적을 수 있도록 매우(very) 천천히 말했어.

a~c문장 역시 so~that 구조가 아닙니다. 목적의 so that~can(may) 구조에서 so가 생략된 that~can(may)입니다. a문장에서 so 대신에 동의어 very를 넣어 보세요. He studied **very** hard **that** he **could** enter Seoul University가 됩니다. so that과 so~that을 공식으로 암기하여 대입하지 말고 앞뒤 문맥을 보고 그 뜻을 파악하는 습관을 들여야 합니다.

4 **so~that과 such~that은 같은 뜻입니다.**

그러나 사용에는 분명한 차이가 있습니다. so는 부사이고 such는 형용사입니다. 부사는 부사와 형용사를 수식하고 형용사는 명사를 수식합니다. 아래 문장을 보세요.

a. He is **so honest that** everyone trusts him.
b. He is **such honest that** everyone trusts him. (X)
c. He is **so honest a man** that everyone trusts him.
d. He is **such an honest man that** everyone trusts him.
   그는 너무 정직해서 모든 사람들이 그를 신뢰해.

a문장에서 He is so honest까지만 보세요. so는 'ad.매우, 너무'란 부사이기 때문에 'be동사+so(부사)+happy(형용사)'로 표현할 수 있습니다. 그러나 b문장처럼 He is such honest로는 표현할 수 없습니다. such는 'a.매우 **그런**, 너무 **그런**'이란 의미의 형용사이기 때문에 한정용법으로 사용하는 형용사 뒤에는 반드시 수식 받는 명사가 와야 합니다. '매우 그런 **무엇**'처럼 명사를 보충해 줘야 말이 되는 것이죠. 그래서 **such** 뒤에는 반드시 명사가 와야 합니다.

c문장 He is so honest a man과 d문장 He is such an honest man처럼 so와 such는 '부사(so)+형용사+**명사**', '형용사(such)+형용사+**명사**' 구조로 명사를 수식할 수 있는데 주의해야 할 것은 부정관사 a의 위치입니다. **so** honest a man을 보면 so와 a는 붙여 쓰지 않고 **such an** honest man을 보면 such a는 붙여 사용합니다. 모음으로 끝나는 so(**소우**) 뒤에 단모음 a(**어**)가 오면 '소우 어'처럼 연결 발음이 불편하기 때문에 so a처럼 붙여 쓰지 않고 a를 뒤쪽 명사 앞으로 보낸 것입니다. such a는 '서치 어'로 연결 발음이 자연스럽지요. UNIT 141도 읽어 보세요. so~(that)과 such~(that)에서 접속사 that은 흔히 생략합니다.

a. He is <u>**so** a **man**</u> (**that**) I always thank him.
b. He is <u>**such a nice man**</u> (**that**) I always thank him.
   그는 너무 친절한 사람이어서 나는 항상 그에게 감사해.
c. She is <u>**so** strict a **teacher**</u> (**that**) we are afraid of her.
d. She is <u>**such a strict teacher**</u> (**that**) we are afraid of her.
   그녀는 너무 엄격한 선생님이어서 우리는 그녀를 무서워해.

UNIT 189 until과 by, by the time

1   until(=till)과 by는 우리말로 옮기면 '~까지'이지만 서로 바꿔 사용할 수 없습니다. by는 순수 영어 단어이고, until은 12C경에 유입된 외래어(스칸디나비아어)로 과거 영국인들은 같은 의미의 새로운 단어가 추가되면 하나를 버리지 않고 그 뜻을 세분화하여 사용했습니다. 그래서 영어 어휘가 풍부한 것이지요.

until은 어떤 일이 어느 시점까지 지속(=계속)될 때 사용하고, by는 어떤 일이 어느 시점까지 끝날 때(=완료, 종료) 사용합니다. until은 지속 개념이고 by는 완료(=종료) 개념이지요. until은 접속사로도 사용되고 전치사로도 사용됩니다.

a. Bake **until** chicken is golden. 닭이 노릇할 때까지 (계속) 구우세요.
b. Wait here **until** I come back. 내가 돌아올 때까지 (계속) 기다려.
c. I'll be working **until** 10. 난 10시까지 (계속) 일을 할 계획이야.
d. I stayed in bed **until** 12. 난 12시까지 (계속) 잠자리에 있었어.

e. You have to finish it **by** tomorrow. 넌 내일까지 그것을 끝마쳐야 해.
f. Tell me **by** tonight if you go or not. 네가 갈지 안 갈지 오늘밤까지 말해 줘.
g. Give in your homework **by** Monday. 월요일까지 숙제를 제출해.
h. I'll be there **by** 5. 5시까지 거기 갈게.

until은 지속(=계속) 개념이기 때문에 '~까지 계속'으로 '계속'을 넣어서 해석하면 by와 쉽게 구분할 수 있습니다. a~d문장은 모두 until(=till)로 by를 사용해서는 안 됩니다. 모두 미래의 어느 시점까지 계속됨을 나타내지요

e~h문장은 by를 사용해야 하며 until을 사용해서는 안 됩니다. e문장에 until을 사용하면 내일까지 계속 끝마치라는 황당한 말이 되고, f문장에 until을 사용하면 오늘밤까지 계속 말하라는 황당한 말이 되고, g문장에 until을 사용하면 월요일까지 계속 숙제를 제출하라는 황당한 말이 되고, h문장에 until을 사용하면 5시까지 계속 거기 간다는 황당한 말이 됩니다. until은 언제까지 계속된다는 의미에 사용하고, by는 언제까지 끝마친다(=종료, 완료)는 의미에 사용합니다.

2 'by the time 주어+동사'는 '~즈음에'입니다.

by의 기본 뜻은 '옆에(near, about)'입니다. by the time은 by(옆에)+the time(시간)으로 '시간 옆에'를 다른 말로 표현하면 '시간 즈음에, 시간 무렵에'가 됩니다.

a. **By the time** the guests arrived, the house had been cleaned.
   손님들이 도착했을 즈음에, 집은 청소되어 있었어.

b. **By the time** her baby was born, she was forced to quit her job.
   아기가 태어났을 즈음에, 그녀는 직장을 그만두어야만 했어.

c. **By the time** you get this letter, I'll be in Canada.
   네가 이 편지를 받을 즈음에, 난 캐나다에 있을 거야.

d. **By the time** we reached home, it was quite dark.
   우리가 집에 도착했을 즈음에, 날씨가 상당히 어두웠어.

# UNIT 190 접속사와 전치사

접속사는 뒤에 '주어+동사'를 붙여서 사용하고, 전치사는 뒤에 명사를 붙여서 사용합니다. 접속사는 문장과 문장을 연결하는 말이기 때문에 **접속사 뒤에 '주어+동사'**가 와야 하는 것은 당연하지요. 전치사란 원래 명사 뒤에 붙어 있던 조사였는데 그 조사(=후치사)가 명사 앞으로 이동하여 전치사가 된 것입니다. **전치사 뒤에 명사**가 오는 것도 당연합니다.

a. **Though** I was tired, I had to work on.
b. **In spite of** being tired, I had to work on.
   피곤했지만, 나는 계속 일해야만 했어.

c. **Because** I didn't have her number, I couldn't phone her.
d. **Because of** not having her number, I couldn't phone her.
   그녀의 전화번호를 갖고 있지 않았기 때문에, 난 그녀에게 전화할 수 없었어.

e. Take an umbrella **in case** it rains.
   비올 것을 대비해서 우산을 갖고 가거라.
f. I have bought a flashlight **in case of** a blackout.
   난 정전에 대비하여 손전등을 사 놓았어.
g. **In case of** rain, the game will be called off.
   비가 올 경우에, 그 경기는 취소될 거야.
h. **In case of** rain, he took an umbrella with him.
   비가 올 경우에 대비해서, 그는 우산을 가지고 갔어.

- a문장의 though(~이지만=although)는 접속사이기 때문에 뒤에 '주어+동사'가 와야 하고, in spite of(~에도 불구하고=despite)는 전치사이기 때문에 뒤에 (동)명사가 와야 합니다. though와 in spite of는 같은 뜻입니다.
- c~d문장에서 because는 접속사이기 때문에 뒤에 '주어+동사'가 와야 하고, because of는 전치사이기 때문에 뒤에 (동)명사가 와야 합니다.

- e문장의 in case는 '~할 경우(가능성)에 대비하여'로 접속사입니다. in case는 무엇이 일어날 경우를 대비하여 미리 무엇을 준비한다는 것입니다. in case of는 '~할 경우에 대비하여'와 '~의 경우에'라는 두 가지 뜻이 있습니다. g와 h문장을 비교해 보세요. 문맥을 보면 어떤 의미로 사용되었는지 알 수 있습니다.

a. They had a two year courtship **before they got married**.
b. They had a two year courtship **before marrying**.
　그들은 결혼 전에 2년의 교제 기간을 가졌어.

c. Take these tablets **after dinner**.
d. Take these tablets **after you eat dinner**.
　저녁 후에 이 약을 드세요.

before(~전에), after(~후에)는 접속사로도 사용하고 전치사로도 사용합니다.

뒤에 '주어+동사'를 놓으면 접속사, 뒤에 명사를 놓으면 전치사로 사용한 것입니다. 접속사를 사용할지 전치사를 사용할지는 말하는 사람 마음에 달려 있는 것이지요. until(~까지), for(~ 때문에), since(~이후로), as(~만큼), like(~처럼) 또한 접속사로 사용하면 접속사, 전치사로 사용하면 전치사입니다. like는 과거에는 'like+명사'로 전치사로만 사용했습니다. 그러나 현대영어는 'like+주어+동사'로 like를 접속사로도 사용합니다. **언어는 항상 변하는 것이고 영어 단어는 품사 전이가 자유롭습니다.**

a. It's been put off **until** Friday. 그것은 금요일까지 연기되어 있어. 전치사
b. Cook slowly **until** meat is tender. 고기가 부드러울 때까지 천천히 요리해. 접속사

c. He was absent **for** sickness. 그는 질병 때문에 결석(=결근)했어. 전치사
d. He was absent, **for** he was sick. 그는 아팠기 때문에 결석(=결근)했어. 접속사

e. I have known him **since** childhood. 나는 어릴 때부터 그를 알고 있어. 전치사
f. I have known him **since** he was a child. 나는 어릴 때부터 그를 알고 있어. 접속사

g. He is as brave **as** a lion. 그는 사자만큼 용감해. 전치사
h. Take as much **as** you need. 네가 필요한 만큼 많이 가져가. 접속사

i. The frog looks **like** a big balloon. 그 개구리는 큰 풍선처럼 보여. 전치사
j. It looks **like** the radio is broken. 라디오가 고장나 있는 것처럼 보여. 접속사

UNIT 191 접속부사

so와 therefore는 '그래서'이고, but과 however는 '그러나'입니다. 모두 뒤에 '주어+동사'가 오는데 therefore, however 뒤에는 콤마(,)를 찍어야 합니다. 그것은 therefore, however는 접속사가 아니라 부사이기 때문이지요. 접속사처럼 뒤에 절이 오지만 품사가 부사이기 때문에 접속부사라는 문법 용어를 붙인 것입니다. 아래에는 자주 사용되는 접속부사들입니다. **접속부사는 독해의 흐름을 파악하는데 매우 중요한 역할을 합니다.**

a. **For example**, when you laugh, your body becomes stronger.
   예를 들어, 네가 웃을 때, 네 몸은 더 튼튼해져.

b. I wanted to be a lawyer. **However**, I studied English in university.
   난 변호사가 되길 원했어. 그러나, 난 대학에서 영어를 공부했어.

c. Many jobs need foreign languages. **Therefore**, we must learn them.
   많은 직업들은 외국어를 필요로 해. 그래서, 우리는 외국어를 배워야 해.

d. Fruit has vitamin C and minerals. **In addition**, they taste good.
   과일은 비타민C와 미네랄을 갖고 있어. 또, 과일은 맛이 좋아.

e. I'm good at English. **On the other hand**, I'm not good at math.
   난 영어에 능숙해. 반면에, 난 수학에는 능숙하지 못해.

f. My friend is very talkative. **In contrast**, I am very quiet.
   내 친구는 매우 말이 많아. 대조적으로, 나는 매우 조용해.

g. The typhoon swept the city. **As a result**, many people were injured.
   태풍이 그 도시를 휩쓸었어. 그 결과, 많은 사람들이 부상당했어.

h. I wasn't tired. **Nevertheless**, I took a nap for 2 hours.
   난 피곤하지 않았어. 그럼에도 불구하고, 나는 2시간 동안 낮잠 잤어.

i. She has no time and busy. **In other words**, she won't attend.
   그녀는 시간이 없고 바빠. 다시 말해서, 그녀는 참석하지 않을 거야.

j. He doesn't teach well. **Thus**, I don't like his class.
   그는 잘 가르치지 못해. 그래서, 나는 그의 수업을 좋아하지 않아.

k. Would you move your car? **Otherwise**, I can't get out.
   차를 움직여 주시겠어요? 그렇지 않으면, 나갈 수 없어요.

CHAPTER 16

Agreement, Stress 外
일치, 강조 외

UNIT 192　주어와 동사의 일치
UNIT 193　시제일치란 용어를 버리자
UNIT 194　강조
UNIT 195　의문문의 역사
UNIT 196　도치
UNIT 197　생략
UNIT 198　삽입
UNIT 199　동격
UNIT 200　마이너스 개념의 특수 구문

 ## 주어와 동사의 일치

주어에 맞는 동사 사용을 '주어와 동사의 일치'라고 합니다. 우리말과 달리 영어는 주어에 따라 동사가 달라집니다. 우리말과 영어를 비교해 보겠습니다. 아래 문장들을 보세요.

a. **I am** a student. 나는 학생<u>이다</u>.
b. **You are** a student. 너는 학생<u>이다</u>.
c. **He is** a student. 그는 학생<u>이다</u>.
d. **This is** mine. 이것은 내 것<u>이다</u>.
e. **These are** mine. 이것들은 내 것<u>이다</u>.

우리말은 주어가 몇 인칭인지, 주어가 단수인지 복수인지에 상관없이 '~이다' 하나입니다. 일본어와 중국어 또한 우리말과 같습니다. 일본어의 '~이다'는 だ 하나이고, 중국어의 '~이다'는 是(shi) 하나입니다. 그러나 영어는 주어가 1인칭이냐, 2인칭이냐, 3인칭이냐에 따라 달라지고 또 주어가 단수냐 복수냐에 따라 달라집니다. 주어에 맞는 동사를 선택하는 것을 주어와 동사의 일치라고 하는데, 왜 영어는 주어에 따라서 동사가 달라질까요? 그것은 영어의 출발이 굴절어인 독일어였기 때문입니다. 굴절어는 주어에 따라서 동사의 모양이 달라지는 언어입니다. 영어의 출발은 게르만족 일파인 앵글족과 색슨족이 사용하던 독일어의 한 방언으로 영어의 출발이 굴절어였기 때문에 주어에 따라 다른 동사를 취하는 것입니다.

우리에게 중요하지 않은 주어 동사의 일치가 왜 영어 원어민에게는 중요할까요? 그것은 동사만 봐도 주어가 무엇인지 알 수 있기 때문입니다. 우리말은 '~이다'만으로 주어가 무엇인지 알 수 없지요. 그러나 영어는 am만 보고 주어가 I라는 것을 알 수 있고, are만 보고 주어가 you인 것을 알 수 있고, is만 보고 주어가 3인칭 he, she, it이라는 것을 알 수 있지요. d문장에서 is를 보면 주어가 단수임을 알 수 있고, e문장에서 are를 보면 주어가 복수임을 알 수 있습니다. 이와 같이 **주어에 맞는 동사를 사용하면 주어를 듣지 못했다고 하더라도 주어가 무엇인지, 주어가 단수인지 복수인지 알 수 있습니다.** 주어와 동사를 일치시킴으로써 명확하고 분명한 정보를 전달할 수 있지요. 주어와 동사의 일치는 상업 문화에서 나온 상업 현실주의적 사고가 언어에 반영된 것입니다.

a. **Jake and Dick come** from London. 잭과 딕은 런던 출신이야.
b. **These two books are** very interesting. 이 두 책들은 매우 재미있어.
c. **Both she and I are** pretty tall. 그녀와 나는 모두 키가 커.
d. **Bread and jam is** served for lunch. 잼 바른 빵이 점심으로 제공돼.
e. **Snow White and the Seven Dwarfs is** a fairy tale.
  백설공주와 일곱 난쟁이는 동화책이야.
f. **A black and white dog is** coming here.
  검고 흰 개가 이리 오고 있어.
g. **The singer and composer was** soon forgotten.
  작곡자 겸 가수인 그 사람은 곧 잊혀졌어.
h. **The singer and the composer were** soon forgotten.
  그 가수와 그 작곡자는 곧 잊혀졌어.

- a문장의 Jake and Dick은 두 사람으로 they이기 때문에 단수형 comes를 사용하지 않고 come을 사용합니다.

- b문장의 These two books는 복수이기 때문에 단수동사 is를 사용하지 않고 복수동사 are를 사용합니다. these(복수)+two(복수)+books(복수)+are(복수)로 일관성 있게 복수로 결합해야 합니다. this two book, this two books, these two book처럼 사용해서는 안 된다는 것이죠.

- c문장의 both는 'ad.둘 모두'라는 부사입니다. both가 있든 없든 she and I는 두 사람이기 때문에 복수동사 are입니다.

- d문장의 bread and jam은 '잼 바른 빵'입니다. 잼 바른 빵은 두 개가 아니라 하나 개념이기 때문에 단수동사 is입니다. and는 더하기 개념으로 복수를 나타내지만 항상 복수를 나타내는 것이 아니기 때문에 A and B가 주어인 경우에는 주어가 하나인지 아니면 둘 이상인지 파악해야 합니다.

- e문장의 Snow White and the Seven Dwarfs는 동화책 이름이기 때문에 단수동사 is입니다. '백설공주와 일곱 난쟁이'는 한 권의 책 제목입니다.

- f문장의 A black and white dog은 검고 흰 한 마리의 점박이 개이기 때문에 단수동사 is입니다. 부정관사 a가 단수임을 알려 주고 있지요.

- g문장의 The singer and composer는 가수 겸 작곡가로 한 사람이기 때문에 단수동사 was입니다. 요즘은 가수 겸 작곡가인 사람이 많지요.

- h문장의 The singer and the composer는 한 사람의 가수와 한 사람의 작곡가로 주어가 2명이기 때문에 복수동사 were입니다.

a. **Either** you **or** I am to blame.
   너와 나 둘 중 하나는 비난받아야 해.

b. **Neither** I **nor** she has no money to buy a car.
   나와 그녀 모두 차를 살 돈이 없어.

c. **Not** you **but** he is supposed to go on a business trip.
   네가 아니라 그가 출장가기로 예정되어 있어.

d. **Not only** I **but also** my father likes hiking.
   나뿐만 아니라 아버지도 하이킹을 좋아해.

e. My father **as well as** I likes hiking.
   나뿐만 아니라 아버지도 하이킹을 좋아해.

- a문장의 either A or B는 'A와 B 둘 중 하나'로 동사와 가까운 곳에 있는 주어 B에 동사의 수를 일치시키기 때문에 I am입니다. blame은 'vi.비난받다, vt.~을 비난하다'로 여기서는 자동사로 사용되었습니다.

- b문장의 neither A nor B는 'A와 B 둘 모두 아닌'으로 동사와 가까운 곳에 있는 주어 B에 동사의 수를 일치시키기 때문에 she has입니다.

- c문장의 not A but B는 'A가 아니라 B'로 동사와 더 가까이에 있는 B에 동사의 수를 일치시킵니다. 그래서 he is입니다. 동사는 가까운 곳에 있는 주어에 일치시키는 것이 원칙입니다.

- d문장의 not only A but (also) B는 'A뿐만 아니라 B도'로 동사와 가까운 곳에 있는 주어 B에 동사의 수를 일치시킵니다. 그래서 my father likes입니다. not only A but (also) B는 not A but B 구조에 only, also라는 부사가 추가된 것입니다. not only A는 '단지 A만이 아니다'이고, but also B는 '그런데 B또한 (그렇다)'입니다. A가 그런 것은 당연하고 B 또한 그렇다는 것으로 A보다는 B를 강조하는 표현입니다.

- e문장은 d문장과 같은 뜻입니다. not only A but (also) B는 B as well as A와 같은 뜻입니다. 앞에서 only A but (also) B는 B를 강조하는 표현이라고 했습니다. e문장은 <u>My father</u> (as well as I) <u>likes hiking</u>인 것이죠. as well as I는 '나뿐만 아니라'로 삽입된 부사구입니다. A as well as B 구문은 as well as B를 생략하면 주어가 A임을 바로 알 수 있지요.

a. **Each** of you **is** special, different. 여러분 개개인은 특별하고, 다릅니다.
b. **Every** father **works** for the basics. 모든 아버지들은 기초(의식주)를 위해 일해.
c. There **is a wide difference** between the two. 그 둘 사이에는 광범위한 차이가 있어.
d. There **are a lot of people** from every country. 각국에서 온 많은 사람들이 있어.
e. **Living** in an apartment **is** very convenient. 아파트 생활은 매우 편리해.
f. **The homeless are** sleeping on the road. 집 없는 사람들이 길 위에서 자고 있어.
g. **Economics is** my least favorite subject. 경제학은 내가 가장 싫어하는 과목이야.
h. **Ten dollars is** lots of money for children. 10달러는 애들한테 많은 돈이야.
i. **Two hours was** enough time to escape. 두 시간은 탈출하기에 충분한 시간이었어.

- a문장의 each는 'n.각각, a.각각의'로 each는 하나하나 각각을 의미하기 때문에 단수 취급합니다.
- b문장의 every는 형용사이기 때문에 단독으로 사용할 수 없고 항상 'every+명사'로 사용합니다. every를 우리말로 옮기면 '모든'이지만 원래 뜻은 '~마다'로 하나하나 합친 전체를 의미하기 때문에 항상 단수 취급합니다. every가 들어간 **every**thing, **every**body, **every**one 또한 단수 취급합니다.
- c~d문장의 there는 부사가 앞으로 나와 도치된 것으로 'there+동사+주어' 구조로 be동사 뒤에 있는 명사가 주어입니다. 주어가 단수이면 There is, 주어가 복수이면 There are가 됩니다.
- e문장의 주어는 동명사 living입니다. 동명사나 to부정사가 주어로 사용되는 경우 단수 취급합니다.
- f문장의 the homeless는 '집 없는 사람들'로 'the+형용사'는 '~한 사람들'로 복수명사이기 때문에 복수 취급합니다. the young은 '젊은이들', the poor는 '가난한 사람들', the injured는 '부상당한 사람들' 등 많습니다.
- g문장의 economic**s**는 'n.경제학'으로 학과명의 모양은 복수형이지만 단수 취급합니다. mathematics, politics, physics 또한 마찬가지입니다. 대학에서 경영학과, 경제학과, 철학과, 법학과처럼 학과명은 하나지요.
- h문장의 ten dollars는 형태는 복수형이지만 금액은 하나의 단위이기 때문에 단수 취급합니다. 시간, 거리, 무게 또한 금액과 마찬가지로 하나의 단위이기 때문에 단수 취급합니다.

a. **Half of** the apple **is** rotten. 사과의 절반이 썩어 있어.

b. **Half of** the apples **are** rotten. 사과들의 절반이 썩어 있어.

c. **Most of** an iceberg **is** under water. 빙산의 대부분이 물에 잠겨 있어.

d. **Most of** the people **were** very poor. 그 사람들의 대부분은 매우 가난했어.

e. **The rest of** the money **was** used to buy a car. 나머지 돈은 차 사는데 사용되었어.

f. **The rest of** the books **are** on the table. 나머지 책들은 테이블 위에 있어.

- a문장은 사과 하나의 절반이 썩어 있는 것으로 사과 하나의 절반은 셀 수 없기 때문에 단수입니다. b문장은 여러 개의 사과들 중에서 절반이 썩어 있는 것으로 절반의 사과들이 복수이기 때문에 복수입니다.

- c문장은 빙산 하나의 대부분이 물에 잠겨 있는 것으로 빙산 하나의 대부분은 셀 수 없기 때문에 단수입니다. d문장은 사람들 중 대부분으로 사람들은 셀 수 있기 때문에 복수입니다.

- e문장은 돈은 셀 수 없는 명사이기 때문에 단수입니다. f문장은 많은 책들 중에서 나머지 책들이기 때문에 복수입니다. 불가산명사의 half, most, the rest는 당연히 셀 수 없지요. half(절반), most(대부분), the rest(나머지)는 뒤에 오는 명사가 가산명사냐 불가산명사냐에 따라 달라집니다.

a. **The number of** applicants **has** decreased sharply.
  지원자 수가 급격하게 줄어들어 있어.

b. **A number of** people **were** killed in the demonstrations.
  많은 사람들이 시위에서 죽임을 당했어.

a문장처럼 'the number of+복수명사'는 '~의 수'로 **주어가 숫자**이기 때문에 단수 취급합니다. 그러나 b문장처럼 'a number of+복수명사'는 '많은~'으로 복수 취급합니다. a number는 a group(무리, 집단)과 같은 뜻으로 a number of는 many, plenty of와 같은 뜻입니다. number를 사전에서 찾아보세요. 'n. 숫자, 번호, **무리, 집단(group)**'이라고 나올 것입니다. 공식으로 암기하지 말고 단어가 갖고 있는 정확한 뜻을 파악하는 습관을 들여야 합니다.

다음 장에서 시제일치란 문법 공식을 버려야 한다고 설명할 것입니다.
방금 배운 수의 일치는 문법 공식이라고 해도 되는 규칙입니다. 그러나 일상 회화에는 수의일치를 지키지 않는 경우가 많습니다. 다음은 일상 회화에서 가장 흔히 볼 수 있는 수의 일치를 지키지 않는 표현들입니다.

a. **There's** lots of cars on the road. 도로 위에 차들이 많아.
b. **Here's** your books. 너의 책들은 여기 있어.
c. **How's** things with you? 네가 하는 일들은 어때?
d. **Where's** your friends? 너의 친구들은 어디 있니?

a문장의 주어는 cars로 복수이기 때문에 There are를 사용해야 합니다. b문장의 주어는 your books로 복수이기 때문에 Here are를 사용해야 하고, c문장의 주어는 things로 복수이기 때문에 How are를 사용해야 하며, d문장의 주어는 your friends로 복수이기 때문에 Where are를 사용해야 합니다. 그런데 a~d문장처럼 주어가 복수임에도 단수를 사용하는 원어민이 적지 않습니다. 왜 그렇게 사용하느냐고 물어보면 가장 흔한 대답이 '그냥 그렇게 쓴다, 발음하기 편해서'입니다. 모든 언어의 구어는 문법을 잘 지키지 않는 특성을 갖고 있지요. **언어는 계속 변하는 것이고 영어는 변화가 심한 언어이기 때문에 앞으로 수의 일치에 대한 유연한 사고가 필요합니다.** 언젠가는 영어가 우리말처럼 수의 일치에서 자유로운 언어가 될지도 모르지요.

UNIT 193 시제일치란 문법 용어를 버리자

시제일치란 종속절의 시제를 주절의 시제에 일치시키는 것이라고 정의합니다. 그리고 다음과 같은 시제일치의 예외를 제시하지요. 첫째, 불변의 진리는 항상 현재시제로 나타낸다. 둘째, 현재의 습관, 사실 등은 현재시제로 나타낸다. 셋째, 역사적 사실은 과거시제로 나타낸다. 넷째, 가정법의 시제는 주절의 시제에 영향을 받지 않는다. '선생님! 왜 시제를 일치시켜야 하는데요?'라고 학생이 질문하면 선생님의 대답은 공식이니까 암기해야 한다는 것입니다. **시제일치를 공식으로 암기하고 예외 규정이 적용되었는지 아닌지를 확인하는 학습법은 버려야 합니다.**

a. He **said** that he **was** a single.
   그는 자신이 미혼이라고 말했어.

b. He **said** that he **is** a single.
   그는 자신이 미혼이라고 말했어. (+지금도 그가 미혼이라는 현재의 정보까지 알려 준다.)

c. She **said** that he **went** to China.
   그녀는 그가 중국에 갔다고 말했어.

d. She **said** that he **has gone** to China.
   그녀는 그가 중국에 갔다고 말했어. (+지금도 그가 중국에 있다는 현재의 정보까지 알려 준다.)

시제일치를 공식으로 암기하고 있으면 b와 d문장이 틀린 문장으로 생각하기 쉽습니다. a문장은 주절이 과거시제 said이기 때문에 시제일치 공식에 의해 과거시제 was를 사용한 것이 아닙니다. 그가 나에게 말을 했던 그 시점에 그가 미혼이었다는 과거 사실을 알려 주기 위해 과거시제를 사용한 것입니다. b문장은 그가 나에게 자신이 미혼이라고 말했던 그 시점에 미혼이었고 지금도 여전히 미혼이라는 현재의 사실까지 알려 줍니다. He said that he was a single, **and he is a single now**처럼 두 문장으로 표현할 것을 b문장처럼 한 문장으로 표현한 것이지요. 항상 강조하건대 영어 원어민은 적은 단어수로, 짧은 문장으로 정확한 의사 표현을 하면 그것이 가장 효과적이고 아름다운 표현이라고 생각합니다. c문장은 과거 어느 시점에 그가 중국에 갔다는 단순한 과거 사실만 알려 주는 것입니다. 그러나 d문장은 그가 과거 어느 시점에 중국에 갔고, 지금도 중국에 있다는 현재의 정보까지 알려 주지요. She said that he went to China, **and he is in China now**처럼 두 문장으로 표현할 것을 c문장처럼 한 문장으로 표현한 것입니다. 시제일치는 공식이 아닙니다.

a. He **told** me that Jack **lived** in New York.
그는 잭이 뉴욕에 살았다고 나에게 말했어.

b. He **told** me that Jack **has lived** in New York.
그는 잭이 뉴욕에 살았다고 나에게 말했어. (+지금도 잭이 뉴욕에 살고 있다는 현재의 정보까지 알려 준다.)

c. She **said** that she **got up** early in the morning.
그녀는 아침 일찍 일어난다고 말했어.

d. She **said** that she **gets up** early in the morning.
그녀는 아침 일찍 일어난다고 말했어. (+지금도 그녀가 일찍 일어난다는 현재의 정보까지 알려 준다.)

a문장은 잭이 과거에 뉴욕에 살았다는 과거의 정보를 알려 주기 위해 과거시제 lived를 사용했습니다. b문장은 잭이 과거에도 뉴욕에 살았고 지금도 뉴욕에 살고 있다는 현재의 정보까지 알려 주는 것이죠. He told me that Jack lived in New York, **and he lives in New York now**처럼 두 문장으로 표현할 것을 b문장처럼 한 문장으로 표현한 것입니다. c문장은 그녀가 과거에 일찍 일어났었다는 과거의 정보만 알려 주는 표현이고, d문장은 그녀가 과거에도 일찍 일어났었고 지금도 일찍 일어난다는 현재의 정보까지 알려 주는 표현입니다. **주절의 시제가 과거시제일 때 종속절의 시제를 과거시제로 맞추는 이유는 시제일치라는 공식 때문이 아니라 과거에 그러했다는 과거의 정보만을 전달하기 위해서입니다.**

a. He **said** that the earth **goes** around the sun.
그는 지구가 태양 주위를 돈다고 말했어.

b. We **knew** that natural resources **are** limited.
우리는 천연 자원이 한정되어 있다는 것을 알았어.

a문장에서 현재시제 goes를 went로 바꾸면 어떻게 될까요? '과거에 지구가 태양 주위를 돌았다. 그런데 지금은 지구가 태양 주위를 돌고 있는지 아닌지 알 수 없다'는 황당한 표현이 됩니다. b문장에서 현재시제 are를 과거시제 were로 바꾸면 '과거에는 천연자원이 한정되어 있었다. 그런데 지금은 천연자원이 제한되어 있는지 아닌지 알 수 없다'는 황당한 표현이 되지요. **과거에도 사실이었고 현재도 사실인 경우에는 현재시제를 사용해야 합니다. 영어의 과거시제는 현재의 정보를 알려 주지 않습니다.** 불변의 진리나 사실을 항상 현재시제로 표현해야 하는 이유는 영어의 과거시제는 현재의 정보를 알려 주지 않기 때문입니다. 영어의 과거시제는 과거 사실만 알려 줄 뿐 현재의 정보를 알려 주지 않습니다.

a. I **heard** that North Korea **attacked** Yeonpyeong Island in 2010.
　난 북한이 2010년에 연평도를 공격했다는 것을 들었어.

b. He **said** that the first electric toaster **was** invented in 1893.
　첫 번째 전기 토스터는 1893년에 발명되었다고 그가 말했어.

a와 b문장처럼 과거에 있었던 사실은 항상 과거시제로 표현해야 합니다. 과거 사실은 in 2010처럼 과거 시점이 분명하기 때문에 과거시제를 사용해야 하는 것은 당연합니다. a문장의 과거시제 attacked를 현재시제 attack, b문장의 과거시제 was를 현재시제 is로 바꾸면 과거에 발생했던 일이 현재에도 일어난다는 황당한 표현이 됩니다. 이제 아래 문장들을 보고 내가 들은 정보가 무엇인지 말해 보세요. 내가 heard한 과거 시점은 1주일 전입니다.

a. I heard **that she is sick**.
b. I heard **that she was sick**.
c. I heard **that she has been sick**.
d. I heard **that she had been sick**.

a문장은 그녀가 1주일 전에 아팠고 지금도 아프다는 것입니다. b문장은 그녀가 1주일 전에 아팠다는 과거 사실만 알 수 있습니다. c문장은 그녀가 1주일 전부터 지금까지 계속 아프다는 것입니다. d문장은 그녀가 1주일 그 이전부터 내가 heard한 그 시점까지 계속 아팠다는 것입니다. 이렇게 주절이 과거시제인 경우 종속절에는 과거시제만 올 수 있는 것이 아니라 현재, 현재완료, 과거완료 모두 올 수 있습니다. 그래서 b문장에만 적용되는 시제일치란 문법 용어를 버려야 하는 것이지요. **시제일치란 문법 용어를 버리고 종속절의 시제가 어떤 정보를 알려 주는지 그것을 알아야 합니다.**

UNIT 194 강조

1 말과 글에서 어떤 부분을 강조하고 싶을 때 강조어구를 사용하여 강조합니다. 아래 문장들을 보세요.

a. The paintings are **very** old and priceless. 그림은 매우 오래되었고 값을 매길 수 없어.
b. That CD you lent me is **really** great. 네가 나에게 빌려준 그 CD는 정말 좋아.
c. I am **extremely** thankful to him. 나는 그에게 매우 고맙게 생각해.
d. I'm **awfully** sorry that I hurt your feelings. 네 맘 상하게 해서 정말 미안해.
e. I do **not** mind it **at all**. 난 그것에 전혀 개의치 않아.
f. Why **on earth** are you acting like this? 너 도대체 왜 이렇게 행동하고 있는 거야?
g. Where **in the world** were you yesterday? 너 어제 도대체 어디 있었어?
h. He is **the very** man for the job. 그는 그 일에 적임자(=바로 그 사람)야.
i. I **myself** did the work. 나는 자신이 직접 그 일을 했어.
j. It is **much** colder today than yesterday. 어제보다 오늘이 훨씬 더 추워.
k. He asked for **a lot** more money than we thought.
   그는 우리가 생각했던 것보다 훨씬 더 많은 돈을 요청했어.

- a~d문장처럼 very, really, extremely, awfully, terribly, highly, so 등 '매우·정말'의 뜻을 가진 부사를 사용하여 강조합니다.

- e문장의 not~at all은 '**조금도** ~아니다'입니다. at all은 '조금도'라는 뜻으로 부정문을 강조합니다. 동의어로 not~in the least, never가 있습니다.

- f와 g문장의 on earth, in the world, ever는 '도대체'라는 뜻으로 의문문을 강조할 때 사용합니다.

- h문장의 the very man은 '바로 그 사람'으로 'the very+명사'는 '바로 그~'라는 뜻으로 뒤에 오는 명사를 강조합니다.

- i문장의 myself는 재귀대명사이지만 부사로 사용되어 '자신이 직접, 손수'란 뜻입니다. myself는 부사이기 때문에 I **myself** did the work처럼 동사 앞에, I did the work **myself**처럼 문장 끝에 사용해도 됩니다.

- j~k문장처럼 much, a lot, far, still, even은 '훨씬·매우'라는 뜻으로 비교급 앞에서 비교급을 강조하는 역할을 합니다. 비교급을 강조할 때 very를 사용해서는 안 됩니다.

2 조동사 do는 'do, does, did+동사원형' 형태로 동사의 의미를 강조합니다.
이때 do는 'ad.정말로, 확실히, 제발'이라는 뜻의 부사입니다. 조동사 do가 강조용법의 부사로서 사용하게 된 역사적 배경에 대해서는 다음 장에서 자세히 설명합니다.

a. I **do** love you. Don't you believe me?
   난 널 정말 사랑해. 날 못 믿니?

b. He **does** know your secret.
   그는 정말 너의 비밀을 알고 있어.

c. She **did** call you. What were you doing last night?
   그녀는 정말 너에게 전화했어. 어젯밤에 너 뭐하고 있었니?

d. **Do** get out. 제발 나가라.

3 **It is~that을 사용한 강조 표현**이 있습니다.
It is~that이라는 틀 속에 강조하고 싶은 어구를 넣어 강조하는 것이죠. UNIT 170에서 이미 학습했기 때문에 여기서는 복습 차원에서 읽고 정리하세요.

a. It was **I** that met the girl on the street this morning.
   오늘 아침 거리에서 그녀를 만난 사람은 바로 나였어.

b. It was **the girl** that I met on the street this morning.
   내가 오늘 아침 거리에서 만난 사람은 바로 그녀였어.

c. It was **on the street** that I met the girl this morning.
   내가 오늘 아침에 그녀를 만난 곳은 바로 그 거리에서였어.

d. It was **this morning** that I met the girl on the street.
   내가 거리에서 그녀를 만난 때는 바로 오늘 아침이었어.

e. **Who was it that** broke my rear view mirror?
   도대체 누가 나의 백미러를 망가뜨렸어?

f. **What was it that** split them up?
   도대체 무엇이 그들을 완전히 갈라서게 했어?

g. **Where was it that** you saw Jack?
   네가 잭을 본 곳이 도대체 어디였어?

h. **When was it that** you saw Jack?
   네가 잭을 본 시간이 도대체 언제였어?

UNIT 195 의문문의 역사

앞 장에서 조동사 do가 강조 부사로 사용되어 'ad.정말로, 확실히, 제발' 등의 뜻임을 설명했습니다. 다음 장에서 도치를 배우는데 '동사+주어' 어순을 취하는 도치의 일반적인 형태가 바로 의문문입니다. 의문문의 역사에는 영어 학습에 있어서 매우 중요한 핵심 정보들이 들어 있어 자세히 설명하고자 합니다.

Have you some money?는 틀린 표현일까요? 현재 영국에서 사용하고 있는 표현입니다. **Do** you **have** some money?처럼 조동사 do를 사용하는 것이 의문문 표현 방식입니다. **Have** you some money?는 You **have** some money라는 평서문에서 일반동사 have를 주어 앞으로 이동시켜 의문문을 만든 것입니다. have가 특별한 동사이기 때문에 앞으로 도치시켜 사용해도 되는 것일까요? 평서문과 의문문의 역사를 살펴보겠습니다.

a. He **fixed** my car. 평서문(옛날부터 지금까지 사용)
b. **Fixed** he my car? 의문문(옛날부터 지금까지 사용)
c. He **did fix** my car. 평서문(9C말 등장 18C에 소멸, did fix=fixed)
d. He **did fix** my car. 강조용법(14C 등장 현재까지 사용, did는 강조용법)
e. **Did** he **fix** my car? 의문문(13C말 등장 현재까지 사용)

- a문장은 원어민이 옛날부터 지금까지 사용하는 평서문의 표현 방식입니다. b문장을 보세요. 고대영어 시기 영국인들은 모든 동사를 주어 앞으로 도치시켜 의문문을 만들었습니다. 이 방식은 꾸준히 사용되다 사라지고 오늘날은 영국에서 have정도만 사용하고 있지요. e문장처럼 조동사 do를 문두로 도치시키는 의문문 방식은 13C말에 등장하여 현재까지 사용하고 있습니다.
- c문장은 9C에 등장하여 18C까지 사용되다 사라진 평서문의 표현 방식입니다. 과거형 fixed를 did fix로 사용한 것이지요. did는 'vt.~을 했다', fix는 'vt.~을 수리하다'로 모두 동사입니다. did fix는 did(vt.~을 했다)+fix(수리하는 것)로 **과거 영국인들은 동사원형을 명사로 인식했습니다.**
- d문장의 did는 강조용법입니다. 강조용법의 do는 강하게 발음하여 평서문을 만드는 do와 구분했습니다. 강조용법의 do는 14C에 등장하여 오늘날까지 사용하고 있습니다. c문장과 같은 평서문 표현 방식은 18C에 완전 소멸되어 오늘날의 'do+동사원형'은 강조용법으로만 사용되고 있습니다.

a. He **did fix** my car. 그는 내 차를 수리했어.
b. **Did** he **fix** my car? 그가 내 차를 수리했어?

a문장은 9C에 등장하여 18C까지 **약 900년 동안** 영국인들이 사용하던 평서문의 표현 방식이라고 앞에서 설명했습니다. did fix(수리했다)는 did(~을 했다)+fix(**수리하는 것**)로 동사원형을 명사로 인식했다는 것을 알 수 있지요. b문장은 현대영어에서 사용하는 의문문의 표현 방식입니다. b문장의 문두에 있는 Did를 의문문을 만들기 위해 필요한 조동사로 기억하고 있을 것입니다. **Did(~을 했니?)**+he(그가)+fix my car(내 차 수리하는 **것**)처럼 동사원형을 명사로 인식하는 것은 똑같습니다. **영어 원어민이 동사원형을 명사로 인식하는 것은 자연스러운 것이며 지금도 동사원형을 명사로 인식하고 있습니다.** 주어, 목적어, 보어 자리엔 명사가 와야 합니다. 현대영어에서 동사원형이 명사를 대신하는 표현은 다음과 같습니다.

a. He **saw** her **run** away. 그는 그녀가 도망치는 것을 봤어.
b. I **made** him **do** the dishes. 나는 그가 설거지하도록 만들었어.
c. These pills **helped ease** the pain. 이 약이 고통을 완화하는데 도움을 줬어.
d. **All you have to do is fight** the enemy. 네가 할 수 있는 모든 것은 적과 싸우는 것이야.
e. **The best I can do is say** nothing. 내가 할 수 있는 최선의 것은 아무 말도 안하는 것이야.
f. **What I can't do is ignore** her. 내가 할 수 없는 것은 그녀를 무시하는 것이야.

- a문장의 saw는 'vt.~을 보다'이기 때문에 목적어에 명사가 와야 하지만 동사원형 run이 명사 기능을 하고 있습니다. see, hear, smell, feel, notice, observe 등과 같은 지각동사에 왜 동사원형이 사용되는지는 UNIT 99에서 이미 학습했습니다. 동사원형 앞에 to부정사가 생략되어 있다고 설명해서는 안 됩니다. to부정사는 중세영어 후기에 나타났고 지각동사에 동사원형을 사용하는 표현 방식은 그 이전부터 사용되었습니다. 존재하지도 않은 to부정사가 생략되어 있다고 하는 설명은 바람직하지 않겠지요. 또 독일어, 스페인어, 프랑스어도 '지각동사+목적어+동사원형'으로 사용하고 있습니다. 동사원형에 대한 인식이 영어에만 한정되어 있는 것이 아님을 알 수 있지요.
- b문장의 made는 타동사이기 때문에 목적어에 명사가 와야 하지만 동사원형 do가 명사 기능을 하고 있습니다. make, have, let 등을 사역동사라고 하는데 왜 사역동사 뒤에 동사원형이 사용되는지는 UNIT 100에서 이미 학습했습니다.
- c문장의 help는 to부정사를 목적어로 사용하기도 하고 동사원형을 목적어로 사용하기도 하는데

동사원형을 더 많이 사용합니다. helped ease는 helped(vt.~을 도왔다)+ease(완화시키는 것)으로 동사원형 ease가 명사 기능을 하고 있습니다. help처럼 '동사+동사원형'으로 사용하는 동사가 앞으로 계속 나타난다면 'do+동사원형'으로 사용했던 옛날 영어처럼 목적어 자리에 동사원형이 자연스럽게 사용되는 언어 흐름으로 갈 수도 있습니다.

- d문장은 주어가 명사절입니다. All you have to do **is fight** enemy를 우리말로 옮기면 '우리가 해야 하는 모든 것은 적과 **싸우다이야**'로 '싸우다'를 '싸우는 것'으로 바꾸어야 합니다. fight를 to fight로 사용하는 것이 문법적으로 맞는데 동사원형을 사용하고 있지요. e와 f문장도 마찬가지입니다. 현 상황에서는 '절이 주어인 경우 be동사 뒤의 보어로 동사원형을 쓴다'라는 문법 공식을 만들 수는 있지만, 앞으로 절이 주어가 아닌 경우에도 동사원형을 사용하는 경우가 나타날 수도 있습니다. 문법 공식을 만들고 예외가 등장하면 예외를 추가하는 일본식 영어 학습법은 바람직하지 않지요. **중요한 것은 영어에서 동사원형이 명사 기능을 하는 것이 특별한 것이 아니라는 것입니다.**

중세영어 'do+동사원형'의 쓰임에서 do는 'vt.~을 하다'는 타동사로 사용되어 뒤에 오는 동사원형이 명사 기능을 했습니다. 그리고 조동사 do를 강조용법으로 사용하여 'ad.매우'란 부사로 사용했습니다. 이 용법은 중국어와 동일합니다. 중국어는 동사 활용이 없기 때문에 중국어 동사는 동사원형 밖에 없습니다. 중국어는 '타동사+동사'로 결합하면 뒤에 있는 동사를 명사로 인식합니다. 그리고 영어의 be동사에 해당하는 '~이다'는 중국어로 是(shi)인데 是를 동사로 사용하면 '~이다'이고 是를 부사로 사용하면 'ad.매우, 정말로'란 뜻이 됩니다. 영어 원어민의 동사 인식과 중국인의 동사 인식이 비슷함을 알 수 있지요. 고대영어는 독일어와 같은 굴절어였지만 현대영어는 중국어와 같은 고립어입니다. **고립어란 어형변화를 하지 않고, 문법적 관계가 주로 어순에 의해 표시되는 언어를 말합니다.** 영어에서 동사의 어형변화는 -ing와 -ed를 붙이는 것 두 가지뿐입니다.

UNIT 196 도치

도치(倒置)는 '거꾸로 도, 둘 치'입니다. 평서문 문장에서 어구를 강조하거나 명확하게 하기 위하여 문장 중간에 있는 어구를 문두로 이동시키고 **인위적으로 주어와 동사의 위치를 바꿔주는 것을 도치라고 합니다.** 평서문은 '주어+동사'라는 어순을 취하는데 주어와 동사의 위치를 의도적으로 바꾸어 '동사+주어' 어순을 취함으로써 도치문임을 알려 주지요. 도치문은 자주 등장하기 때문에 제대로 학습해야 합니다. 도치문인지 모르면 틀린 문장으로 오해하거나 문장의 핵심 파악이 어려워지게 됩니다. 도치에는 강조를 위한 도치와 습관적인 도치가 있습니다.

A. 강조를 위한 도치

1 자동사 문장에서 장소(=위치)나 동작의 방향을 나타내는 부사(구)가 문두로 올 때 주어와 본동사의 위치를 도치시키는데 문어체에서 사용하는 강조 방법입니다. 장소나 위치를 나타내는 동사에는 be, stand, lie, sit, hang 등이 있고 동작의 방향을 나타내는 동사에는 go, come, run, fall, fly, climb 등이 있습니다.

a. A big tree stood **in front of my school**. 큰 나무가 나의 학교 앞에 서 있었어.
b. **In front of my school** stood a big tree. 나의 학교 앞에 큰 나무가 서 있었어.
c. A fairy named Tinkerbell lived **in a town called Neverland**.
  팅크벨이란 이름을 갖고 있는 요정이 네버랜드라고 불리는 도시에 살았어.
d. **In a town called Neverland** lived a fairy named Tinkerbell.
  네버랜드라고 불리는 도시에 팅크벨이란 이름을 갖고 있는 요정이 살았어.
e. All the soldiers ran **away**. 모든 군인들이 멀리 내달렸어. (=도망쳤어.)
f. **Away** ran all the soldiers. 멀리 모든 군인들이 내달렸어.

- a문장에서 장소를 나타내는 부사구 in front of my school를 문두로 이동시키고 도치했음을 알려 주기 위하여 stood(본동사)+a big tree(주어) 어순으로 주어와 본동사의 위치를 맞바꾸어 도치문 b문장이 되었습니다.

- c문장에서 장소를 나타내는 부사구 in a town called Neverland를 문두로 이동시키고 lived(본동사)+a fairy named Tinkerbell(주어) 어순으로 주어와 본동사의 위치를 맞바꾸어 도치문 d문장이 되었습니다.

- e문장은 이동을 나타내는 부사 away(ad.멀리, 다른 곳으로)를 문두로 이동시키고 All the soldiers(주어)+ran(본동사) 어순을 ran(본동사)+all the soldiers(주어) 어순으로 주어와 본동사를 맞바꾸어 f문장이 된 것입니다. 그러나 주의해야 할 것은 주어가 대명사인 경우에는 주어와 본동사의 도치가 발생하지 않습니다. 즉 They ran away에서 away를 문두로 도치시키면 They가 대명사이기 때문에 Away they ran처럼 사용한다는 것이죠.

부사어는 장소와 이동의 부사어만 있는 것이 아니라 시간, 방법, 이유 등 다양합니다. 장소와 이동의 부사어가 문두로 가면 주어와 동사를 도치시키지만 다른 부사가 문두로 가면 주어와 동사를 도치시키지 않습니다. 그 이유는 무엇일까요?

a. I met her **at the park yesterday**.
b. 나는 어제 공원에서 그녀를 만났어.

영어에서 부사어의 배열 순서는 '장소+방법+시간'입니다. 영어 문장 a문장을 보면 '장소+시간' 순서입니다. 그러나 우리말 b문장을 보면 '시간+장소'이지요. 영어 원어민의 조상은 상인이었기 때문에 어디로(=장소) 이동하느냐가 생존의 핵심입니다. 우리들 조상은 농사꾼으로 시간에 맞추어 씨를 뿌리고 시간에 맞추어 수확을 하기 때문에 시간이 생존의 핵심이지요. 영어 원어민은 장소와 이동을 시간과 다르게 인식하는 것으로 보입니다. 장소와 이동부사가 문두로 갈 때 주어와 본동사를 도치시키고 시간부사가 문두로 갈 때 도치시키지 않는 것은 조상으로부터 물려받은 장소와 시간에 대한 인식의 차이에 있다고 판단됩니다.

이제 영어 학습자로서 생각해 볼 것이 있습니다. 장소, 방향을 나타내는 부사어가 문두로 이동하면 주어와 본동사의 위치를 **반드시** 도치시켜야 할까요? 장소, 방향의 부사어를 문두로 이동시키고 콤마(,)를 찍으면 주어와 본동사를 도치시키지 않아도 됩니다. 문제는 장소, 방향의 부사어를 문두로 이동시키고도 주어와 본동사를 도치를시키지 않은 표현들도 있다는 것입니다. 글쓴이가 문법 사항을 잘 몰라 콤마를 찍지 않았을 수도 있고 글쓴이가 강조의 의도가 없기 때문에 도치시키지 않았을 수도 있습니다. 영어는 변화가 심해서 도치를 시키든지 시키지 않든지 상관없는 흐름으로 가고 있는지도 모릅니다. 그것은 시간이 한참 지난 후에나 알 수 있겠지요. 그래서 공식에서 벗어나는 문장을 만났을 때 유연하게 대처하는 것이 필요합니다.

2 '주어+be+보어'로 된 문장에서 be동사 뒤에 있는 형용사, 현재분사, 과거분사를 문두로 이동시키는 경우 주어와 be동사의 위치를 맞바꾸는 도치가 일어납니다. b문장은 a문장에서 be동사 뒤에 있는 보어 lying under the tree가 문두로 이동하여 주어와 be동사가 도치된 것입니다. d문장은 be동사 뒤에 있는 보어 so tired가 문두로 이동하여 주어와 be동사가 도치된 것입니다. a와 b문장의 우리말 해석을 보세요. '나무 아래에'가 문장 중간에 있을 때보다 문장 앞으로 이동하니 강조되는 느낌을 주지 않나요?

a. Lots of people were **lying under the tree**.
   많은 사람들이 나무 아래에 누워 있었어.

b. **Lying under the tree** were lots of people.
   나무 아래에 많은 사람들이 누워 있었어.

c. Jack was **so tired** that he couldn't go on.
   잭은 너무 피곤해서 계속 갈 수 없었어.

d. **So tired** was Jack that he couldn't go on.
   너무 피곤해서 잭은 계속 갈 수 없었어.

3 목적어가 문두로 가는 경우는 주어와 동사를 도치시키지 않습니다.
b, d, f문장을 보면 목적어를 문두로 옮겨도 주어와 동사의 도치가 일어나지 않는다는 것을 알 수 있습니다.

a. My father has kept **the principle** for all his life.
   아버지는 일생 동안 그 신념을 지키고(=유지하고) 계셔.

b. **The principle** my father has kept for all his life.
   그 신념을 아버지는 일생 동안 지키고(=유지하고) 계셔.

c. I'll tell you **what I heard**.
   너에게 내가 들은 것을 말해 줄게.

d. **What I heard** I'll tell you.
   내가 들은 것을 너에게 말해 줄게.

e. We are going to climb **the mountain**.
   우리는 그 산을 오를 예정이야.

f. **The mountain** we are going to climb.
   그 산을 우리는 오를 예정이야.

타동사 문장에서 부사어를 강조하여 문두로 이동시킬 때 주어와 조동사를 도치시킵니다. well, only, often, just, many a time, always 등의 부사가 흔히 문두로 이동합니다.

a. Nick **often** advised Jack not to do so.
닉은 잭에게 그렇게 하지 말도록 자주 충고해.

b. **Often** did Nick advise Jack not to do so.
너무나 자주 닉은 잭에게 그렇게 하지 말도록 충고해.

c. Often advised Nick Jack not to do so. (X)

b문장은 a문장에서 often을 문두로 이동시키고 did Nick advise처럼 '**조동사**+주어+본동사'로 조동사를 사용하여 주어와 동사를 도치시켰습니다. 타동사 문장은 '조동사+주어+본동사'처럼 의문문 어순으로 도치시켜야 합니다. **장소와 방향, 보어의 도치는 주어와 본동사의 위치를 맞바꾸는 도치였는데, 왜 타동사 문장에서 도치는 조동사를 이용하여 도치해야 할까요?** 그 대답은 c문장에 있습니다.

c문장은 a문장에서 부사 often을 문두로(=주어 앞으로) 이동시킨 후 주어 Nick과 본동사 advised의 위치를 맞바꾸는 도치를 시켰는데 Nick Jack처럼 주어와 목적어가 붙어버렸습니다. 타동사 문장에서 주어와 본동사의 위치를 도치시키면 주어와 목적어가 붙어버리기 때문에 어디까지가 주어이고 어디까지가 목적어인지 알 수 없는 모호한 문장이 되어 버립니다. 그래서 **타동사 문장의 도치는 주어와 목적어를 명확하게 구분하기 위하여 조동사를 사용하여 '조동사+주어+본동사'라는 의문문의 어순을 취하는 것입니다.** 이해되셨나요? 아래 b문장의 did people admit, d문장의 did he finish에서 '조동사+주어+본동사' 어순을 확인하세요.

a. People admitted he was the best player **only after his retirement**.
사람들은 단지 그가 은퇴한 후에 그가 최고의 선수였다는 것을 인정했어.

b. **Only after his retirement** did people admit he was the best player.
단지 그가 은퇴한 후에야 사람들은 그가 최고의 선수였다는 것을 인정했어.

c. He finished the work **so well** that he was praised by the teacher.
그는 그 일을 너무 잘 끝마쳐서 선생님으로부터 칭찬 받았어.

d. **So well** did he finish the work that he was praised by the teacher.
너무나도 잘 그는 그 일을 끝마쳐서 선생님으로부터 칭찬 받았어.

5   부정어 강조를 위한 도치가 있습니다.

부정어 강조를 위한 도치는 가장 흔히 볼 수 있는 도치로 never, little, hardly, scarcely, seldom, rarely, not only, few 등의 부정어를 문두로 이동시킬 때 '조동사(or be동사)+주어+본동사' 어순으로 도치시킵니다.

a. I **never** dreamed you were there.
b. **Never** did I dream you were there.
   난 결코 네가 거기에 있을 거라고 꿈도 꾸지 않았다.

c. He **seldom** came to see her.
d. **Seldom** did he come to see her.
   그는 좀처럼 그녀를 보러 가지 않았다.

e. I **not only** have been to China, but I also to Japan.
f. **Not only** have I been to China, but I also to Japan.
   나는 중국에 다녀온 적 있을 뿐만 아니라, 일본에도 다녀온 적 있다.

g. He had **no sooner** seen me than he ran off.
h. **No sooner** had he seen me than he ran off.
   그는 나를 보자마자 도망쳤다.

i. I am **not** able to come back **till October**.
j. **Not till October** am I able to come back.
   나는 10월까지 돌아갈 수 없다. (=10월이 되어서야 나는 돌아갈 수 있다.)

a문장에서 부정어 never를 문두로 이동시킨 후 주어와 본동사를 도치시키면 Never dreamed I you were there가 되어 주어와 목적어가 붙어버리는 황당한 표현이 됨을 확인할 수 있지요. 부정어 도치는 '조동사+주어+본동사'처럼 반드시 의문문 어순의 도치를 해야 합니다. a와 c문장처럼 조동사가 없는 경우에 조동사 do를 시제와 인칭에 맞게 사용해야 합니다. 그리고 i문장처럼 be동사가 있는 경우에는 be동사를 도치시키면 됩니다. g와 j문장에 대한 해석은 UNIT 200을 참고하세요.

앞에서 배운 장소나 이동의 부사어는 주어가 대명사인 경우 부사어가 문장 앞으로 가도 Away he ran처럼 주어와 본동사의 도치가 일어나지 않습니다. 그러나 **부정어 도치는 주어가 대명사든 아니든 상관없이 반드시 도치가 일어난다**는 것도 기억해야 합니다.

막연히 '부정어가 문두에 오면 도치된다'는 설명은 바람직하지 않습니다. **부정어 도치에서 명심해야 하는 것은 문장 중간에 있는 부정어를 문두로 이동시킬 때에만 주어와 조동사의 도치가 일어난다는** 것입니다. 주어를 넘어 문두로 이동시킨 부정어는 다시 주어를 넘어 문장 중간에 있던 본래의 위치로 되돌아갈 수 있어야 합니다. 아래 문장을 보세요.

a. She did **not** say **a word** all day long.
하루 종일 그녀는 한 마디 말도 하지 않았어.

b. **Not a word** did she say all day long.
하루 종일 한 마디 말도 그녀는 하지 않았어.

c. **Not a word** passed my lips.
한 마디의 말도 나의 입을 통과하지 않았어. (=나는 단 한 마디 말도 하지 않았어.)

b문장은 a문장에서 부정어 not과 목적어 a word를 결합하여 문두로 이동시키고 did she say처럼 '조동사+주어+본동사' 어순으로 도치를 시킨 것입니다. 그런데 c문장은 Not a word란 부정어가 문두에 왔음에도 주어와 동사의 도치가 일어나지 않습니다. 그 이유는 무엇일까요? c문장의 Not a word는 주어입니다. **부정어가 주어 자리에 있는 경우에는 당연히 도치가 일어나지 않습니다.** 처음부터 주어에 붙어 있는 부정어는 주어를 넘어 문장 중간으로 되돌아갈 수 없지요.

a. **Hardly anyone** writes to me these days.
요즈음 나에게 편지를 보내는 사람은 거의 없어. (=요즘 극소수의 사람이 나에게 편지를 보내.)

b. **No man** likes a witch.
마녀를 좋아하는 사람은 없어. (=0명의 사람이 마녀를 좋아해.)

c. **Little** remains to be said.
말할 것이 더 이상 남아 있지 않아.

d. **Not only** my son but also my daughter plays the piano.
아들뿐만 아니라 딸도 피아노를 쳐.

a문장의 hardly anyone, b문장의 no man, c문장의 little, d문장의 not only는 문장 중간에 있던 부정어가 문두로 이동한 것이 아니라 처음부터 문두에 있는 부정 주어이기 때문에 주어와 동사의 도치가 일어나지 않습니다. 그래서 부정어가 문두에 가면 도치가 발생한다고 공식처럼 암기해서는 안 됩니다.

B. 습관적인 도치

앞에서 배운 도치들은 강조용법이었지만 이제부터는 원어민이 습관적으로 사용하는 도치 표현들입니다. 강조용법으로 넣어도 큰 무리는 없지만 강조 기능이 약하기 때문에 습관적인 도치로 분류했습니다.

1 Here, there로 시작하는 도치가 있습니다.

There is a book은 There(유도부사)+is(동사)+a book(주어)로 there는 '거기'라는 뜻이 약화된 것입니다. A book is라고 표현하면 모호한 표현이 되기 때문에 There is a book으로 표현하는 것이죠. 문두에 도치된 there, here는 거기와 여기라는 장소를 강조하는 것이 아니라 주의를 환시시키는 역할을 합니다. 주의해야 할 것은 d~e문장처럼 대명사가 주어인 경우에는 도치가 일어나지 않습니다.

a. **There are** reasons for the sleep deprivation. 수면 부족에 관한 이유들이 있어.
b. **There's** a distinct difference between the two. 그 둘 사이에는 명백한 차이가 있어.
c. **Here's** your cell phone. 여기 너의 휴대폰이 있어.
d. **Here you** are. This is what you were asking for.
   여기 있어. 이것은 네가 요청하고 있었던 거야.
e. **Here he** comes. 그가 이리 오고 있어.

독자분이 영화의 한 장면에서 친구가 공항에서 걸어 나오고 있는 모습을 보고 e문장처럼 말하는 것을 봤다고 합니다. 영어의 현재시제는 동작 중임을 나타내지 않는데 왜 e문장처럼 동작 중인 상황에서 현재시제를 사용하느냐고 질문을 했습니다. 이유는 간단합니다. 영어는 독일어에서 출발한 언어로 독일어는 현재진행시제가 없고 '현재시제=현재진행시제'입니다. 고대영어시기에는 현재진행시제가 없었습니다. 영국이 프랑스의 식민 지배를 받으면서 프랑스어 문법의 영향을 받아 영어에 없던 현재진행시제가 새로 생겨난 것이죠. 16C까지만 해도 영국인들은 현재진행형을 사용해야 할 곳에 현재시제를 사용했습니다. 17C 이후 현재시제와 현재진행시제의 사용법이 구분되기 시작하여 오늘날에 이르게 된 것이지요. 현재시제가 현재진행시제를 나타내는 표현은 e문장 정도 남아 있습니다. here(여기), there(저기)라는 위치부사가 결합됨으로써 'here+현재시제, there+현재시제'가 현재진행형의 의미를 갖게 된 것입니다.

2 가정문에서 if의 생략으로 인한 도치가 있습니다.
b문장은 were가 도치된 것이고, d문장은 should가, f문장은 had가 도치된 것입니다. 가정법에서 이미 학습한 만큼 여기서는 가볍게 읽어 보세요.

a. **If** I were in your shoes, I'd not do so.
b. **Were** I in your shoes, I'd not do so.
   만약 내가 너의 입장이라면, 난 그렇게 하지 않을 거야.

c. **If** I should be free tomorrow, I would come to you.
d. **Should** I be free tomorrow, I would come to you.
   만약 내일 내가 한가하면, 난 너에게 갈 거야.

e. **If** I had given in my paper, I wouldn't have gotten an F.
f. **Had** I given in my paper, I wouldn't have gotten an F.
   만약 내가 과제를 제출했었다면, 난 F를 받지 않았을 거야.

3 따옴표가 들어간 인용문을 문두로 이동시킬 때 도치가 발생합니다.
a문장은 The boy said, "I am Antonio Canova."라는 문장에서 인용문을 앞으로 이동시키고 주어와 본동사를 도치시킨 것입니다. 그러나 b문장은 He said, "Someday the boy will be a sculptor."라는 문장에서 인용문을 앞으로 이동시킨 것인데 주어가 대명사인 경우에는 주어와 본동사를 도치시키지 않습니다. a~d문장은 Antonio Canova란 책의 일부를 인용한 것입니다. b와 c문장을 보면 주어가 대명사인 경우에는 인용문을 앞으로 이동시켜도 도치가 일어나지 않는다는 것을 알 수 있지요.

a. "I am Antonio Canova," **said the boy**.
   "나는 안토니오 카노바입니다"라고 소년은 말했다.
b. "Someday the boy will be a sculptor." **he said**.
   "언젠가 그 소년은 조각가가 될 거야"라고 그는 말했다.
c. "If you had another, could you make the table pretty?" **he asked**.
   "네가 또 하나를 갖고 있으면, 테이블을 예쁘게 만들 수 있어?"라고 그는 물었다.
d. "Let the boy try," **said the servants**.
   "그 소년이 시도해 보도록 놔두자"라고 하인들이 말했다.

4 'so, neither+be/조동사+주어' 도치가 있습니다.

이는 회화에서 맞장구를 칠 때 자주 사용하는 중요한 표현으로 '~도 그렇다'입니다. 우리는 맞장구칠 때 '나도 그래'라고 하는데 우리는 긍정문과 부정문을 구분하여 사용하지 않습니다. 그러나 영어는 긍정문과 부정문을 구분하여 사용합니다. 긍정문에서는 Me too, Same here, Ditto와 so am I, so can I처럼 'so+be/조동사+주어' 구조를 사용합니다. Same here, Ditto는 '동감'이란 뜻이죠. ditto는 이탈리아어에서 유입된 이탈리아어 단어입니다.

부정문에 맞장구를 칠 때는 so를 사용하지 않고 neither, nor를 사용합니다. neither는 범위가 둘 일 때 사용하는 단어지요. 상대방도 그렇지 않고 나 또한 그렇지 않다는 것은 둘 모두 다 그렇지 않다는 것이기 때문에 neither와 nor를 사용해야 합니다. f문장에서 Neither am I는 I'm not either와 같습니다. not과 either를 결합하면 neither인데, 부정어 neither를 문두로 이동시키면 Neither am I처럼 주어와 동사를 도치시켜야 하기 때문에 'Neither+동사+주어' 구조가 되는 것입니다. neither에 대한 더 자세한 설명은 UNIT 176을 보세요.

a. My father was a soldier. **So am I**.
   나의 아버지는 군인이었어. 나도 그래.

b. She was happy, and **so was I**.
   그녀는 행복했고, 나도 그랬어.

c. She likes swimming, and **so does he**.
   그녀는 수영을 좋아하는데, 그도 그래.

d. He went to school on foot, and **so did she**.
   그는 걸어서 학교 갔고, 그녀도 그랬어.

e. If you can do it, and **so can they**.
   네가 그것을 할 수 있으면, 그들도 할 수 있어.

f. I'm not good at tennis. **Neither am I**.
   난 테니스 잘 못 쳐. 나도 그래.

g. She doesn't like golf, and **neither does he**.
   그녀는 골프를 싫어하는데, 그도 그래.

h. He didn't go there, and **neither did she**.
   그는 거기 가지 않았고, 그녀도 그랬어.

i. If you can't do it, and **neither can they**.
   네가 그것을 할 수 없으면, 그들도 할 수 없어.

UNIT 197 생략

문맥상 생략해도 의미 전달에 아무런 상관없는 어구는 생략하고 표현하는 것이 모든 언어가 갖고 있는 공통된 속성입니다. 주로 구어체(=회화), 게시문, 광고문에서 생략이 많지요.

a. He went to China and (**he**) met lots of people.
   그는 중국에 갔고 (그는) 많은 사람들을 만났어.

b. I went to school by bus, but he (**went to school**) on foot.
   나는 버스로 학교에 갔는데, 그는 걸어서 (학교에 갔어.)

c. Catch up with me if you can (**catch up with me**).
   네가 할 수(=따라잡을 수) 있으면 나를 따라잡아 봐.

d. Come with me if you want to (**come with me**).
   네가 원하면(=나와 함께 가길 원하면) 나와 함께 가자.

e. Are you a lawyer? No, I'm not (**a lawyer**).
   너 변호사야? 아니, 난 (변호사가) 아니야.

f. I like you better than he (**likes you**).
   나는 그(=그가 너를 좋아하는 것)보다 너를 더 좋아해.

a~b문장처럼 and, but 다음에 반복되는 주어 또는 동사는 생략합니다. c문장처럼 조동사 다음에 반복되는 동사, d문장처럼 to부정사 다음에 반복되는 동사도 생략합니다. e문장처럼 질문에 대한 대답에서 반복되는 어구도 생략하고, f문장처럼 비교의 than 다음에 반복되는 어구도 생략합니다. 이와 같이 반복되는 어구는 생략하고 표현하는 것이 경제적인 표현이지요.

a. If (**it is**) necessary, I will call on you tomorrow.
   필요하다면, 내일 너를 방문할게.

b. Though (**I was**) sick, I went to work as usual.
   아팠지만, 나는 평상시처럼 일하러 갔어.

c. When (**I was**) asked a strange question, I was a little bewildered.
   이상한 질문을 받았을 때, 난 조금 당황했어.

a~c문장처럼 시간, 조건, 양보 부사절에서 '주어+be동사'는 흔히 생략합니다. '주어+be동사'를 생략해도 앞뒤 문맥상 혼동의 여지가 없지요.

a. I know (**that**) the Government is aware of this.
    정부가 이것을 알고 있다는 것을 나는 알아.

b. She is the best girl (**that**) I have ever met.
    그녀는 지금까지 내가 만난 최고의 여자야.

c. Do you know the man (**that is**) talking to her?
    그녀와 이야기하고 있는 그 남자를 아니?

d. The person (**that was**) hit by the bus was taken to the hospital.
    버스에 치인 그 사람은 병원으로 이송되었어.

a문장의 that은 명사절을 만드는 접속사 that(~는 것)이고 b문장의 that은 목적격 관계대명사입니다. 현대영어에서 목적어 자리에 있는 명사절을 만드는 접속사 that과 목적격 관계대명사는 흔히 생략합니다. c와 d문장처럼 '관계대명사+be동사'는 현재분사나 과거분사 앞에서 생략해도 됩니다. 관계대명사는 명사(=선행사)를 수식하는 'ㄴ'역할을 합니다. 현재분사(V-ing)와 과거분사(V-ed)는 형용사이기 때문에 명사를 직접 수식할 수 있습니다. 중복 수식을 할 필요가 없기 때문에 앞에 있는 '관계대명사+be동사'를 생략하는 것입니다.

a. **No parking** (is allowed). 주차 금지

b. (This door is) **Fixed**. 고정문

c. (This store is) **Closed**. 금일 휴업

d. (This is) **Not for sale**. 비매품

e. (Be careful of the) **Wet paint**. 칠 주의

f. (This is) **Out of order**. 고장

g. **Keep** (yourself) **off** (the grass). 진입 금지

a~g는 모두 게시판에서 흔히 보는 문구들입니다. 게시문은 단순 명료하게 핵심을 전달해야 하기 때문에 생략해도 되는 단어들은 생략합니다. 게시문이 길어지면 팻말 크기 또한 커지는 문제점이 있지요.

UNIT 198 삽입

부가적으로, 구체적으로 설명하기 위하여 문장 중간에 단어, 구, 절 등을 집어넣는 것이 삽입입니다. 삽입어는 보통 콤마(,)로 나타냅니다. a문장은 보통 In fact, he is~처럼 말하죠. In fact부터 먼저 말해야 하는데 He is부터 먼저 말했을 때 in fact를 말 중간에 삽입하게 됩니다. 대부분의 삽입어는 문두에 위치하는 것으로 먼저 말하는 것을 놓쳤을 때 문장 중간에 삽입하게 됩니다. 글을 쓸 때는 글의 단조로움을 회피하기 위하여 의도적으로 삽입어를 넣는 방식을 사용합니다. 삽입어가 눈에 거슬리면 괄호를 쳐 보세요.

a. He is, **in fact**, a nice guy.
   그는 사실 멋진 녀석이야.

b. China, **however**, is now the world's second-largest polluter.
   그러나, 중국은 지금 세계에서 두 번째로 가장 큰 오염 유발 국가야.

c. Your point is, **therefore**, not really relevant.
   그러므로, 너의 의견은 정말 적절치 않아.

d. My life was, **so to speak**, a succession of failures.
   말하자면, 나의 삶은 실패의 연속이었어.

e. Human beings, **generally speaking**, are fairly rational.
   일반적으로 말하면, 인간들은 상당히 이성적이야.

f. He is, **I believe**, a very efficient person.
   내가 믿기에 그는 매우 유능한 사람이야.

g. You will, **I am sure**, get over this difficulty.
   난 네가 이 어려움을 극복할 것이라고 확신해.

h. Add the cheese and, **if you like**, the nuts and coconut.
   치즈를 넣고 네가 좋아하면 땅콩이나 코코넛도 추가해.

i. Everybody, **it is true**, has his faults.
   누구나 결점을 갖고 있는 것은 사실이야.

j. Her point of view, **it seems to me**, is not worth considering.
   그녀의 의견은 고려할 가치가 없는 것으로 보여.

k. He is, **to begin with**, very honest.
   우선, 그는 매우 정직해.

a. He is a boy that (**I know**) is fluent in English.
   그는 내가 알고 있기에 영어에 유창한 애야.

b. The man that (**I thought**) was my friend cheated on me.
   내가 친구라고 생각했던 그 사람이 나를 속였어.

c. The Grammar Shock is the book that (**I think**) is very helpful.
   영문법 쇼크는 내가 생각하기에 매우 도움이 되는 책이야.

a~c문장의 that은 모두 주격 관계대명사입니다. a문장의 I know, b문장의 I thought, c문장의 I think는 주격 관계대명사 뒤에 삽입된 삽입어입니다. 삽입어를 생략하면 주격 관계대명사 문장임을 바로 알 수 있지요. 아래 문장을 보세요.

d. He is a boy **I know** is fluent in English.

e. The Grammar Shock is the book **I think** is very helpful.

a~c문장이 아니라 d~e문장을 바로 만나면 당황할 수 있습니다. 한 문장에 접속사 없이 동사가 여러 개 등장하기 때문에 문장 구조를 파악하기 어렵지요. d문장의 I know, e문장의 I think가 삽입어임을 알고 삽입어 앞에 주격 관계대명사가 생략되어 있음을 알 수 있어야 합니다. UNIT 129에서 이미 학습한 내용입니다.

UNIT 199 동격

(동)명사, to부정사, 명사절 등이 앞에 나온 낱말과 equal(=) 관계로서 앞에 있는 낱말을 수식하는 경우를 문법 용어로 동격(同格)이라고 합니다. 동격임은 콤마(,), 세미콜론(;), 콜론(:), dash(–) 등으로 나타냅니다.

a. What do you think of **Jake, the new manager**?
새로 부임한 관리자 잭에 대해 어떻게 생각해?

b. **Mr Lee, the CEO of the company**, will give a speech tomorrow.
회사 최고경영자 이씨가 내일 연설할 거야.

c. **We Koreans** live on rice.
우리 한국인들은 쌀에 의존해서 살아. (=쌀이 주식이야.)

d. I have got **a new job-writing a book**.
나는 책 쓰기(=저술)라는 새로운 직업을 갖고 있어.

e. They have only **one aim: an enormous profit**.
그들은 거대한 이윤이라는 하나의 목표만 갖고 있어.

f. He has **two dreams; to have a car and a house**.
그는 차와 집을 갖는 것이라는 두 개의 꿈을 갖고 있어.

g. **My first business, to refill ink cartridges**, was a big success.
나의 첫 번째 사업인 잉크카트리지 재충전은 대박이었어.

명사와 명사가 ', : ; –'로 연결되어 있을 때 뒤에 있는 명사는 앞에 있는 명사를 보충 설명해 주는 동격 기능임을 알고 위와 같이 해석하면 됩니다. 접속사에서 배운 동격 기억하나요? 대표적인 동격은 접속사 that과 전치사 of입니다. that의 앞과 뒤, of의 앞과 뒤가 같은 내용이기 때문에 동격의 접속사 that, 동격의 of라고 합니다. 동격의 접속사 that은 UNIT 181, 동격의 of는 『전치사 쇼크』 p174를 읽어 보세요.

# UNIT 200 마이너스 개념의 특수 구문

영문법은 수학적, 과학적 개념을 도입하여 체계화했는데 수학의 마이너스 개념이 들어있는 표현들은 우리식 사고로 해석하면 상당히 어색합니다. 그런 표현들을 총정리했습니다.

a. I **can't** thank you **too** much.
   나는 너에게 아무리 감사해도 지나치지 않아.

b. We **can't** emphasize the importance of money **too** much.
   우리는 돈의 중요성을 아무리 강조해도 지나치지 않아.

c. They **never** meet **without** quarrel**ing**.
   그들은 만날 때마다 싸워.

d. He **never** drinks coffee **without** putt**ing** cream in it.
   그는 커피 마실 때마다 꼭 크림을 넣어.

a~b문장의 can't~too는 '아무리 ~해도 지나치지 않다'입니다. a문장을 그대로 옮기면 '너에게 너무 많이 감사할 수 없어'로 어색한 표현이죠. a문장은 마이너스 곱하기 마이너스가 플러스가 되는 수학적 개념을 도입한 표현으로 한 문장에 부정어가 2개(can't, too) 들어 있기 때문에 긍정문으로 해석하여 '아무리 ~해도 지나치지 않다'는 뜻이 된 것입니다. too는 '지나치게, 필요 이상으로'라는 뜻으로 부정적인 뉘앙스를 가진 단어입니다. c~d문장의 never~without V-ing는 '~할 때마다 ~한다'입니다. c문장을 그대로 옮기면 '그들은 싸움 없이 결코 만나지 않아'로 어색하지요. 한 문장에 부정어 2개(never, without)가 들어있기 때문에 긍정문으로 해석하여 '~할 때마다~한다'가 됩니다.

a. **As soon as** he saw me, he ran off.

b. **The moment** he saw me, he ran off.

c. **On** see**ing** me, he ran off.

d. He had **no sooner** seen me **than** he ran off.
   그는 나를 보자마자, 그는 도망쳤다.

a문장의 as soon as, c문장의 'on+V-ing'는 '~하자마자'입니다. b문장의 the moment는 '~순간'으로 '~하자마자'와 같은 뜻입니다. '나를 **보자마자** 도망쳤어'와 '나를 **보는 순간** 도망쳤어'는 같은 뜻이죠. the moment의 동의어로 the instant, the minute가 있습니다. 문제는 d문장입니다. '주어+had **no sooner** pp than+주어+과거시제'가 왜 '~하자마자, ~했다'란 뜻일까요?

a. He had **hardly** seen me **before** he ran off.
b. He had **no sooner** seen me **than** he ran off.
c. He had **scarcely** seen me **when** he ran off.
  그는 나를 보자마자 도망쳤다.

no sooner는 than과 결합하여 사용하고 hardly와 scarcely는 when이나 before 아무 단어와 결합하여 사용해도 됩니다. hardly와 scarcely는 '거의~아닌', no sooner는 '조금도 더 빠르지 않은'으로 모두 부정어입니다. a문장은 He had **hardly** seen me+**before** he ran off의 결합입니다. 앞 문장을 우리말로 옮기면 '그는 거의 나를 못 본 상태였다'이고, 뒷 문장은 '그가 도망치기 이전에'입니다. '그가 도망치기 이전에 그는 나를 거의 못 본 상태였다'라는 우리말 해석은 상당히 어색하지요. **한 문장에 마이너스 개념의 단어가 2개(hardly, before) 들어있는 표현**이기 때문에 '그가 나를 보자마자, 그는 도망쳤다'처럼 긍정문으로 해석하는 것입니다. '~전에 ~안 했다'를 긍정문으로 바꾸면 '~후에, ~했다'가 됩니다. '본 후에'와 '보자마자'는 시간 차이가 있을 뿐 동의어죠. before는 이전이기 때문에 마이너스 개념의 단어입니다. 0을 기준으로 보면 0 이전은 마이너스, 0 이후는 플러스지요. b문장의 no sooner~than은 '그가 도망친 것보다 그가 나를 목격한 것이 조금도 빠르지 않았다', c문장의 scarcely~when은 '그가 도망쳤을 때 나는 그를 거의 본 적이 없었다'로 역시 어색하지요. 그래서 부정문(-)을 긍정문(+)으로 바꾸어 '그가 나를 보자마자, 그는 도망갔다'가 되는 것입니다. **앞 문장엔 먼저 일어난 동작이기 때문에 과거 완료시제 had +p.p.를, 뒷 문장엔 나중에 일어난 동작이기 때문에 과거시제를 사용해야 합니다.**

과거 영국인은 부정의 부정은 강한 부정이란 사고를 갖고 있었는데, 마이너스 곱하기 마이너스가 플러스가 되는 수학적 원리가 언어인 영어에도 도입되어 부정의 부정은 강한 긍정이란 사고로 바뀌었습니다. 사고 방식은 시대에 맞게 바뀌는 것이죠. 위와 같은 표현들은 모두 작가들이 만들어낸 표현입니다. 문어체로는 상당히 고급스럽고 아름다운 표현이죠. 작가들은 자기가 쓴 책에 다른 작가들이 사용하지 않은 단어나 표현들을 사용하여 차별화를 시도합니다. 그러한 노력들로 영어 어휘가 풍부해지고 표현이 다양해진 것이지요.

a. I can **not** come back **till October**.
   나는 10월까지 돌아갈 수 없다.

b. **Not till October** can I come back.
   나는 10월이 되어서야 돌아갈 수 있다.

c. We did**n't** reach Beijing **until 11 o'clock at night**.
   우리는 밤 11시까지 북경에 도착하지 못했다.

d. **It was not until 11 o'clock at night that** we reached Beijing.
   밤 11시가 되어서야 우리는 북경에 도착했다.

e. **It was not until then that** I learned Hangeul.
   나는 그때가 되어서야 한글을 배웠다.

a문장은 '난 10월까지 돌아갈 수 없어'라는 평서문입니다. 부정어 not과 until 이하를 결합하여 문두로 이동시켜 부정어를 강조하면 can I come처럼 도치가 일어납니다. Not till October를 그대로 옮기면 '10월까지는 아니었다'이지만 긍정문으로 해석하면 '10월이 되어서야 ~했다'가 됩니다. '~까지는 안했다'를 '~되어서야 ~비로소 했다'로 옮기면 좀 더 매끄러운 해석이 되지요. d문장은 c문장에서 부정어 not과 until 이하를 결합하여 It was~that이라는 강조구문의 틀 속에 넣은 것입니다. 강조구문으로 만든 d문장은 긍정문으로 해석해야 매끄럽습니다. It is~that 강조구문은 UNIT 170에서 학습했습니다.

a. He **will** be back **soon**.
   그는 곧 돌아올 거야.

b. **It will not be long before** he returns.
   머지않아 그는 곧 돌아올 거야.

c. My dream **will** come true **soon**.
   내 꿈은 곧 실현될 거야.

d. **It will not be long before** my dream comes true.
   머지않아 내 꿈은 곧 실현될 거야.

It will not be long before를 있는 그대로 해석하면 '~하기 이전에 오랜 시간이 걸리지 않을 것이다'인데 부정문을 긍정문으로 해석하면 '머지않아 곧 ~할 것이다'입니다. 한 문장에 마이너스 개념의 단어가 2개(not, before) 들어 있기 때문에 긍정으로 해석하는 것이지요.

memo

CHAPTER 17

1권 보충

UNIT 201   미래시제는 없다
UNIT 202   사역동사는 없다
UNIT 203   분사구문은 없다

# UNIT 201 미래시제는 없다

UNIT 26에서 미래시제는 없다, UNIT 115에서 가정법미래는 없다고 설명했습니다. will과 shall은 미래시제를 나타내는 미래조동사가 아니라 현재든 미래든 상관없이 불확실한 상황에서 추측할 때 사용하는 추측조동사입니다. 영어 원어민이 처음부터 will과 shall로 미래를 표현한 것이 아닙니다. **will과 shall로 미래를 표현하기 시작한 시기는 중세영어 시기부터입니다.** will과 shall이 등장하기 이전의 고대영어 시기에는 미래를 어떻게 표현했을까요? 시제는 현재시제와 과거시제로 2시제가 있는데 과거시제로는 미래를 표현할 수 없지요. 그래서 현재시제를 사용해 앞뒤 문맥과 시간부사로 미래시제를 나타냈습니다. 즉 고대영어 시기에는 현재시제와 시간부사를 활용하여 미래를 표현했다는 것이지요.

a. He **comes tomorrow**. 그는 내일 온다.
b. He **probably** comes **tonight**. 그는 아마 오늘밤에 온다.

a와 b문장처럼 현재시제와 tomorrow, tonight와 같은 미래임을 알려 주는 시간부사와 결합하거나, probably, perhaps와 같은 추측부사를 사용하여 will과 shall 없이도 미래시제를 표현할 수 있었던 것입니다. will과 shall을 미래시제 전용으로 사용했다면 will과 shall에 미래시제란 명칭을 붙여도 되지만 will과 shall은 현재시제에도 사용하기 때문에 미래시제란 용어가 부적합한 것입니다.

시제가 존재하는 언어는 과거시제와 현재시제 두 가지 시제만 존재할 뿐 미래시제는 존재하지 않습니다. **이성적으로 판단하여 확실한 미래는 현재시제를 사용하고 일어날지 일어나지 않을지 잘 모르는 불확실한 미래는 추측 표현하는 것이 언어와 상관없이 모든 사람들이 갖고 있는 본능적인 사고 체계입니다.** 우리는 우리말 문법을 배우기 이전에 영어 문법부터 먼저 배우게 됩니다. 영어에서 미래시제란 것을 배우면 영어 이외의 언어를 배울 때도 미래시제를 찾게 되지요. 어떤 언어든지 문법은 공통적으로 적용되는 문법 규칙으로 학습하는 것이 좋습니다. 문법 공식을 많이 암기하면 할수록 사고 체계가 경직되어 영어 학습이 더 어려워지게 됩니다.

UNIT 202 사역동사는 없다

UNIT 100에서 make, have, let을 사역동사가 아니라고 설명했습니다.

사역동사의 사역(使役)은 '부릴 사, 부릴 역'으로 어떤 행위를 자신이 직접 하지 않고 다른 사람을 부린다(=시킨다)는 것입니다. '사역동사는 목적어 뒤에 동사원형을 사용해야 한다'고 공식화해 놓았고 사역동사로 make, have, let을 설명합니다. 사역동사가 남을 부리고 남에게 시키는 동사라면 get, force, impel, compel, oblige, ask, order 등 많은 단어가 사역동사에 포함됩니다. 문제는 이들 동사는 동사원형을 사용하지 않고 to부정사를 목적어로 취한다는 것이지요. 사역동사라고 하는 make, have, let 뒤에 왜 동사원형을 사용하는지는 설명하지 않고 사역동사이기 때문에 동사원형을 사용해야 한다는 엉터리 설명을 해서는 안 됩니다. 사역동사는 영어로 causative verb입니다. causative는 cause(원인)+tive(형용사형 접사)로 'a.원인이 되는'입니다. causative verb를 일본 학자들은 사역동사란 이름을 붙였는데 이것이 문제입니다. causative를 '사역'이란 용어로 잘못 번역하여 영어학습자들을 혼란스럽게 만들어 버렸지요. **causative verb는 있어도 사역동사는 없습니다.** '사역동사는 목적어 뒤에 동사원형을 사용한다. 사역동사에는 make, have, let이 있다'고 설명해서는 안 됩니다. **'make, have, let은 목적어 뒤에 동사원형을 사용하는데 그 이유는 무엇이다'라고 가르쳐야 합니다.**

우리말 70% 이상은 뜻글자인 한자로 구성되어 있어서 한자 풀이를 통하여 그 뜻을 알 수 있습니다. '명사(名詞)는 '이름을 나타내는 말', 동사(動詞)는 '움직임을 나타내는 말', 전치사(前置詞)는 '명사 앞에 두는 말'처럼 한자 풀이를 통하여 그 정의를 쉽게 이해할 수 있습니다. 그러나 사역동사(使役動詞)는 '남에게 시킨다는 의미를 갖고 있는 동사', 현재완료(現在完了)는 '과거에서 시작하여 현재에 완료하는 것', 현재완료진행형(現在完了進行形)은 '현재에서 완료하고 계속 진행되는 것', 부정사(不定詞)는 '품사가 정해져 있지 않는 말'처럼 한자 풀이를 하면 엉터리가 됩니다. 문법 용어를 통하여 개념을 정리할 수 있어야 하는데 잘못 만든 문법 용어가 오히려 영어 학습을 방해하지요. 그래서 일본학자가 만든 엉터리 문법 용어들은 폐기해야 합니다.

 # UNIT 203 분사구문은 없다

1 UNIT 72부터 79까지 7장에 걸쳐 분사구문이 아니라 동명사구문이라고 설명했습니다. 분사구문이 아니라 동명사구문이라는 역사적인 근거를 설명합니다. UNIT 178 접속사에서 설명한 바와 같이 17C 후반까지 종속접속사는 명사절을 만드는 접속사 that을 붙여 after that, when that, if that, because that, for that, though that처럼 '접속사+that' 구조로 사용했습니다.

a. After **that he was scolded severely**, he ran away from home.
   그가 심하게 꾸중 들은 것 후에, 그는 가출했어.

b. Because **that he insulted the poor**, he was criticized.
   그가 가난한 사람들을 모욕한 것 때문에, 그는 비판 받았어.

c. Though **that he is young**, he is very wise.
   그는 어린 것에도 불구하고, 그는 매우 똑똑해.

위와 같이 '접속사+that' 구조를 문법 용어로 복합접속사라고 합니다. 접속사 두 개가 합쳐져 있기 때문에 복합접속사란 명칭을 붙인 것이지요. 중세영어 시기(1066~1500)와 초기 현대영어 시기(1500~1700)는 현대영어와 달리 복합접속사 형태로 사용했습니다. **거의 모든 접속사가 명사절을 만드는 접속사 that과 결합하여 사용했으며, 18C경부터 that이 사라져 오늘날과 같은 접속사 형태가 되었습니다.** '접속사+명사절' 구조의 복합접속사는 중세영어 시기에 영국인들이 사용하던 일반적인 표현 방식이었고, 중세영어 시기에 분사구문이라는 것이 나타났습니다. 아래 문장들의 **문장 구조**를 보세요.

a. After **that he was scolded severely**, he ran away from home.
   접속사 + 명사절

b. Because **that he insulted the poor**, he was criticized.
   접속사 + 명사절

c. Though **that he is young**, he is very wise.
   접속사 + 명사절

a문장은 After(접속사)+that(**명사**절), b문장은 Because(접속사)+that(**명사**절), c문장은 Though(접속사)+that(**명사**절)입니다. After **that** he was~처럼 '접속사+**명사**+주어+동사' 구조에서 접속사는 접속사이면서 전치사입니다. 명사 앞에 오는 것은 전치사지요. **과거 영국인이 사용했던 복합접속사절은 '전치사+명사절' 구조였습니다.** 이제 a문장을 동명사구문(=분사구문)으로 바꿔 보세요. a문장에서 접속사 after that 생략, 주어가 같기 때문에 생략, 시제가 같기 때문에 단순동명사로 바꾸어 b문장이 되었습니다.

   a. After **that he was scolded severely**, he ran away from home. 복문
      전치사 + 명사절

   b.   **Being scolded severely**, he ran away from home. 단문
      (전치사 생략) + 동명사

   c. After **being scolded severely**, he ran away from home. 단문
      전치사 + 동명사

a문장을 간소화시킨 것이 b문장이기 때문에 a문장과 b문장은 같은 뜻입니다. a문장 **that** he was scolded severely는 '그가 심하게 꾸중 들은 **것**'이고, b문장의 **Being** scolded severely는 '(그가) 심하게 꾸중 들은 **것**'입니다. a와 b문장은 같은 뜻이기 때문에 **명사절**이 동**명사구**가 되는 것은 너무나도 당연한 이치입니다. **명사절이 명사구로 바뀐 것이기 때문에** Being은 현재분사가 아니라 동명사입니다. 현재분사는 '진행과 능동'의 뜻을 갖고 있으며 품사는 형용사라고 정의하고 있는데, b문장의 Being에는 '진행과 능동'의 뜻이 없으며 형용사 기능도 하지 않습니다. 형용사는 명사를 수식하고 명사를 서술하는 기능을 하는데, b문장의 Being은 명사를 수식하지도 않고 명사를 서술하지도 않지요. 이제 b문장의 동명사 Being 앞에 생략된 접속사 after를 놓아 보세요. c문장이 됩니다. 생략된 접속사를 다시 놓게 된 배경은 UNIT 74에서 설명했습니다. after는 전치사로도 사용하고 접속사로도 사용하지요. c문장의 after는 전치사로 보면 전치사이고 생략된 접속사를 놓은 것으로 보면 접속사입니다. '접속사+동명사'가 어색한가요? 복합접속사 after that, when that, because that, if that, though that처럼 모든 접속사가 '**접속사**+**명사**절'로 사용되었기 때문에 같은 명사인 '**접속사**+**동명사**'의 결합 또한 자연스럽지요.

that절을 사용하는 복문 표현 방식은 영국인이 사용하던 전통적인 표현 방식이고, 동명사와 to부정사를 사용한 단문 표현 방식은 중세영어 시기에 새롭게 등장한 신식 표현 방식입니다. 명사절을

UNIT 203   315

동명사로, 명사절을 to부정사(명사적 용법)로 바꾼 것은 명사를 명사로 바꾼 것이지요. **명사절의 '주어+동사' 구조를 파괴하면 명사구가 되는 것은 당연한 것입니다.**

a. He is proud **that he is a doctor**. 명사절
b. He is proud of **being a doctor**. 동명사구
    그는 자신이 의사라는 것을 자랑스럽게 생각해.
c. We expect **that we will win the game**. 명사절
d. We expect **to win the game**. to부정사구(명사적 용법)
    우리는 그 게임에서 승리할 것을 기대해.
e. After **that he was scolded severely**, he ran away from home. 명사절
f. **Being scolded severely**, he ran away from home. 동명사구
    심하게 꾸중 들은 것 후에, 그는 집에서 도망쳤어.

a, c, e문장의 that은 모두 명사절을 만드는 접속사 that(~것)입니다. a문장에서 b문장으로의 전환은 명사절을 동명사구로, c문장에서 d문장으로의 전환은 명사절을 to부정사구(명사적 용법)로 바꾼 것입니다. e문장에서 f문장으로의 전환 역시 명사절을 동명사구로 바꾼 것입니다. f문장의 Being이 명사가 아닌 현재분사라고 하면 명사절이 형용사구가 된다는 것으로 이는 문법적으로도 맞지 않고 역사적인 흐름에도 맞지 않습니다. **중세영어 시기 영국인들은 명사절 that을 명사구인 동명사와 to부정사(명사적 용법)로 바꾸어 사용했습니다. 명사절 that을 현재분사를 사용하여 형용사구로 바꾸어 사용한 문법 변화는 어디에도 없습니다.**

2 동명사구문(=분사구문)은 중세영어 시기에 나타난 문어체 표현 방식입니다. 현재분사는 원래 영어에 없던 문법 성분으로 프랑스어 문법의 영향을 받아서 중세영어 시기에 생겨난 것이지요. 중세영어 시기에 나타난 현재분사를 고대영어 시기에 사용했다고 할 수 없기 때문에 고대영어 시기에 분사구문이 없는 것은 당연합니다. UNIT 56에서 설명한 바와 같이 고대영어 시기의 동명사는 보통명사였기 때문에 목적어를 취할 수 없었습니다. 그래서 고대영어 시기에 동명사구문이 있을 수 없지요. 동명사구문(=분사구문)이 중세영어 시기에 발생했다면 자연 발생적으로 생긴 표현일까요? 아니면 프랑스어 문법의 영향을 받아서 생겨난 표현일까요? 동명사구문이 프랑스어 문법의 영향을 받아서 생겨난 표현이라고 유추해 볼 수 있는 근거들이 많습니다. 중세영어 시기는 영국이

프랑스의 식민 지배를 받고 있던 시기로 프랑스어 문법의 영향을 받아 영어에 많은 문법적인 변화가 일어납니다. 영어에 없던 현재분사가 생기고, 관계사가 복잡해지기 시작한 것은 프랑스어 문법의 영향을 받은 것이지요. UNIT 6에서 설명한 바와 같이 원래 현재분사 어미는 −ende이었는데 −ende가 −inde로, −inde가 −ing가 되어 동명사의 어미와 현재분사의 어미가 통일되었는데, 이는 프랑스어가 현재분사와 동명사가 같은 어미를 사용하고 있는 것을 **영어가 그대로 모방**했다고 학자들은 보고 있습니다. 관계사 who, which의 출현이 영국인들의 일상 회화에서 발생한 것이라면 자연 발생적인 것이라고 할 수 있지만 who, which는 소수 지식인들이 자기가 쓴 글에 권위가 있어 보이려고 **프랑스어 문법을 모방**하여 사용하기 시작한 것입니다. 동명사구문(=분사구문)은 대화할 때 사용하는 구어체 표현이 아니라 글을 쓸 때 사용하는 문어체 표현이죠. 동명사구문이 구어체 표현이라면 자연 발생적으로 생겨난 것이라고 볼 수 있지만, 문어체 표현이라는 것은 **프랑스어 문법을 모방**하여 지식인들이 도입한 표현법이라고 볼 수밖에 없습니다.

프랑스어 동명사구문은 구어에서는 '전치사+동명사' 구조를 사용하고, 문어에서는 '전치사+동명사' 구조에서 전치사를 생략하고 사용합니다. 즉 프랑스어 동명사 구문과 영어 분사구문이 같은 형식을 취하고 있다는 것은 영어 분사구문이 프랑스어 문법을 모방한 것이라고 유추해 볼 수 있지요. 중세영어 시기는 영문학의 암흑기라고 할 정도로 영어로 기록된 작품이 거의 없습니다. 영어로 된 작품 자체가 거의 없기 때문에 그 근원을 명확하게 설명할 수 없지요. 그래서 여러 가지 설이 존재하는 것입니다. 이러한 연구들은 영어를 학문적으로 연구하는 분들이 담당해야 할 부분이죠. 저 역시 시간을 두고 파헤쳐 볼 계획입니다.

동명사구문(=분사구문)이 프랑스어 문법의 영향을 받은 표현 방식이든 아니든 종속부사절이 명사절이었다는 것은 불변의 역사적 사실입니다. **복문인 명사절을 단문으로 바꾸면 같은 명사가 되는 것은 너무나도 당연하기 때문에 우리가 분사구문이라고 배우는 것은 현재분사를 사용한 분사구문이 아니라 동명사를 사용한 동명사구문인 것입니다.**

현재분사를 사용한 분사구문이라는 설명에는 논리 비약이 발생합니다. 현재분사는 '진행과 능동'의 뜻을 나타낸다고 정의해 놓고 분사구문에 사용된 현재분사에 대해서는 '진행과 능동'의 뜻이 없으며 **현재분사라는 형식만 빌렸다**고 설명하고 있습니다. 왜 현재분사라는 형식을 빌려 사용하는지, 그 역사적인 근거는 어디에 있는지 설명하지 않고 일본학자들이 만든 '시간, 이유, 조건, 양보, 부대상황'이라는 엉터리 공식을 가르치고 있는 것이 현실입니다. 초등학생들이 읽는 이솝우화에는 동명사구문(=분사구문)이 자주 등장하는데 어떻게 설명해야 할까요? 대부분의 선생님들은 다음에 배우게 된다고 하면서 넘어가고 있습니다. V-ing가 동명사임을 설명하면 너무나도 쉽고 간단하지요. UNIT 72~79에서 자세하게 설명해 놓았습니다. 현재분사를 사용한 분사구문이라고 할지 동명사를 사용한 동명사구문이라고 할지 그 판단은 영어를 가르치는 분과 영어학습자의 몫입니다.

부적합한 문법 용어는 언어적 사고를 경직시키기 때문에 문법 용어나 문법 공식은 적게 외울수록 좋습니다. V-ing에서 접미사 -ing의 뜻을 알면 현재분사니 동명사니 하는 문법 용어는 기억할 필요가 없습니다. V-ing 학습법은 UNIT 67에 이미 제시해 놓았습니다. -ing의 뜻만 알면 초등학생조차도 쉽게 배울 수 있지요.

■ V-ing학습의 핵심 ■
① -ing의 뜻은 '~것, ~기'로 명사를 만드는 접미사이다.
② -ing의 뜻은 '~중(=하고 있는)'으로 형용사를 만드는 접미사이다.
③ -ing의 뜻은 '~만드는, ~시키는'으로 형용사를 만드는 접미사이다.
④ -ing는 특별한 의미 없이 형용사를 만드는 단순접미사이다.

영문법 쇼크를 마치며

커가는 아이들의 중간고사나 기말고사에 출제된 시험 문제를 보고, 수업 시간에 책에 필기해 놓은 영어 공식들을 보면서 20여년이 지난 지금도 일본영문법 그대로라는 사실에 분노를 느끼게 됩니다. 대학 시절부터 언젠가는 영문법의 패러다임을 바꾸는 새로운 영문법 책을 내겠다는 신념을 갖고 꾸준하게 준비해 왔지만 실제로 책을 출간하는 것은 쉽지 않았습니다. 출판 시장이 위축되어 초판 1,000권이 판매되지 않고 사라지는 책들이 대부분인 것이 현실이기 때문입니다. 좋은 책을 출간하고도 독자들에게 전달되지 못한다면 차라리 출간하지 않는 것이 현명하지요. 책을 출간해서 많은 영어학습자들이 볼 수 있도록 하기 위해서는 직접 출판사를 열어서 출간에서 마케팅까지 담당해야 한다는 결론에 도달하게 되었습니다.

40이 넘은 나이에 새로운 영역인 출판사를 창업한다는 것. 그것은 엄청난 도전이었습니다. "하던 사업에 집중하지 않고 출판사를 한다고? 미친 거 아냐? 블로그나 카페 있어? 학원 강사도 아닌 사람이 영어책을 집필해서 누구에게 팔려고? 자기 밥그릇 의식이 강한 우리나라에서 경영학 전공자가 영문법 책을 내서 성공할 수 있을까? 애들 커 가는데 책 팔아서 대학 보낸다고?" 등 주변의 만류는 상상초월이었습니다. 모두 일리 있는 반대지요. 주변의 반대를 완화시키기 위해 영어학습자가 가장 어려워하는 시제와 관계사, 가정법 등의 원고를 수강생, 고등학생, 대학생들에게 보여주고 객관적인 평가를 부탁했습니다. 대부분의 대답은 '혁명이다, 쇼크를 받았다, 이 책 언제 나오느냐? 당장 사겠다'였습니다. '왜 내가 해야만 하는가?'라는 질문을 수 없이 던지며 오랜 시간 생각을 거듭했습니다. 그리고 반드시 해야 한다는 자기 최면, 강한 사명감, 콘텐츠의 힘을 믿고 과감하게 밀어붙였습니다. 아내에게는 처음 계획한 대로 진행되지 않으면 출간한 책 전량을 학교에 기부하고 출판업을 그만두겠다는 각서까지 써 주었습니다. 고등학생을 둔 40대 가장이 자기 신념만을 내세워서는 안 되기 때문이지요. 쇼크를 받았다는 평가에 착안하여 출판사명을 쇼크 잉글리쉬로 정했고 책 이름도 『전치사 쇼크』 『영문법 쇼크』 『영단어 쇼크』처럼 쇼크 시리즈로 정하게 되었습니다. 이러한 과정 속에 출판사 쇼크 잉글리쉬가 탄생하게 되었습니다.

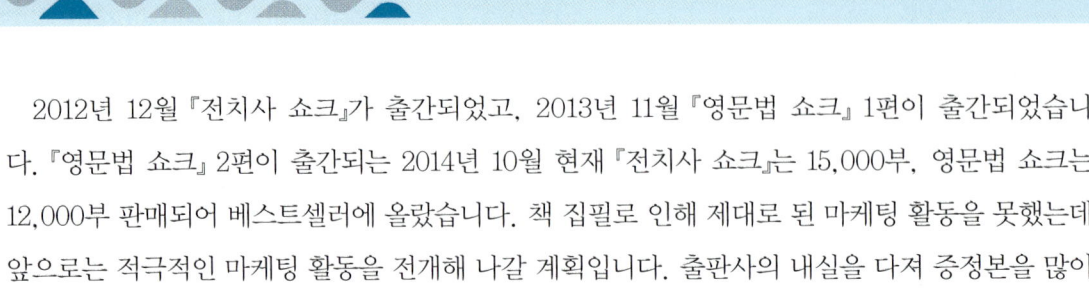

　2012년 12월 『전치사 쇼크』가 출간되었고, 2013년 11월 『영문법 쇼크』 1편이 출간되었습니다. 『영문법 쇼크』 2편이 출간되는 2014년 10월 현재 『전치사 쇼크』는 15,000부, 영문법 쇼크는 12,000부 판매되어 베스트셀러에 올랐습니다. 책 집필로 인해 제대로 된 마케팅 활동을 못했는데 앞으로는 적극적인 마케팅 활동을 전개해 나갈 계획입니다. 출판사의 내실을 다져 증정본을 많이 만들어 모든 영어 선생님들께서 부담 없이 볼 수 있도록 노력해 나갈 것입니다.

　『전치사 쇼크』 『영문법 쇼크』에 이어질 쇼크 시리즈는 『영단어 쇼크』입니다. 2015년 12월 예정으로 준비하고 있습니다. 대부분의 영단어 책들은 독해 중심으로 맞춰져 있고 비효율적인 단순 암기를 강요하고 있습니다. 그래서 혁신적이고 획기적인 『영단어 쇼크』를 준비하고 있습니다. 『영단어 쇼크』 다음은 『중문법 쇼크』를 계획하고 있습니다. 제가 집필한 책 이외에도 콘텐츠가 탁월한 다른 저자 분들의 책을 발굴하여 쇼크 시리즈를 이어나갈 계획입니다.

　끝으로 이 책을 출간하기까지 도움을 주신 많은 분들께 감사드립니다. 특히 『전치사 쇼크』와 『영문법 쇼크』 독자로서 아무런 대가 없이 흔쾌히 교정에 참여해 주신 장훈도 중령(진)님께 진심으로 감사드립니다.

　독자 여러분께 진심으로 감사드립니다. 『영단어 쇼크』에서 뵙겠습니다.

저 자